云南旅游职业学院学术著作丛书

高职院校财务管理的理论与实践

张小军　著

云南大学出版社
YUNNAN UNIVERSITY PRESS

图书在版编目（CIP）数据

高职院校财务管理的理论与实践 / 张小军著. —昆明：云南大学出版社，2017
（云南旅游职业学院学术著作丛书）
ISBN 978-7-5482-2709-0

Ⅰ. ①高… Ⅱ. ①张… Ⅲ. ①高等职业教育—财务管理—研究 Ⅳ. ①G718.5

中国版本图书馆CIP数据核字（2017）第244853号

责任编辑：石　可
装帧设计：史　古

云南旅游职业学院学术著作丛书

高职院校财务管理的理论与实践

张小军　著

出版发行：云南大学出版社
印　　装：云南金伦云印实业股份有限公司
开　　本：787mm×1092mm　1/16
印　　张：19.5
字　　数：300千
版　　次：2017年10月第1版
印　　次：2017年10月第1次印刷
书　　号：ISBN 978-7-5482-2709-0
定　　价：46.00元

社　　址：昆明市翠湖北路2号云南大学英华园内
邮　　编：650091
电　　话：（0871）65033244　65031071
网　　址：http://www. ynup. com
E-mail：market@ynup. com

目　录

下　篇　实践探索

绪　论

一、高职院校财务管理在高职院校中的地位和作用

“十五”以来，我国高等教育改革和发展实现了历史性突破，办学条件不断改善，办学活力逐步增强，办学质量稳步提高，高等教育进入了大众化发展阶段。政府对高等教育的投入总量持续增长，2015 年度，普通高职院校生均公共财政预算教育事业费支出为 16 102.72 元，比上年的 15 591.72 元增长 3.28%，高职院校多渠道筹措办学经费的格局更加稳定。截至 2015 年，全国有高等学校 2 845 所，独立设置的高职院校有 1 341 所。高职教育作为适应市场经济发展的新型教育模式，成为造就大量新型劳动者的最有效途径，呈现出蓬勃发展的态势。在党的十八届三中全会关于全面深化改革系统的部署中，以前所未有的历史高度定位财政，赋予了财政“国家治理的基础和重要支柱”的特殊定位。那么，为何是财政而非其他的范畴获得如此的定位呢？这是因为，在任何社会发展阶段，国家治理的主体都是政府，财政则是政府履行职能的基础；在构成现代国家治理体系的诸种要素中，财政几乎是最重要的一种要素。政府履行的职能，从大类看，无非是“事”和“财”两方面，国家治理实现的线索，就是“事权与财权的界定和支出责任与财力的配置”，这充分说明财政是国家治理不可多得的重要支柱。既然财政在国家治理中的地位和作用这么明显，那么我们就有理由认为高职院校的财务管理是高职院校发展的基础和重要支柱。

（一）高职院校管理以财务管理为基础是由办学宗旨所决定的

高职院校属于公益性较强的事业，它的办学宗旨就是要注重如何以较

低的人、财、物成本实现资源的优化配置，向社会投放更多的高素养、高技能的人才和科研成果，从而实现较高的社会效益和经济效益。高职院校财务管理肩负着“合理编制学校预算，有效控制预算执行，完整、准确编制学校决算，真实反映学校财务状况；依法多渠道筹集资金，努力节约支出；建立健全学校财务制度，加强经济核算，实施绩效评价，提高资金使用效益；加强资产管理，真实完整地反映资产使用状况，合理配置和有效利用资产，防止资产流失；加强对学校经济活动的财务控制和监督，防范财务风险”的任务。明确高职院校事业发展与财务管理的关系，把高职院校事业发展与财务管理统一起来，既要量力而行，发挥财务管理在高职教育事业发展中的保障作用，又要开拓创新，发挥其对办学目标的指导作用，界定好事权与财权，让支出责任和财力配置协调匹配，使财务管理在高职院校发展中的基础地位落到实处。

（二）财务管理的性质决定了它在高职院校管理中的地位和作用

高职院校做任何事，都是需要花钱的，都是要以经济基础为条件的。财务管理是一种价值管理。一般认为，高职院校财务管理，就是对学校资金运动全过程的管理。而资金运动就是高职院校事业活动的货币表现。首先，相对于学校其他方面的管理职能，财务管理所具有的一个特殊品质或突出特点，就在于其最具“综合性”——覆盖全面、牵动大局。财务管理与学校的每个领域均具有广泛的联系。学校的各种运作均需要资金的支持，而且每个领域的运作均会对财务收支产生影响。哪里有经济活动，哪里就有资金运动，哪里就属于财务管理的范围。高职院校的各种事业活动、各项管理工作都与财务管理有密切的关系。其次，对整个学校战略目标的实现而言，财务管理也有非常大的意义。学校可以通过财务管理合理节约使用资金，加快资金周转，提高资金的运营效率和效果，这也是财务管理服务于学校战略目标的主要方式。财务工作对学校来说是一项基础性工作，对学校的发展起着保驾护航的作用，是检验一个学校管理水平的重要标志。因为财务管理具有价值管理和综合管理的性质，所以它在高职院校管理中具有重要的地位和作用。

二、高职院校财务管理的指导思想和原则

随着高等教育事业的快速发展和社会、经济体制改革的不断深入，高职院校财务管理的内涵与外延都发生了重大变化，高职院校的经济活动也变得日益复杂，这在客观上对高职院校财务管理工作提出了新的更高要求。当前高职院校的财务管理的指导思想应为：以邓小平理论和《中共中央关于全面深化改革若干重大问题的决定》重要精神为指导，以科学发展观统领财务工作全局，充分认识财务工作在高等教育改革和发展中的重要地位和作用，高度重视并切实加强高等教育财务管理工作。要通过体制改革、机制创新、制度完善、队伍建设等措施，实现高职院校财务管理的目标，为着力提高高等教育质量服务，为培养创新型人才服务，为增强学校科技创新能力服务，为构建和谐社会服务。

《高等学校财务制度》明确指出财务管理的基本原则：执行国家有关法律、法规和财务规章制度；坚持勤俭办学的方针；正确处理事业发展需要和资金供给的关系，社会效益和经济效益的关系，国家、学校和个人三者利益的关系。

三、高职院校财务管理的方法和目标

高职院校财务管理方法是高职院校财务人员对资金运动管理的各种技术方法的集合。具体而言，是财务人员按照高职院校事业发展目标，运用运筹学、系统论和信息论的方法，借助经济数学和电子计算机的手段，结合高职院校事业活动的具体情况，对资金的筹集，事业经费的控制，经营性成本的计算，实物资产的管理、收益分配等财务活动进行财务预测、财务决策、财务控制、财务分析、财务报告和财务监督的方法总称。它从大类上分主要是定性和定量两方面的方法。当然再好的管理方法，要想让它发挥管理功效，必须要有一定的环境和条件。合理的财务管理方法应具备可测性、可控性、层次性和统一性。因此，高职院校必须形成一套完善的财务管理方法，从各个方面保证财务管理作用的发挥。当前，高职院校要从以下几方面来提高财务管理的效率和效益。一是学校领导要进一步高度

重视财务管理工作；二是建设“数字化校园”，建立健全现代化的财务管理信息系统和高水平的财务管理队伍；三是突出资金管理，构建适应高职院校事业发展需要的资金管理体制；四是加强全面预算管理和财务风险管理；五是发挥财务监督职能，建立健全和高职院校管理相适应的财务绩效评价体系。

企业财务管理目标是企业组织财务活动、处理财务关系所要达到的根本目的，它决定着企业财务管理的基本方向，是企业财务管理工作的出发点。关于财务管理目标，如今学术界主要存在“股东财富最大化、企业价值最大化、企业经济增加值率最大化、企业资本可持续有效增值、资本配置最优化”五种观点。从上述企业的财务管理目标，结合高职院校的特点，笔者认为，高职院校财务管理目标应为学校从事财务管理活动所期望达到的目的，是高职院校财务管理的基本方向和财务管理工作的出发点。针对这些年专家提出的办学成本最小化、办学实力最大化、综合价值最大化、投资效益最大化等财务目标，笔者赞同将办学实力最大化和综合价值最大化融合成绩效最大化作为当前高职院校的财务管理总目标。该财务管理目标既有定量的因素又有定性的因素，同时考虑了经济效益和社会效益，这种双重目标的定位是对高职院校财务管理目标较为恰当的界定，满足了在当前形势下，高等教育不应由国家“包下来”的改革目标，同时又不偏离国家办教育的宗旨，完全符合教育改革的方向，亦符合构建和谐社会的总体发展要求。高职院校财务管理的对象是资金运动，从目前学校资金运作情况看，高职院校财务管理的具体目标应包括预算管理目标、收入管理目标、成本管理目标、资金管理目标、分配管理目标、筹资管理目标、投资管理目标、财务分析目标等。

上篇　理论研究

第一章　高职院校财务管理系统

有些人认为高职院校财务管理是财务部门和财会人员的事情，无非是“算算钱记记账”而已，工作没有多高的技术含量。其实高职院校财务管理涉及学校经济决策、经济运行、经济监督控制等各个方面，不只是财务部门、财会人员的管理问题，而是涉及全校管理各层面、全校师生员工共同参与的一个系统工程。

根据教育部门财务管理的相关法规，结合高职院校的特点，高职院校的财务管理系统至少是由“领导决策指挥系统”“授权审批管理系统”“财务部门管理系统”“内部审计控制监督系统”四个子系统组成的一个管理和控制系统。“领导决策指挥系统”由校级领导组成，是学校财务管理系统的最上一层；“授权审批管理系统”一般由有经济管理权的学校干部组成，与领导层分享经济审批权限和分担经济责任；“财务部门管理系统”由财务部门管理人员组成，负责学校日常财务管理；“内部审计控制监督系统”由学校的内部审计部门人员组成，对高职院校所有经济活动进行控制监督。高职院校财务管理和控制系统的运行轨迹可简单概述为“两线三点”。首先，由决策指挥系统由上到下把管理指令传达到各子系统，形成政令畅通的管理线，在这条线上，要注意行使职权和分担责任的相互统一；其次，各子系统按各自的职责开展管理工作，因为财务部门管理系统是财务管理和控制的核心系统，是财务管理信息最主要的交换和控制系统，所以更应该注重“事权和财权的相互协调”；最后，各子系统将各自的系统信息反馈给决策指挥系统，并就本系统范围的财务工作对管理层负责，形成财务管理工作的反馈线。

第一节　高职院校财务管理领导决策指挥系统

学校领导领导决策指挥系统是高职院校财务管理体制的最高组织层级，负责领导全校财务管理工作。领导决策指挥系统主要解决财务领导体制、财务管理模式、财务机构和人员的问题，只有把这些问题解决好，才能更好地领导全校财务工作，有效地控制和指挥其他子系统。从《高等学校财务制度》第二章的内容中我们可知，高职院校财务管理体制指组织财务活动、划分财权和经济责任、处理财务关系的一项制度，主要内容包括确定财务工作领导体制、财务管理采取什么样的模式、由什么机构和人员负责财务管理。

一、高职院校财务领导体制

高职院校必须厘清学校的财务领导体制问题，这是学校财务管理工作合法、有效开展的前提条件。《中华人民共和国高等教育法》《中华人民共和国会计法》《高等学校财务制度》等均指出了校长是学校的法定代表人，具有全面领导和管理学校各项工作的法定权力，是学校各项工作的总负责人。因此，高职院校财务领导体制必须与高职院校领导体制一致，即根据责权相结合的原则，为理顺财务关系，落实经济责任制，高职院校的财务工作应实行“校长负责制”的领导体制。当然，各高职院校在“校长负责制”的领导体制下，可按照自身的实际情况，根据最优原则来选择不同的财务工作领导管理形式。目前，在国内高职院校中比较成熟的有如下几种管理形式。

（一）校长直接领导学校财务工作

校长直接领导下的财务管理形式适用于单校区、规模偏小的高职院校，是国内高职院校财务进行管理的主要形式。它是指由校长亲自负责全校的财务工作，财务部门根据校长的指示具体管理财务工作，财务负责人直接向校长汇报财务工作情况，形成校长负责制和财务处长管理制的有机结合。这种形式体现了集权管理的思想，但民主性不够。

（二）学校领导班子共同管理学校财务工作

校长不直接分管学校的财务工作，而是委托一名副校长管理，分管的副校长在委托授权的范围内，对学校经济活动行使职权。超出授权范围内的经济活动由领导班子共同研究决定，形成在校长的领导下，学校领导班子共同管理学校财务工作的工作机制。这种管理形式有体现民主理财、降低校长履职风险、提高财务决策水平的优点，尤其是在当前形势下，对“三重一大”决策和“主要领导末位表态制”工作的推行，具有重大意义。

（三）财经委员会管理学校财务工作

财经委员会管理学校财务工作，是指学校成立由校领导和相关部门经济管理人员组成的财经委员会，协助校长管理学校的财务工作。相对来说，财经委员会由懂经济的人组成并实施管理，因此从理论上讲这种模式是对学校财务工作的管理更为有利的一种形式。

（四）总会计师管理学校财务工作

《总会计师条例》《高等学校财务制度》《高等学校总会计师管理办法》等相关财务制度，均对总会计师有明确的定位，首先他是班子成员，其次他是分管财务的领导。总会计师管理学校财务工作，即由总会计师协助校长全面管理学校的财务工作。它是学校领导班子共同管理学校财务工作形式的进一步发展。随着高职院校规模化发展进程的加快，学校的资金、资产等经济总量迅速增加，对财务管理专业人才的需求越来越迫切，客观上要求高职院校加快财务管理专业化的进程，高职院校总会计师制度将得到重视和推广，总会计师管理高职院校财务工作必将成为未来的主要财务管理形式。

二、高职院校财务管理模式介绍

高职院校财务管理领导体制确定后，为了实现学校财务目标，就必须选择与领导体制相适应的财务管理模式。目前高职院校采取的财务管理模式主要是在“统一领导”的前提下，有集权、分权、集权分权相结合三种模式。“统一领导”是指在“校长负责制”的基础上，学校对财务工作实行统一领导，包括统一财务方针政策、统一财务收支计划、统一财务规章制度、统一资源调配、统一财会业务领导。

（一）“统一领导、集中管理”（集权）模式

学校只设一级财务部门，统一领导学校的财务工作，对学校的财权、财务活动、财务规章制度的制定实行集中管理。在一级财务部门之外不设同级财务机构，学校所有财务收支都必须通过一级财务部门，校内各院系没有任何财权，也没有制定院系内部财务规章制度及实施办法的权力。集权模式是最简单的管理模式，适合规模小、资金少的高职院校。其优点是将财权高度集中于校财务，有利于学校对资金的调控，有利于集中统一管理，保证学校总体办学思路的有效实施；缺点是二级院系无财权、灵活性差，不利于调动二级院系办学的主动性、积极性、创造性。

（二）“统一领导、分级管理”（分权）模式

分级管理模式是指在统一领导的基础上，根据财权划分、事权与财权相结合的原则，明确内部各级单位权责关系，由学校、院系对各自财权范围内的经济活动进行分权管理。学校只设财务处作为一级财务部门，赋予了各院系一定的财权，也会在规模较大的院系设立二级财务机构，院系自行管理其创收经费的财务收支，有权对学校下达的预算经费和分配的资源进行统筹安排和使用。分级管理模式的优点是院系有一定的财权，有利于调动院系的创收积极性，促使院系重视财务管理。学校在兼顾院系利益的基础上，能集中全校的财力搞好学校重点建设；缺点是院系的财权有限，不能完全自主理财，容易促使院系各自为政，只重视部门的经济利益而忽视学校的整体利益，不利于发挥一级财务机构的宏观调控与管理职能。这种模式适合中等规模的学校，或规模虽大但资金量不是很大的学校。

（三）集权与分权相结合的“混合管理”模式

集权与分权相结合的模式实质上是集权和分权的有效融合，可理解为把全部财权根据管理需要分为一部分财权集权管理，另一部分财权分权管理。比如，很多高职院校在基本支出中对人员支出由学院财务处实行集权管理，对商品服务支出通过预算的形式拨给院系实行分权管理。因为这种管理模式比较灵活，可根据需要调整集权管理或分权管理的经济事项，能

够有效控制需要控制的财权，同时又能调动院系理财的积极性，所以比较适合需要灵活调控的高职院校。

上述三种财务管理模式并不是一成不变的，而是应该在统一领导的前提下，随着学院发展、办学规模、管理需要等情况的变化，适时调整，选择与学校当前实际情况最匹配的管理模式。

三、高职院校的财务管理机构和财务人员

在确立财务领导体制的前提下，在已选择财务管理模式的基础上，高职院校必须设置财务管理机构，配备具有财务管理职业道德和技能的专业技术人才。这样才能通过管理、服务实现高职院校的财务战略目标，进而实现高职院校的发展战略目标。《高等学校财务制度》明确规定："高职院校应当单独设置一级财务机构，在校（院）长和总会计师的领导下，统一管理学校财务工作。高职院校校内非独立法人单位因工作需要设置的财务机构，应当作为学校的二级财务机构。二级财务机构应当遵守和执行学校统一制定的财务规章制度，并接受学校一级财务机构的统一领导、监督和检查。高职院校财务机构应当配备专职财会人员。财会人员应当具备与其工作岗位相适应的资格和能力。财会人员的调入、调出、专业技术职务评聘以及校内二级财务机构负责人的任免、调动或者撤换，应当由学校一级财务机构会同有关部门办理。"

第二节　高职院校财务授权审批管理系统

高职院校财务管理过程是价值管理和行为控制的统一过程。价值管理是指理财，主要由财务管理系统来实现。行为管理是指控制和监督，即对经济行为进行控制，使之符合法律法规和管理的要求，涉及"授权审批管理系统""内部审计控制监督系统"等财务管理系统的各个子系统。因为高职院校涉及的每一项经济事项只有经过财务授权审批系统后，才能进入财务信息系统，所以财务授权审批系统在财务管理系统中起承上启下的作用，为其他子系统有序、有效运行奠定了基础。财务授权审批系统需要解

决的问题是如何建立和运行经济审批管理制度及其相应的经济审批责任制，确定各级负责人经济审批的权限和职责。

一、高职院校的分级管理经济责任

为了控制经济活动中的风险，避免经济运行偏离正常轨道，充分体现“权责对等统一”的原则，高职院校必须建立分级管理经济责任制度，实施有效内控，从而实现高职院校的财务目标。分级管理经济责任是指在学校经济管理活动中，有管理权限的各级责任人，对自己所管理的经济事务应承担的经济责任。

根据《教育系统内部审计工作规定》《党政主要领导干部和国有企业领导人员经济责任审计规定》《关于切实做好教育系统经济责任审计工作的通知》等文件精神，高职院校应以推动学校科学发展为目标，以各责任人任职期间守法守纪、尽职尽责情况为重点，以各责任人任职期间学校财政收支、财务收支以及有关经济活动的真实、合法和效益为基础，依法确定经济责任的审计内容。经济责任审查的基本内容包括：高职院校预算执行情况和其他财务收支的真实、合法和效益情况；重要投资项目的建设和管理情况；重要经济事项管理制度的建立和执行情况；对下属单位财务收支以及有关经济活动的管理和监督情况。

这些年，高职院校所处的各种内外环境的变化，使得学校经济活动变得复杂多样，为此高职院校普遍参照本科院校实行在校长负责制前提下的“统一领导、分级管理”财务管理模式。这样一来，与这种管理模式相适应的分级经济责任制的建立就显得特别必要和重要。分级经济责任制建立后，可规范经济有权人的经济行为，明确其权责范围，减少和规避经济活动中的经济和政治风险。目前国内的高职院校一般采用的是“统一领导、集中核算、两级管理”的财务管理体制，也就是大家通常所讲的“院系两级财务管理”。其基本内容是：在明确各级负责人职责和权限的基础上，建立三层次的经济责任体系，即校长、分管副校长或总会计师、财务部门负责人和二级学院（系）负责人的三层级的经济责任制，实行上级管理下级、下级对上级负责的分级管理制度，将经济责任制落实到财务管理工作的全过程。因为校长负责制确立了校长为高职院校财务管理的第一责任人，毋庸置疑，校长就是学校的一级经济责任人；分管财务的副校长或总会计师受校长委托全面分管全校财务工作，为财务管理的二级经济责任人；二级学院院长或系主任、财务部门负责人，根据自己管理权责为三级经济责任人。

二、高职院校财务授权审批管理系统

当前，高职院校的财务管理系统是由“领导决策指挥系统”“授权审批管理系统”“财务部门管理系统”“内部审计控制监督系统”四个子系统组成的一个管理和控制系统。“授权审批管理系统”一般由有经济管理权的学校干部组成，与领导层分享经济审批权限和分担经济责任。授权审批管理系统是否建立完善、执行是否有效，直接影响到学校财务管理的效果和水平。

（一）授权审批的概念、原则、内容

1. 授权审批的概念

授权审批是指高职院校各有权审批人，接受管理层的授权委托或按照学校经济审批办法，按权责匹配原则，对其职权范围内的经济决策、经济文书签订、财务收支等活动行使审批的行为。

2. 授权审批的原则

（1）全面控制和重点控制相结合的原则。一方面必须对所有的经济活动进行全面控制。所谓全面包含三个方面：一是全过程的控制；二是全员的控制；三是全要素的控制。另一方面，在全面控制的基础上，对重要的项目，应实施重点控制，严格审批。

（2）谁主管、谁审批原则。谁主管、谁审批原则是以职责为前提，根据职责来设定权限，也就是“以事定权”。经济事项由谁负责管理就由谁来审批，以达到责、权、利相结合的目的。

（3）不相容职务分离原则。授权审批作为内部财务监督制度的重要内容，必须遵循不相容职务分离的原则。这也是行政事业单位内部控制的基本要求。《会计法》明确规定：“记账人员与经济业务事项和会计事项的审

批人员、经办人员、财物保管人员的职责权限应当明确，并相互分离、相互制约。”

（4）合理性和实用性相结合的原则。合理授权就是根据经济审批事项的性质和支出额度，确定所授予的审批权限的大小。实用性就是从本单位的实际出发，使制定的授权审批尽量切实可行。如果太注重合理性而忽视实用性，那么授权审批只是“花瓶”，而不具有可操作性，或者不符合成本效益原则。相反，如果企业重视实用性而忽视科学性，那么设计的制度虽然简单易行但却可能“漏洞百出”，同样达不到内部控制的目的。

3. 授权审批的内容

高职院校财务活动中授权审批的内容应该是与财务活动相关、能用货币计量的经济活动，主要包括财务活动决策审批、经济活动合同签订、财务收支行为审批等。

（1）财务活动决策审批：在自身职权或管理范围内，对有关财务活动事项的决策进行审批。

（2）经济活动合同签订：学院、部门或独立核算单位负责人接受管理层的授权或委托，签订本学院、本部门或本单位相关的对外经济合同。

（3）财务收支行为审批：对财务活动中的经济行为，按学校审批管理办法约定范围内的审批权限，行驶审批职能，重点是本级管理范围内的资金收支或预算资金的收支。

（二）常见的审批模式

1. “一支笔”审批模式

“一支笔”审批模式是指由院系院长（主任）对该院系的经费进行审批，院系内的一切财务费用开支都要经过院长（主任）的“一支笔”进行签字，否则学校的财务机构是不会受理的。但是如果是由院系的副院长（副主任）进行“一支笔”财务审批的，那么存在着一个比较大的缺陷，那就是没有足够高的权威性。另外，“一支笔”审批模式还包括了在预算管理下的授权“一支笔”审批模式，这主要是指在年初的时候，由院系各个分管的领导对一年的财务使用经费提出预算，经由党政领导班子进行集体讨论之后再进行确定。但凡涉及大局和综合性的一些比较大额的款项开支时，必须通过领导班子对各个部门的实际经费具体情况进行讨论之后再进行解决。一般情况下，对于没有在预算内的但又必须进行临时性开支的，拥有“一支笔”权力的院长（主任）要和各分管领导一起进行讨论协商，统一意见后才审批；而对于没有在预算内但是款项开支数额较大的，拥有“一支笔”权力的院长（主任）就必须提交至院系的党政联席会议上进行共同讨论，通过会议决定之后进行审批。在年终时对院系一年来的财务收支状况进行决算后将结果告知全体教职工。

2. 双审双签审批模式

双审双签审批模式是由院系的院长（主任）和书记对院系内的经费进行共同的审批。在对经费进行审批时，书记尊重对于院长在财务支出上的权力，同时书记也对财务支出具有监督的权力。具体的审批过程就是院长（主任）在对财务支出进行把关审核的时候主要是对每一笔的财务支出进行审核，审核其合理性；书记对每一笔的财务支出进行监督，监督其真实性和合理性，最后经由党政领导一起对财务支出进行共同的审核和签字。

3. 归口分签与限额单签、超额联签模式

归口分签模式是指院长（主任）和书记根据各自不同的分工对其财务支出审批进行归口，从而体现院长（主任）和书记各司其职、分别负责、各花其钱的管理原则。这一模式从表面上看似乎是具有合理性的，但是实际上是无法进行分开的，对于经费开支来说，将一整个院系一分为二是不能体现院系党政共同负责管理的制度和精神的。在归口审批模式中还分有限额单签和超额联签两种模式。归口限额单签模式指的是依据费用支出的性质，在一定的费用金额范围内分别由院长（主任）和书记审批签字报销，给予院长（主任）和书记各自一定的费用审批自主权；而归口超额审批模式就是指当费用支出超出了一定的金额时，必须由院长（主任）和书记一起研究、讨论商量、决策之后进行联签确认，体现了院系党政共同负责管理的精神。但是此审批模式的难点就在于该如何对限额进行确定，应该以多少为标准较为适合。

（三）审批管理制度和分级审批的建立

1. 审批管理制度

《行政事业单位内部控制规范（试行）》中规定，各单位要实施内部授权审批控制，明确各岗位办理业务和事项的权限范围、审批程序和相关责任，建立重大事项集体决策和会签制度，相关工作人员应当在授权范围内行使职权、办理业务。这就说明高职院校在办理各项经济业务时，必须经过规定程序的授权批准。不论是常规授权，还是特别授权，在行使授权审批前，都要有相关的管理制度来规范。其实高职院校建立的管理职责与经济支配权相一致的经济审批管理办法就是审批管理制度。审批管理制度由审批人、审批事项、审批金额及审批责任等要素构成。审批人就是各级经济管理负责人，对审批人要按高职院校的管理分级进行设定。审批事项就是审批涉及的经济业务内容，包括预算管理、业务收支、资产管理、项目建设等。审批金额就是审批人职权范围内可审批的最高金额，超过这一金额就应由相应权限的审批人来审批。审批责任就是审批人对自己审批的经济事项，按权责对等的原则应承担相应的责任。根据高职院校采取的不同财务管理体制，审批管理制度可分为集权审批制度和分权审批制度两类。采取"统一领导、集中管理"（集权）模式的高职院校，一般采取集权审批制度，即以校长、总会计师或分管财务的副校长、财务部门负责人为主，对经济业务进行集中审批。采取"统一领导、分级管理"（分权）模式的高职院校，大多采取分权审批制度，即按内部管理层次建立起校长、分管副校长或总会计师、财务负责人及二级部门负责人等若干层次的各级负责人分级审批涉及的经济事项。目前，大多数高职院校选择了建立分级审批管理制度。

2. 分级审批的建立

近些年，为创建现代大学财务管理制度，使财务管理更加科学和规范，实行分级管理的高职院校，除全校性重大经济事项由管理层决策外，经常性的经济事项决策审批由管理层授权给各级负责人进行分级审批管理，本节以两级管理为例，主要讲述如何建立高职院校分级审批管理。高职院校建立分级审批管理就是对审批人、审批事项的审批级次、审批限额、审批责任等构成要素进行符合高职院校实际情况的制度设定。

（1）审批人及审批级次。

审批人是指具备审批资格的人员，在高职院校审批人根据授权和审批层次的不同，主要是校长、总会计师或分管财务的副校长、财务处长和部门主要负责人。审批级次即在审批时按照由低级到高级的要求，逐级审批，即部门主要负责人→财务处长→校长、总会计师或分管财务的副校长。

（2）审批权限定义。

申请：经办人提出有关事项的申请，填制相应表单，并准备相关的原始单据（合同协议、订单、申请单、发票等）。

审核：有关部门主要负责人对该事项发生的合理性与必要性提出初步意见（主要从业务角度）。

复核：会计人员根据企业相关规章制度、标准，复核检查：表单程序是否合规（金额与权限审批是否正确）；申请事项的单据金额记录是否正确（待审批表单的金额与原始单据金额是否一致）；原始凭证是否完整并符合财务要求。

核准：财务负责人或指定人员根据财务管理制度对待审批事项从如下方面进行核准：事项的合理性与必要性（主要从预算、资金角度）；表单、单据的金额和数量的检查。

审批：有关领导根据审核意见进行批准。

（3）责任追究制度和内控制度。

制定相应的责任追究制度和内控制度，要求有关的人员要对财务支出进行严格的审批把关，要让相关的人员明确其各自负责的内容和应负的责任。比如，财务的专管员要对提出费用支出审批或报销的经手人提供的票据进行合法性和金额正确性的审核；分管的领导要对经手人所办理的事项进行合理性和真实性的初步审定；最后由具有最终审批权的领导和人员对分管领导所安排的事项进行科学性和必要性的最后审批和负责。同时还要对审批人的权限和责任进行明确，要求审批人一定要在其授权范围内对费用支出进行审批，不能超过其自身具有的审批权限。

三、高职院校现行的财务审批模式及改进建议

（一）高职院校现行的财务审批制度

高职院校财务审批制度包括审批的权限、审批的程序、审批的内容、审批的责任和审批的重点等内容。高职院校院系在进行财务审批的时候，要在最基本的原则基础上对经费开支的额度进行开支用途的分级审批程序。对于审批人员的权限要在规定的范围内进行，要保证审批人员对财务经费收支的合法性、真实性和合理性进行认真仔细的审批，保证审批的质量，执行先审核后审批的财务审批程序。

（二）建立和完善财务制度与相应的监督制度

高职院校在面对院系财务审批的时候，要对其审批的权限、原则、程度和额度等进行明确的规定，建立和完善财务制度，使财务管理实现规范化，让其成为众所周知、各方必须要遵守的财务制度。要对“一支笔”的财务审批模式进行改革，建立和完善院长（主任）和书记的双签制度，对于各项项目、业务的费用使用和报销都要严格地经过授权、批准、执行、记录和检查等相关控制程序，尤其是在对大额的高校学科建设、科研经费的审批时，必须要由院长（主任）和书记进行反复、缜密的研究讨论确认之后共同签字审批。同时，还要严格地执行不相容职务分离的监督制度，对于费用支出中的各项工作，比如授权批准和业务经办、决策和执行等都进行职务分离，不能让同一个人兼任，以有助于对决策进行评价，杜绝腐败和舞弊的现象出现。

第三节　高职院校财务部门管理系统

世界各国学校的经费，一般都来自其举办机构，如公立学校的经费来自国家预算、地方预算，私立学校的经费来自社团、企业或私人捐助，也有相当大的部分来自学生学费收入。学校经费管理权，属担负经费的政府或法人，一般属校董会，学校内部另设会计职能机构进行管理。

我国的学校经费来源，主要是国家预算投资及国有与集体企、事业单

位的预算投资。学校财务管理工作的任务：按照中国共产党的教育方针和勤俭办学的方针，逐步建立、充实、改善学校的教学、科研和生活条件，为培养社会主义现代化建设人才服务。

高职院校作为国民教育系列不可或缺的一个环节，其财务管理和其他学校一样，具有五大基本职能：一是贯彻执行中国共产党和国家的财政经济方针、政策、法令，维护财政经济纪律，保护公共财产的安全。二是根据上级规定和学校具体情况，编制学校年度预算或计划，年终作出决算。三是拟定学校的财务规章制度。四是监督、检查学校各项资金、财产的管理和计划执行情况。五是做好记账、算账、报账工作，调查研究、分析、检查学校资金使用效果。

常规的财务管理可根据财务管理工作的程序及各部分工作间的内在关系划分为财务预测、财务决策、财务计划、财务控制、财务监督和财务分析等各个环节。财务管理的各个环节相互连接，形成财务管理工作的完整过程，被称为财务管理循环或财务管理系统。这个管理系统适用于所有与财务相关的管理活动。作为高职院校，其财务管理活动有其区别于其他各类学校的特色和特点，更与政府机构、社会团体、企事业单位有很大的不同。因此，在高职院校的财务管理上，我们不能照搬照抄，更不能一概而论，将其等同于一般的财务管理。

2012 年 12 月 19 日，财政部、教育部印发《高等学校财务制度》（财教〔2012〕488 号），自 2013 年 1 月 1 日起施行，财政部、原国家教育委员会于 1997 年 6 月 23 日颁布的《高等学校财务制度》同时废止。《高等学校财务制度》适用于各级人民政府举办的全日制普通高职院校、成人高职院校（以下简称高职院校），是高职院校进行财务管理活动的依据和模板。《高等学校财务制度》将高职院校的财务管理活动划分为预算管理、收入管理、支出管理、结转和结余管理、专用基金管理、资产管理、负债管理、成本费用管理、财务清算、财务报告和财务分析、财务监督等环节。

综上所述，笔者认为高职院校的财务管理可以分为财务管理体制的建立、财务管理系统的运行和财会队伍的建设三大块内容。

一、高职院校的财务管理体制

高职院校的财务管理应实行“统一领导、集中管理”的财务管理体制，规模较大的学校可以实行“统一领导、分级管理”的财务管理体制。根据我国的国情，高职院校财务工作实行校（院）长负责制，设置总会计师岗位。总会计师为学校副校级行政领导成员，协助校（院）长管理学校财务工作，承担相应的领导和管理责任。凡设置总会计师的高职院校，不设与总会计师职权重叠的副校（院）长。

高职院校单独设置一级财务机构，在校（院）长和总会计师的领导下，统一管理学校财务工作。校内非独立法人单位因工作需要设置的财务机构，是学校的二级财务机构。二级财务机构要遵守和执行学校统一制定的财务规章制度，并接受学校一级财务机构的统一领导、监督和检查。

高职院校财务机构要配备专职财会人员。财会人员应当具备与其工作岗位相适应的资格和能力。财会人员的调入、调出、专业技术职务评聘以及校内二级财务机构负责人的任免、调动或者撤换，要由学校一级财务机构会同有关部门办理。

高职院校的财务管理活动，要遵循下列原则进行：第一，执行国家有关法律、法规和财务规章制度；第二，坚持勤俭办学的方针；第三，正确处理事业发展需要和资金供给的关系，社会效益和经济效益的关系，国家、学校和个人三者利益的关系。

高职院校财务管理的主要任务：合理编制学校预算，有效控制预算执行，完整、准确编制学校决算，真实反映学校财务状况；依法多渠道筹集资金，努力节约支出；建立健全学校财务制度，加强经济核算，实施绩效评价，提高资金使用效益；加强资产管理，真实完整地反映资产使用状况，合理配置和有效利用资产，防止资产流失；加强对学校经济活动的财务控制和监督，防范财务风险。

二、高职院校的财务管理系统

根据《高等学校财务制度》的规定和高职院校财务运行的实际情况，

高职院校的财务管理系统应该是由预算管理、收入管理、支出管理、资产管理、负债管理、成本费用管理、财务报告和财务分析、财务监督等环节组成一个完整的循环。

（一）预算管理

高职院校预算是指高职院校根据事业发展目标和计划编制的年度财务收支计划。高职院校的预算由收入预算和支出预算组成。

高职院校的预算编制应当遵循“量入为出、收支平衡”的原则。收入预算编制应当积极稳妥；支出预算编制应当统筹兼顾、保证重点、勤俭节约。高职院校参考上年度预算执行、结转和结余情况，根据预算年度事业发展目标、计划与财力可能，以及年度收支增减因素和措施，按照预算编制的规定编制预算。高职院校的预算应当以收支平衡为目的，不得编制赤字预算。

高职院校一级财务机构提出预算建议方案，经学校领导班子集体审议通过后，上报主管部门，经主管部门审核汇总后报财政部门（一级预算单位直接报财政部门）。高职院校根据财政部门下达的预算控制数编制预算，由主管部门审核汇总后报财政部门，经法定程序审核批复后执行。

高职院校应当严格执行批准的预算。在预算执行中，国家对财政补助收入和财政专户核拨资金的预算一般不予调整；上级下达的事业计划有较大调整，或者根据国家有关政策增加或者减少支出，对预算执行影响较大时，高职院校应当报主管部门审核后报财政部门调整预算。财政补助收入和财政专户核拨资金以外部分的预算需要调增或者调减的，由学校自行调整并报主管部门和财政部门备案。收入预算调整后，相应调增或者调减支出预算。

高职院校决算是指高职院校根据预算执行结果编制的年度报告。在编制决算报告时，应当加强决算审核和分析，保证决算数据的真实、准确，规范决算管理工作。

（二）收入管理

高职院校的收入是指高职院校开展教学、科研及其他活动依法取得的非偿还性资金。

1. 高职院校收入构成

高职院校的收入构成较为复杂，归纳起来可以分为以下六类：

第一类，财政补助收入，即高职院校从同级财政部门取得的各类财政拨款。包括：

（1）财政教育拨款，即高职院校从同级财政部门取得的各类财政教育拨款。

（2）财政科研拨款，即高职院校从同级财政部门取得的各类财政科研拨款。

（3）财政其他拨款，即高职院校从同级财政部门取得的本条上述拨款范围以外的财政拨款。

第二类，事业收入，即高职院校开展教学、科研及其辅助活动取得的收入。包括：

（1）教育事业收入，指高职院校开展教学及其辅助活动所取得的收入，包括通过学历和非学历教育向学生个人或者单位收取的学费、住宿费、委托培养费、考试考务费、培训费和其他教育事业收入。

按照国家有关规定应当上缴国库或者财政专户的资金，不计入教育事业收入；从财政专户核拨给学校的资金和经核准不上缴国库或财政专户的资金，计入教育事业收入。

（2）科研事业收入，指高职院校开展科研及其辅助活动所取得的收入，包括通过承接科研项目、开展科研协作、转化科技成果、进行科技咨询等取得的收入。科研事业收入不包括按照部门预算隶属关系从同级财政部门取得的财政拨款。

第三类，上级补助收入，即高职院校从主管部门和上级单位取得的非财政补助收入。

第四类，附属单位上缴收入，即高职院校附属独立核算单位按照有关规定上缴的收入。

第五类，经营收入，即高职院校在教学、科研及其辅助活动之外，开展非独立核算经营活动取得的收入。

第六类，其他收入，即上述规定范围以外的各项收入，包括投资收益、利息收入、捐赠收入等。

2. 高职院校的收入管理

高职院校的收入应当合法合规。各项收费应当严格执行国家规定的收费范围和标准，并使用合法票据；各项收入应当全部纳入学校预算，统一核算，统一管理。高职院校对按照规定上缴国库或财政专户的资金，应当按照国库集中收缴的有关规定及时足额上缴，不得隐瞒、滞留、截留、挪用和坐支。

（三）支出管理

高职院校支出是指高职院校开展教学、科研及其他活动发生的资金耗费和损失。

1. 高职院校支出构成

高职院校的支出，根据其使用途径的不同，可以划分为五类。

第一类，事业支出，即高职院校开展教学、科研及其辅助活动发生的基本支出和项目支出。

（1）基本支出是指高职院校为了保障其正常运转、完成教学科研和其他日常工作任务而发生的支出，包括人员支出和公用支出。

（2）项目支出是指高职院校为了完成特定工作任务和事业发展目标，在基本支出之外所发生的支出。

第二类，经营支出，即高职院校在教学、科研及其辅助活动之外开展非独立核算经营活动发生的支出。经营支出应当与经营收入配比。

第三类，对附属单位补助支出，即高职院校用财政补助收入之外的收入对附属单位补助发生的支出。

第四类，上缴上级支出，即高职院校按照财政部门和主管部门的规定上缴上级单位的支出。

第五类，其他支出，即上述规定范围以外的各项支出。其他支出包括利息支出、捐赠支出等。

2. 高职院校支出管理

高职院校应当将各项支出全部纳入学校预算，建立健全支出管理制度。高职院校的支出应当严格执行国家有关财务规章制度规定的开支范围及开支标准；国家有关财务规章制度没有统一规定的，由学校结合实际情况规定，报主管部门和财政部门备案。高职院校的规定违反法律制度和国家政策的，主管部门和财政部门应当责令其改正。

高职院校从财政部门和主管部门取得的有指定项目和用途的专项资金，应当专款专用、单独核算，并按照规定向财政部门或者主管部门报送专项资金使用情况；项目完成后，应当报送专项资金支出决算和使用效果的书面报告，接受财政部门或者主管部门和其他相关部门的检查、验收。

高职院校应当严格执行国库集中支付制度和政府采购制度等有关规定。高职院校应当加强支出管理，不得虚列虚报；应当进行支出绩效评价，提高资金使用的有效性。

高职院校应当依法加强各类票据管理，确保票据来源合法、内容真实、使用正确，不得使用虚假票据。

（四）资产管理

高职院校的资产是指高职院校占有或者使用的能以货币计量的经济资源，包括各种财产、债权和其他权利，如流动资产、固定资产、在建工程、无形资产和对外投资等。

1. 流动资产

流动资产是指可以在一年以内变现或者耗用的资产，包括现金、各种存款、零余额账户用款额度、应收及预付款项等。高职院校应当建立健全现金及各种存款的内部管理制度。对应收及预付款项应当及时清理结算，不得长期挂账；对无法收回的应收及预付款项，要查明原因，分清责任，按照规定程序批准后核销。对存货应当进行定期或者不定期清查盘点，保证账实相符。对存货盘盈、盘亏应当及时处理。

2. 固定资产

固定资产是指使用期限超过一年，单位价值在 1 000 元以上（其中专用设备单位价值在 1 500 元以上），并在使用过程中基本保持原有物质形态的资产。单位价值虽未达到规定标准，但是耐用时间在一年以上的大批同类物资，作为固定资产管理。高职院校的固定资产一般分为六类：房屋及构筑物；专用设备；通用设备；文物和陈列品；图书、档案；家具、用具、装具及动植物。高职院校的固定资产明细目录由教育部制定，报财政部备案。高职院校应当对固定资产定期或者不定期进行清查盘点。年度终了前，应当进行一次全面清查盘点，保证账、卡、物相符。对固定资产的盘盈、盘亏应当按照规定处理。

3. 在建工程

在建工程是指已经发生必要支出，但尚未达到交付使用状态的建设工程。在建工程达到交付使用状态时，应当按照有关规定办理工程竣工财务决算和资产交付使用。

4. 无形资产

无形资产是指不具有实物形态而能为使用者提供某种权利的资产，包括专利权、商标权、著作权、土地使用权、非专利技术以及其他财产权利。高职院校通过外购、自行开发以及其他方式取得的无形资产应当合理计价，及时入账。学校转让无形资产，应当按照规定进行资产评估，取得的收入按照国家有关规定处理。高职院校取得无形资产而发生的支出，计入事业支出。高职院校应当对无形资产在其使用期限内采用年限平均法进行摊销。对于使用期限不确定的无形资产，摊销办法执行国家有关规定。

5. 对外投资

对外投资是指高职院校依法利用货币资金、实物、无形资产等方式向其他单位的投资。高职院校应当严格控制对外投资，在保证学校正常运转和事业发展的前提下，按照国家有关规定可以对外投资的，应当履行有关审批程序。高职院校不得使用财政拨款及其结余进行对外投资，不得从事股票、期货、基金、企业债券等投资。国家另有规定的除外。高职院校以实物、无形资产等非货币性资产对外投资的，应当按照国家有关规定进行资产评估，合理确定资产价值。

高职院校对外投资收益以及利用国有资产出租、出借取得的收入，应当纳入学校预算，统一核算、统一管理。高职院校应当按照国家有关规定，建立健全资产管理制度，加强资产管理，按照科学规范、从严控制、保障事业发展需要的原则合理配置资产，建立资产共享、共用制度，提高资产使用效率。

（五）负债管理

高职院校的负债是指高职院校所承担的能以货币计量，需要以资产或劳务偿还的债务。高职院校的负债包括借入款项、应付及预收款项、应缴款项、代管款项等。

1. 借入款项

借入款项是指高职院校向银行等金融机构借入的各类款项。

2. 应付及预收款项

应付及预收款项包括高职院校应付职工薪酬、应付票据、应付账款、预收账款和其他应付款等款项。

3. 应缴款项

应缴款项包括高职院校收取的应当上缴国库或者财政专户的资金、应缴税费，以及其他按照国家有关规定应当上缴的款项。

4. 代管款项

代管款项是指高职院校接受委托代为管理的各类款项。

高职院校应当对不同性质的负债分类管理，及时清理并按照规定办理结算，保证各项负债在规定期限内归还。同时，高职院校还应建立健全财务风险控制机制，规范和加强借入款项管理，严格执行审批程序，不得违反规定举借债务和提供担保。具体审批办法由主管部门会同同级财政部门制定。

（六）成本费用管理

高职院校应当根据事业发展需要，实行内部成本费用管理。费用是指高职院校为完成教学、科研、管理等活动而发生的当期资产耗费和损失。费用按照其用途归集，主要包括教育费用、科研费用、管理费用、离退休费用和其他费用。

1. 教育费用

教育费用是指高职院校在教学、教辅、学生事务和其他教育活动中发生的各项费用。

2. 科研费用

科研费用是指高职院校为完成所承担的科研任务而发生的各项费用。

3. 管理费用

管理费用是指高职院校为完成学校行政管理任务而发生的各项费用，主要包括高职院校校级行政管理部门发生的各项费用，高职院校统一负担的工会经费、诉讼费、中介费、印花税、房产税和车船使用税等。

4. 离退休费用

离退休费用是指高职院校负担的离退休人员社会保障和福利待遇方面的各项费用。

5. 其他费用

其他费用是指高职院校无法归属到上述费用中的其他各项费用，主要包括对附属单位的补助、上缴上级支出、财务费用、捐赠支出等。

高职院校应当正确归集实际发生的各项费用；不能直接归集的，应当按照一定原则和标准合理分摊。高职院校应当根据实际需要，逐步细化成本核算，开展学校、院系和专业的教育总成本和生均成本等核算工作。科研活动成本的核算应当细化到科研项目。

（七）财务报告与财务分析

财务报告是反映高职院校一定时期财务状况和事业成果的总结性书面文件。高职院校要定期向各有关主管部门和财政部门以及其他有关的报表使用者提供财务报告。高职院校报送的年度财务报告包括资产负债表、收入支出表、财政拨款收入支出表、固定资产投资决算报表等主表，以及有关附表以及财务情况说明书等。

财务情况说明书，主要说明高职院校收入及其支出、结转、结余及其分配、资产负债变动、对外投资、资产出租出借、资产处置、固定资产投资、绩效评价的情况，对本期或者下期财务状况发生重大影响的事项，以及需要说明的其他事项。

高职院校的财务分析是财务管理工作的重要组成部分。高职院校要按照主管部门的规定，根据学校财务管理的需要，科学设置财务分析指标，开展财务分析工作。

财务分析指标主要包括反映高职院校预算管理、财务风险管理、支出结构、财务发展能力等方面的指标。

（八）财务监督

高职院校财务监督主要有六大方面的内容：第一，预算编制、财务报告的科学性、真实性、完整性，预算执行的有效性、均衡性；第二，各项收入和支出的合法性、合规性；第三，结转和结余的管理情况；第四，资产管理的规范性、有效性；第五，负债的合规性和风险程度；第六，对违反财务规章制度的问题进行检查纠正。

在高职院校的财务监督中，要将事前监督、事中监督、事后监督相结合，日常监督与专项检查相结合，进一步建立健全内部控制制度、经济责任制度、财务信息披露制度等监督制度，依法公开财务信息。同时，依法接受主管部门和财政、审计部门的监督。

三、高职院校财会队伍建设

为了打造一支优秀的财务管理队伍，形成具有特色的团队文化，高职院校必须做好以下几个方面的工作。

（一）加强职业道德教育，讲究原则性和责任感

诚信是会计职业道德的根本，良好的会计职业道德是一个优秀财会人员必须具备的素质。这需要每个财会人员都要具有强烈的责任心和事业心，对于院校精心制定的制度和工作计划，财会人员要在理解、把握、吃透的基础上不折不扣、坚定不移地贯彻执行下去，对于过程中的每一个运作细节和每一个业务流程都要落到实处，因此，财会人员职业道德水平的高低，直接决定着其工作的原则性和责任心，它最重要的体现就是“操守为重，坚持原则”。对财会人员的职业道德教育，是任何一所院校都必须长抓不懈的工作之一。在这方面，我们要进一步落实《会计法》规定的“会计职业道德规范”条款，根据院校的财会人员职业操守准则，结合财会人员绩效考评办法，做好财会职业道德考核评价工作，完善财会人员本身的自律机制，并在日常工作中不断强调职业道德的重要性，使得每一个财会人员都具有强烈的职业道德意识。

（二）推进财务工作和财务管理的制度化、规范化，提高财务精细管理效率

为了加强财务管理工作，规范会计工作秩序，提高会计核算质量和财务管理水平，高职院校要建立一系列的内部财务管理制度，形成一套良好的体系，为推进财务工作和财务管理的制度化、规范化、专业化奠定基础。高效落实这些制度，给财务工作提出了更高的要求，财务人员必须充分理解和熟悉制度，规范今后的工作程序，从传统的财务核算逐步向财务控制、财务管理方面转化，以有力推动财务工作的发展。

（三）加强团队学习，不断提高专业技能和管理水平，打造专业化职业团队

国家新事业单位会计制度、事业单位会计准则的实施，与原会计制度、会计准则有较大的区别，同时高职院校发展面临转型机遇，这势必给财务工作带来巨大挑战。这就要求高职院校必须坚持对新的会计制度和准则进行学习、培训和研讨，财会人员自身也要积极主动熟悉、吃透现有的管理制度，学习、领会新的财经制度，进一步适应新的形势变化，为高职院校全新概念的财务管理打下坚实的基础。人在一起是团伙，心在一起是团队，要想加强财务队伍团队建设，必须人心合一，把财务决策、财务执行力、财务绩效评价通盘考虑。

第四节　高职院校内部审计控制监督系统

随着高职院校经费来源的多元化和高职院校经济活动的多样化，内部审计在高职院校财务管理中的作用也日趋重要。但实际上，我国高职院校内部审计和内部控制监督系统，往往并没有发挥出其应有的作用，主要原因在于高职院校的领导层对内部审计在高职院校财务管理中的作用认识不到位，不清楚内部审计和内部控制监督发挥作用需要什么样的环境。

一、内部审计和内部控制监督的关系

要完善高职院校财务管理制度，发挥内部审计和内部控制监督在高职

院校财务管理中的作用，我们首先必须充分认识什么是内部审计，理顺内部审计与内部控制监督的关系。

内部控制是随着企业对内加强管理和对外满足社会需要而逐渐产生，并发展起来的自我检查、自我调整和自我制约的系统，是社会发展的必然产物。内部控制可以合理保证高职院校有效进行教育管理，提供可靠的财务报告和其他信息，保护高职院校财产的安全完整，保证有关政策、法律法规的贯彻执行，实现高职院校的整体发展目标。

内部审计是由部门、单位内设的审计机构从内部对其财务收支的真实性、合法性、效益性进行的审计监督。在高职院校中，即使有好的会计制度、科学的控制程序，但若没有先进的管理文化理念做引导，缺乏健全的管理体制和组织结构作铺垫，或者没有运用或实施科学的人力资源和政策，都会造成内部控制的执行系统失效，进而影响高职院校财务的整体效率。高职院校内部控制监督作为内部控制的执行元素，主要是通过各部门建立完善的内部控制制度并保证发挥有效作用来实现。高职院校的内部控制监督应当突出内部控制和内部约束机制的健全，强化校长（或主管副校长）的会计责任，会计人员在对校长（或主管副校长）负责的同时，受职业道德和财经法规约束。财务部通过指导各部门建立健全内控制度，培养各部门负责人、会计人员的综合素质和必要的检查验收来督促各部门加强内部控制监督、规范会计行为。而这些措施实际上是通过优化内部控制环境中的组织结构设置这一环节来实现的，随着高等教育的发展，我们也发现因内部控制监督失效而造成的案件仍然层出不穷。究其深层次原因，是高职院校领导及其管理层的决策性失误，这种决策性失误则是由管理理念的偏差和高层管理者本身的素质造成的。由此可见，内部审计的各要素都影响着内部控制监督的目标和方法的实现。

二、高职院校内部审计在内部控制中的作用

（一）参与学校内部控制制度的制定与修订，推动学校管理职能的提升

改革开放以来，高职院校已由过去的单纯事业单位转变为面向社会、

面向市场、自主办学的法人实体。随着市场经济的发展，高职院校办学经费来源日趋多元化，院校各部门经济活动日益增多，教学、科研、后勤、基建等部门又因工作性质不同而实行不同的财会制度，高职院校所承担的责任、压力、风险也相应增大，这些新变化使得高职院校内部控制工作更为复杂，加强内部控制制度建设的任务更加紧迫。这在客观上就要求建立一套完整有序的高职院校内部控制体系。内部审计作为高职院校内部管理的一种监督机制，在高职院校教育经济活动中有其不可替代的作用，担负着参与高职院校内部控制制度制定与修订的重要任务。故此，高职院校内部审计部门作为学校内部的管理部门，应深入了解学校内部工作的情况，熟悉本校特点，广泛参与从规划制定、经费安排、资金筹集到招生、就业、教学、科研等具体方面的内部控制工作，为高职院校管理与决策服务，提高高职院校内部控制水平，促进高等教育事业快速与健康发展。由于内部控制又是一个动态系统，必须在实施中不断进行调整、充实、完善、更新。因此，高职院校内部审计部门既要参与规划和设计内部控制的具体制度、方法和程序，又要参与内部控制制度建立后不断整合、提升、完善、修正的工作。

（二）监督检查学校内部控制的执行，并对内部控制进行评价

高职院校内部审计部门可通过以下途径定期或不定期地进行监督检查：一是通过对学校财务收支进行定期审计，加强学校资金和财产物资管理，提高使用效益，保障学校各项事业发展；二是通过对学校国有资产增减变动的真实性、合法性、效益性进行审计，可以保障国有资产的安全完整，促进学校国有资产的合理配置和有效使用，监督国有资产保值增值情况；三是通过对学校大宗物资和设备采购招标、投标的真实性、合法性进行审计，对物资、设备管理使用的效益性进行审计，一方面力求以最低的价格获得最高的服务质量和最好的服务承诺，另一方面提高物资和设备使用效率；四是通过对校办企业资产进行审计，可以促进校办企业顺利进行产权制度改革，加强内部管理，规范运作，提高经济效益；五是通过对学校修缮工程、基建工程的监督和审计，对工程规划、设计、报建、招标以及开工、施工、竣工、办理工程结算等各个环节进行有效监控，保障修缮

及基建资金的投资效益，为学校节约资金；六是通过对后勤产业经营决策、经营效益进行审计，确保后勤社会化沿着正确的轨道顺利进行；七是通过对国家财政拨入的专项资金（如重点实验室、重点专业、重点学科建设资金以及高职院校迎接教学工作水平和管理水平评估投入的资金）进行审计，以确保专款专用，使专项工程达到预期要求；八是通过对学校领导干部任期经济责任进行审计，促进党风廉政建设，不断提高学校经济管理水平；九是通过对学校各单位创收收入进行审计，保证创收收入的真实性、合法性、合规性；十是通过对高职院校教学效益、科研效益、服务效益进行审计，论证最佳决策方案，挖掘高职院校提高经济效益的潜力，提出改进意见。为了确保高职院校教育经济活动在国家法规规定范围内正常进行，保证教育目标实现，内部审计人员在完成监督检查后就要对内部控制进行评价，主要是对内部控制的健全性、有效性和风险性等进行评价。具体内容有：一是评价高职院校内部控制制度是否符合国家法律、法规规定；二是评价学校各项教育经济活动或行为是否符合学校内部控制制度规定的程序和标准；三是评价内部控制制度能否有效保证学校教育目标实现，即是否有效地、经济地使用学校教育资源，做到合理配置，保证教育经济活动的效率性、效益性；四是评价学校内部控制制度实施到位后是否能确保会计信息的真实性、可靠性和资产的安全完整；五是在进行学校内部控制的健全性、有效性评价后，确定学校内部控制的风险水平，努力控制、防范、降低、化解由于内部控制缺陷带来的审计风险，加强风险预测，提高内部审计工作质量。

（三）提供管理咨询和增值性审计服务

在高职院校现实的教育经济活动中，相对于监督、评价来说，提供管理咨询和增值性审计服务并没有得到足够的重视，但随着高职院校教育经济活动的多样化、学校管理科学化，内部审计的这一职能实现将发挥越来越重要的作用。具体来说，高职院校内部审计主要可通过以下七个方面实现增值服务：一是增加收入，控制和防止收入减少；二是控制教育经济活动中的成本；三是进行风险评估和投资项目评价；四是在学校内部实行标准操作程序，并密切关注对学校发展起决定性作用的业务程序和相关流程；五是对被审计的程序发出“内部审计纠正行动请求”，进行后续审计跟踪；六是将审计结果以报告形式定期报送学校各个管理阶层；七是保证学校资产的安全。总之，学校内部审计部门通过管理咨询和提供增值性审计服务，为学校领导者决策提供支持，改进学校业务流程，以应对目前和未来的风险。

四、内部审计控制监督发挥作用的条件

（一）完善有关审计法规制度

近年来，有关部门先后制定并颁布了《审计法》《关于内部审计工作的规定》《教育系统内部审计准则》《教育系统内部审计工作规定》等。但与蓬勃发展的高职院校教育经济活动相比，已有的审计法律法规制度还很不完善，可操作性不够强，如内部审计处理处罚权限不够明确。应该建立一套适应社会主义市场经济条件下教育经济活动特点的系统、全面、可操作性强的高职院校内部审计法规体系，以促进高职院校内部审计工作进一步发展。

（二）进一步增强高职院校内部审计的独立性

独立性是内部审计的灵魂，其主要表现在内部审计机构的设置上。目前我国高职院校内部审计机构设置主要有三种模式。第一种模式：作为财务部门的一个分支机构，隶属于财务部门。第二种模式：单独设立机构，但与纪检、监察等部门合署办公。第三种模式：单独设立机构，受校长领导，向校长负责并报告工作。在第一种模式下，内部审计机构设置无论从层级还是从地位来讲都是较差的，不能很好地实现审计的根本目的，制约了内部审计作用的充分发挥。在第二种模式下，内部审计机构与纪检、监察部门职责不同，实行合署办公会影响各自的工作。在第三种模式下，校长是学校法定代表人，是学校最高行政领导人，在其领导下的内部审计机构的监督层次最高，能够较好地体现它的相对独立性，有利于实现内部审计工作的客观公正性。

（三）进一步改进审计方法，提高审计技术水平，逐步实现内部审计现代化

当今社会已经步入信息化时代，计算机技术和网络应用越来越普遍，

尤其是计算机会计信息系统和办公信息系统的快速普及，会计电算化、工程预决算软件和办公自动化软件被广泛应用。会计数据、经济业务信息和管理信息的记录介质、存取方式、处理程序都发生了改变，计算机技术和网络环境下的高职院校内部控制与原来的手工处理系统大大不同，这对传统的审计方法与技术提出了挑战。为此，应引进成熟的审计软件，逐步实现内部审计现代化，并进一步规范审计方法，保证审计质量，降低审计风险，提高审计效益。

（四）进一步提高高职院校审计人员综合素质

首先是提高审计人员思想素质。审计人员应具备一定的政策理论水平，熟悉我国高职院校管理工作的方针政策，具备良好的职业道德，客观公正，坚持原则，敢于同一切违反财经法纪的行为做斗争。其次是转变审计观念。要以服务职能为核心，把审计工作重点从财务收支监督转变到经济责任审计、效益审计上，转变到提供管理咨询和增值性审计服务上。最后是提高审计人员的业务能力。审计人员除要精通财务会计理论与方法、审计理论与方法、熟悉高职院校经济管理全过程和有关高职院校管理的法律法规外，还应了解 WTO 规则，具有管理科学、税务、工程技术、经济数学、计算机信息系统、法学等方面的知识，具有敏锐的洞察力，对高职院校内部控制中存在的问题明察秋毫，并及时提出改进建议。

（五）加强高职院校财务内部控制，构建内部控制监督系统

转变观念，提高认识，确立正确的财务内部控制意识。高职院校财务内部控制薄弱的重要原因就是没有确立正确的内部控制意识。财务内部控制不仅仅是校领导、财务部门及财务工作人员的事，而且是全校各部门、广大教职员工的事。要提高学校办学和管理的规模和效益，就要注意控制好财务内部工作的每一个环节。只有这样，管理才能出效益；只有这样，财务内部控制才不会流于形式，发挥其应有的作用。高职院校应树立的控制意识主要有：全面预算控制意识、不相容职务相互分离控制意识、授权批准控制意识、会计系统控制意识、信息化技术控制意识、财产保全控制意识、风险控制意识、内部财务报告控制意识等。

1. 加强制度建设，有效实施制度控制

制度控制的核心是通过制定严格的制度，确立组织及其内部各岗位人员的行为规范。有效的制度不仅可以约束被控制者的行为方式，而且可以限制控制者滥用职权。在制定内部控制制度时，要注意把握三个方面：一是以预防控制为主，事后控制为辅，防止经济活动发生无效或不法行为。预防控制包括组织控制、人事控制、程序控制和会计控制等。二是注重程序制约。对主要经济业务的控制必须经过批准、授权、执行、记录、检查等控制程序，特别是物资采购、基建项目招标、对外投资、超预算的支出等。三是注重岗位职责牵制，在机构设置与岗位分工时，一定要明确部门及各岗位应承担的责任范围，并制定追究、查处责任的具体措施。

2. 建立全面的财务控制体系、多元的财务监控措施

全面的控制是指财务控制应渗透到高职院校内部管理的各个层次，覆盖所有的部门，涉及经济活动的全过程。多元的财务监控措施是指既有事后控制措施，更有事前和事中控制的具体办法。会计稽核工作是财务管理的一个重要环节，是防范会计风险的一道有效屏障。《会计法》第三十七条规定：“会计机构内部应当建立稽核制度，出纳人员不得兼任稽核、会计档案保管和收入、支出、费用、债权债务账目的登记工作。”会计人员在处理经济业务时，要严格执行内部稽核制度，做到先审核后报账，对经审核发现不真实的发票，要坚决退回，使内部稽核制度得到不折不扣的落实。

3. 完善内部审计监督体系，充分发挥审计再监督的作用

内部审计是实施内部财务控制的重要组成部分，是会计监督的再监督。但在高职院校中普遍存在审计的监督效果不尽如人意，未能有效地履行其再监督的职能。要改变这种现象，一方面学校领导要充分认识审计部门的作用和地位，明确审计部门的职能，避免与纪检、监察职能混同。完善内部审计制度并确保各项制度能真正得到落实。建立科学的机制使审计部门能排除各种干扰，独立地开展工作。另一方面要加强对内部控制的评审，要对学校内部管理控制的健全性、严密性和有效性进行深入调查、分析，发现内部控制制度存在的薄弱环节，向学校领导提出需要改进完善的

地方，引起领导的关注，从而促使学校财务规范化管理。

4. 充分重视财务内部控制中“人”的因素，把内部控制工作落到实处

“人”是实施高职院校财务内部控制的关键因素，因为财务内部控制是由人去履行的，并受人的制约。财务内部控制中“人”的因素包括主体“人”的因素和客体“人”的因素，前者是指实施财务内部控制的人，后者是指执行财务内部控制的人，两者相互依赖、相互统一。对实施财务内部控制的主体“人”而言，要求具有较高的理论水平，较广泛的经济管理知识和会计知识，较丰富的会计工作经验，熟悉有关的政策、法律、法规。对执行财务内部控制的客体“人”而言，要求掌握了解财会专业知识，能够认真执行国家的财经方针政策及学校的各项制度。为此，高职院校应该提高相关人员的业务素质和职业道德，要积极组织相关人员学习国家的有关方针政策、财经法律法规，增强其贯彻执行的自觉性。

总之，健全的财务内部控制是保护资产安全完整、防止舞弊行为发生的重要基础，也是强化高职院校内部管理、确保高职院校教育事业活动有序和有效运行的重要措施。有效解决当前高职院校财务内部控制中存在的问题，就能进一步发挥财务内部控制对高等教育的促进作用，促进高职院校教育事业的健康发展。

第二章　高职院校财务管理的基本内容

第一节　高职院校的经费管理

随着高职院校的迅速发展，我国已逐步建立了稳定的高职院校经费投入增长机制，高职院校经费总体规模迅速扩大。但是各高职院校依然不同程度存在经费短缺的现象，并且在经费管理使用中普遍存在着经费使用不尽合理、存在一定程度损失浪费等问题，使本来就紧张的高职院校经费不能产生应有的效益，加剧了资金的供需矛盾。

一、目前高职院校经费管理使用中存在的问题

（一）存在收支矛盾

近年来，国家财政对高职院校的投入呈快速增长趋势，但高职院校的财务收支矛盾依然存在。以某省为例，20 所高职院校，在 2003 年至 2005 年三年中，三年收不抵支共计 225 194 万元。其中，2003 年有 12 所院校收不抵支，占院校总数的 60%；2004 年有 12 所院校收不抵支，占院校总数的 60%；2005 年有 11 所院校收不抵支，占院校总数的 55%。综上所述，可见高职院校收支矛盾比较突出。

（二）资金支出效率不高

高职院校各部门争经费现象比较严重。比如，教学经费分配不合理，急需经费不到位；办公用品支出过多；设备采购把关不严，急需的设备无

钱采购，不急需的设备采购不合理，或者价格过高、质量不高、功能过剩，造成严重浪费；业务招待费超标，个别部门的招待费随意支付。由于高职院校内部部门之间经费分配得不合理，致使资金支出效率低下。

（三）人力资源配置效率低下

目前，高职院校人力资源配置机制相对弱化，各层次、各岗位人员的调配不尽合理，在人员结构上出现如下不平衡现象：第一，优秀的管理人员不足，一般管理人员大量过剩；第二，新学科高职称的专业技术人员缺乏，一般专业技术人员明显过多；第三，教研人员比例过低，非教研人员比例过大；第四，资深教授闲置，年轻教师负担过重；第五，新设专业和公共基础课的教职工人数不足，缺乏优秀人才，教师超负荷运转。

从人员数量上看，生师比例过低，人浮于事。教育部规定普通高职院校基本办学条件达到合格标准的生师比为18:1，而目前部分高职院校生师比低于此标准，出现许多任课教师每周课时量只有2个课时，甚至有的教师整个学期都没有教学任务的情况，造成了人力资源的极大浪费。另外，许多高职院校都是多校区办学，增加了管理层次和管理人员，导致学校行政和后勤机构臃肿，运行成本提高，效率降低。

（四）存量资产利用效率不高

存量资产利用效率不高突出表现在大型仪器、设备的利用上。大型仪器、设备对高职院校的教学和科研来说必不可少，但学校花大量资金购置的仪器设备却得不到充分利用，大部分时间处于闲置状态。如某高职院校用200多万元购置了一套实验室设备，这套设备只有该学科研究人员使用，全年使用时间不足3个月。这提醒我们高职院校在大型仪器、设备购置时应进行充分的可行性论证，对是购置还是租赁，应该进行科学的决策。另外，近年来有些高职院校出于某些目的，如为了达到教学评估的要求，对一些建设项目未进行可行性分析研究，直接建设风雨操场、多媒体教室等项目，建成后这些资源却不能得到充分利用；某高职院校投入1.5亿元建设行政办公大楼，人均占用办公用房面积达$40m^2$，造成资源的闲置浪费。

（五）多校区办学重复建设投资

我国高职院校的多校区办学始于20世纪末期，发展于21世纪初期，主要形成原因为院校合并重组和新校区建设。多校区办学有利于高职院校拓展发展空间、扩大办学规模、提升整体办学水平和社会竞争力的同时，在资金使用上也存在着现实困难和问题。主要表现为：第一，重复建设投资。如由于多校区办学，各校区办学资源不能协调统一配置，基础性项目、公共项目各校区都必须建设；教学和实验所需的图书资料、仪器设备和课堂设施等物力资源各校区不能共享；公用设备如计算机、数码照相机和摄像机等重复购置。第二，管理成本提高。多校区办学由于管理层次增加，某些机构重复设置，导致管理成本提高，运行效率降低。第三，交通问题。它包括交通速度和交通经费两个具体问题，一方面，直接影响着学校的师资调度和教学秩序，另一方面，也给学校的办学增添了长期而又沉重的经济负担。

（六）国有资产被侵占或重大损失案件屡有发生

由于高职院校所面临的经济社会环境日益复杂，一些高职院校出现了挪用单位资金和挥霍公款的现象，国有资产被侵占或造成重大损失的案件屡有发生。如某些高职院校决策失误，违规发放贷款出借资金，造成资金不能按期收回。

（七）财务风险逐步显现

近几年来，我国政府对高职院校不断增加投入，高职院校实现了跨越式发展。随着规模的不断扩大以及公众对高职院校需求的日益增长，高职院校教育投入与教育需求之间的矛盾更加突出。部分高职院校为适应扩招需要，扩大建设规模，投入大量的资金，在资金供给不足的情况下，由于财政投入和其他融资渠道有限，建设资金主要来源于银行信贷，利用银行贷款改善办学条件，初步解决了事业发展过程中资金不足的实际困难。但部分高职院校对贷款的风险认识不够，还贷的责任意识不强；个别高职院校贷款论证不充分，贷款规模远远超出高职院校的经济承受能力；有的高职院校缺乏勤俭办学的思想，不切实际地依靠贷款铺摊子、上项目，盲目追求高标准；个别高职院校甚至将贷款资金用于进行金融投资和产业投资，导致坏账的情况时有发生，更有甚者将贷款资金用于平衡预算抵补日常经费开支的不足，变相提高工作人员待遇。如此一旦资金链断裂，势必使高职院校陷入财务困境，引发债务风险，后果不堪设想。此外，按照谁贷款谁承担责任的原则，巨额的还本付息负担使高职院校本来就紧张的财务状况更加恶化。

（八）财务管理混乱，资金使用效益低下

从近年国家和各省对高职院校进行审计和审计调查的结果来看，各高职院校在呈现快速发展势头的同时，大部分院校在财务收支及管理方面仍然存在问题，特别是所属二级单位、校办产业财务管理比较混乱，违规违纪问题比较严重。仅从这些学校财务收支和财务管理方面来看，反映出来的问题主要表现在：高职院校的收支不实问题比较普遍、管理不规范问题突出、违规收费现象严重、挤占挪用专项资金、预算外资金应缴未缴财政专户、设置账外账、科研项目经费管理结题不结账、违规发放贷款出借资金、教材管理没有纳入学校财务统一核算、往来欠账长期不收、转移收入侵占国有资产等。一方面高职院校面临教育投入不足，另一方面资金使用效益低下的现象是我国很多高职院校长期存在的问题。

二、完善高职院校经费管理的对策

目前，高职院校资金供需矛盾突出，资金管理水平和使用效率不高，人力资源、物力资源配置不尽合理，存在着不同程度的铺张浪费和资产流失现象，财务风险加大，财务状况恶化。在这种状况下，高职院校财务管理人员必须本着如何使有限的资金得到最合理地运用并实现办学效益最大化的原则，对完善高职院校经费管理的对策从宏观和微观两个层面进行设计，不断提升高职院校经费管理水平，保障高职院校教育目标的实现。

（一）多元化筹措高职院校经费

从构成来看，高职院校经费主要包括各级政府预算安排的教育事业费、专项项目费、科研经费、基建拨款等经费，学费、住宿费等预算外拨款，以及所属单位上缴收入、捐赠收入、其他收入等。以河北省为例，2006 年该省财政预算内经费拨款占高职院校经费全部收入的 35%，预算外收入拨款占高职院校经费全部收入的57%，财政性经费是高等教育经费的主要来源。从目前来看，财政性经费已经很难再有大幅度增长，因为我国是一个发展中的人口大国，社会的各个方面都需要发展，教育发展不可能逾越社会主义初级阶段这个基本国情。

根据我国的具体情况，参考国外高职院校经费筹措的方式，笔者认为，应建立多元化的高职院校筹资渠道，缓解目前我国高职院校经费紧缺的状况。

1. 加大政府财政拨款

无论是过去还是现在、国内还是国外，政府财政拨款始终是各国发展高等教育的重要经费来源。随着经济竞争的越来越激烈，教育与科技在各国的地位也显得越来越突出和重要，世界各国政府对高等教育的投入大量增长，用来支持科学研究和大量培养高素质的国民，以保证自己国家的经济持续不断地高速增长。我国作为一个转型的发展中国家，更应在财政状况允许的情况下，通过立法等手段，逐步增加对高职院校的投入，使我国的高职院校发展有一个有力的支撑。

2. 合理收取学生的学费

高等教育是非义务教育，作为接受高等教育者，学生应该通过付出一定的学费而获得知识。学生交纳的学费标准，要根据高等教育的成本和社会的经济水平等因素确定，随着国家经济的发展和人民生活水平的提高，学费标准也要适度调整，使该部分费用占到教育经费总额的一定比例。

3. 加速高职院校科研成果转化，增加学校收入

高职院校应充分发挥其人才优势和科技优势，在全面完成正常的教学与科研工作的基础上，广泛开展各种科研、服务活动，拓宽高职院校的经费渠道。高职院校可以通过科研、社会服务等方式，发挥自己的技术优势，为社会创造价值，同时也为自己获取收益，从而弥补教育经费，解决教育经费不足的问题。高职院校在科研项目上要把握政府科研多数偏向实用性这一特点，及时调整学校的科研政策，在科研、人才培养和社会服务方面为地方提供有针对性、实用性强的服务，以便为学校争取到源源不断的财源。出让专利和技术，是获得经济回报的一种形式，虽然目前专利转

让费还不是很可观，在高职院校的经费收入中所占的比例仍然微不足道，但考虑其快速的发展势头，专利转让不仅可能成为学校与企业合作的一种重要形式，而且很可能成为学校经费收入中的亮点。

4. 争取社会捐赠

社会捐赠在国外高等教育经费中占有不可忽视的份额。我国高等教育目前已有少量社会捐赠，主要是华侨及一些跨国公司，但无论是捐赠人还是捐赠数目，相对于我国规模庞大的高等教育事业来说，总量都太小了。政府应在政策上予以考虑，鼓励个人、单位等多捐赠、支持高等教育事业发展。比如，在政策上给捐款人提供适当的税收减免，给捐款人以经济和名誉上的双重回报，在学校与捐款人之间创造出双赢的局面。

（二）全面加强预算管理

高职院校预算管理工作的好坏直接影响到高职院校各项资金的使用效益。在目前国家教育经费拨款严重不足的状况下，高职院校从自身方面挖掘潜力，不断加强预算的资金管理，显得尤为重要。

1. 更新高职院校预算管理观念

高职院校财务部门要改变预算管理仅注重分配的观念，将预算控制转变为过程管理，强调部门行使职能过程中各项预算的全过程管理，突出预算的事前控制作用，实现预算向微观管理层次的延伸。

2. 细化预算管理

要使高职院校预算管理真正落到实处，必须细化预算编制。这种细化主要表现在预算项目上，高职院校支出内容要按照预算目标来确定预算项目，实施“归口管理”，建立“支出定额”，从而将庞杂的开支分类细化为项目管理，有利于做到有的放矢，便于考核监督预算项目的资金使用效益。

3. 严格编制程序，确保预算客观合理

要使预算真正做到客观合理，应在编制程序上做到公开、公正、公平，重大项目一定要坚持由专门的机构进行可行性论证，防止闭门造车，造成预算项目盲目上马，出现“小头大尾”工程。为了真正保证预算与实际需要相符，需要对预算的编制程序进行严格审核。高职院校可以将预算编制与执行统一起来，学校各职能部门根据实际客观需求将编制预算建议数上报学校，学校进行综合平衡后下达控制指标；各职能部门按控制指标详细编制项目分解预算并交由学校汇总核定，学校再次综合评定后，上报上级教育主管部门批复。如此反复、公开、透明的操作，可以确保预算编制的客观性、合理性和严肃性，最终将使预算与实际执行切实结合起来。

（三）构建基于预算绩效管理导向的高职院校会计系统

有效的会计信息是高职院校经费绩效管理的基础，会计系统及其预算机制的建立是高职院校支出绩效管理的信息资源平台。但是，目前我国现行高职院校会计系统由于收付实现制的会计核算方式和过于简单的财务报告制度等原因，无法满足高职院校支出绩效管理的需求。要有效实施高职院校绩效预算管理，就必须构建基于绩效导向的高职院校会计系统，改革现有的高职院校会计核算和财务报告制度，并在预算管理中全面引入绩效预算管理思想，增强预算编制的绩效性，优化预算资金分配，并以绩效为目标严格控制预算执行，增强预算的严肃性，同时加强预算支出的绩效考核，重视预算执行考核结果的应用，切实提高预算的管理水平。

（四）通过开展绩效审计提高高职院校经费使用效益

绩效审计的核心就是要求高职院校能够按照现代市场经济的一些管理理念，加强支出的绩效管理，对高职院校的资金支出进行合理规划和控制，强化支出效益观念和责任意识，提高支出效率，合理配置资源，向管理要资金，保障高等教育目标的实现。笔者认为应从以下几个方面评价高职院校经费的绩效。

1. 高职院校筹集资金能力

高职院校筹集资金能力包括财政经费拨款占总经费收入的比率、自筹经费收入占总经费收入的比率、自筹经费增长率、资产负债率、教师人均科研经费五项指标，通过衡量高职院校教育经费收入中财政经费拨款、自筹教育经费所占的比例来评价高职院校筹措资金的能力以及努力程度、学校自我积累和自我发展的能力、学校经营状况和财务管理水平。

2. 人、财、物的投入情况及利用效率

人、财、物的投入情况及利用效率包括人力资源使用效率指标、财力资源使用效率指标和物力资源使用效率指标三部分。人力资源使用效率指标包括生师比、专任教师占全校职工的比重两项指标；财力资源使用效率指标包括生均分摊的经费开支数、人员经费与经费总支出的比率、教学业务费和设备购置费占公用经费支出的比率三项指标；物力资源投入及使用效率指标包括生均占用房屋建筑面积、房屋使用效率、生均教学仪器设备原值、教学仪器设备使用效率、生均图书资料册数、图书资源使用效率六项指标。通过以上指标对审计对象内部资源的配置状况和使用效率予以考虑评价。

3. 高职院校经费支出的产出效果

高职院校经费支出的产出效果模块包括高职院校投资的教育成果、教学效果、科研成果、教材建设成果、学科建设成果、完成年初教学目标情况六部分，反映高职院校资金带来的产出效果。

4. 高职院校的可持续发展能力和潜力

高职院校的可持续发展能力和潜力模块包括经费收入增长率、总资产增长率、专任教师中具有博士和硕士学位的比重、专任教师中具有高级职称的比重、新生质量五项具体指标，用于反映高职院校是否把资金用于长远发展或提升学校品牌和扩大影响力等方面，衡量资金使用的长期效益。

三、科研经费管理

（一）科研经费的含义

科研经费泛指各种用于发展科学技术事业而支出的费用。科研经费通常由政府、企业、民间组织、基金会等通过委托方式或者对申请报告的筛选来分配，是用于解决特定的理论问题和实践问题的经费。

从高职院校科研工作的实际看，高职院校的科研经费指高职院校用于开展学院科研工作而支出的费用。高职院校科研经费从来源看，主要有相关政府部门下拨的科研专项经费、企业及其他社会组织委托高职院校承担科研攻关的项目经费以及高职院校在每年的事业支出中安排的科研经费；从支出的类别看，科研经费分为直接用于科研项目的直接经费和用于科研项目管理、科研成果转化等方面工作的间接经费；从性质来看，科研经费分为用于项目研究成本的费用，如资料费、实验费、调研费等，以及用于项目研究的智力及劳务报酬，如专家咨询费、专家评审费、劳务费、稿费等。

（二）科研经费管理的作用

科研经费管理是科研管理的重要内容，规范严格的科研经费管理对保障科研项目的顺利完成、促进高职院校科研水平的提高具有重要的作用。高职院校科研经费管理的作用主要有以下四个方面。

1. 科研经费管理对科研项目的顺利完成具有促进作用

科研经费是科研项目完成的基本保障，没有足额的科研经费作为支撑，科研项目是不可能顺利完成的。严格规范的科研经费管理在促进科研项目顺利完成方面的作用表现在：一是科研经费管理可以保证科研经费及时提供给课题组，为课题研究的顺利开展提供经费支持；二是科研经费管理可以使不同项目的科研经费在支出上更为合理，保证科研经费能够发挥最大效益；三是科研经费管理可以从财务的角度督促课题组按照计划开展研究工作，确保项目研究能够在规定的时间内完成；四是科研经费管理可以从财务管理的角度为课题组的财务支出提出建设性的意见，使科研人员能够得到合理的报酬，以调动科研人员的积极性，保障科研项目的顺利完成。

2. 科研经费管理对科研人员具有保护作用

从财务管理的角度看，科研经费在使用的过程中会有一些潜在的财务风险，如果对科研经费使用不当，财务风险会诱发科研经费管理和使用方面的腐败，从而对科研人员造成一些原本可以避免的伤害。所以，科研经费管理不仅对科研项目的顺利完成具有促进作用，而且对科研人员具有保护作用。科研经费管理对科研人员的保护作用表现在：一是科研经费管理可以督促科研人员按照国家法律法规的规定使用科研经费，可以减少科研人员在科研经费在使用方面的违法行为；二是在科研经费管理中，可以及时发现科研经费使用方面存在的问题，并对存在的问题进行及时整改，把一些问题解决在萌芽状态，从而对科研人员起到保护作用；三是科研经费管理可以使科研项目的账目清楚，便于有关部门的检查，同样可以起到保护科研人员的作用。

3. 科研经费管理对高职院校教师队伍建设具有促进作用

教师队伍建设是高职院校一项十分重要的工作，建设一支高素质的教师队伍是高职院校提高人才培养质量的基础。科研工作在高职院校教师队伍建设中发挥着重要的作用，科研经费管理在高职院校教师队伍建设中也发挥着重要的作用，对高职院校教师队伍建设具有积极的促进作用。科研经费管理对高职院校教师队伍建设的促进作用表现在以下两个方面：一是通过科研经费的管理，促使课题组严格认真按照研究计划开展课题研究工作，让教师的理论水平在课题研究中得到一定程度的提高，从而为教师队伍素质的提高奠定理论基础；二是通过科研经费的管理，促使课题组严格认真按照研究计划开展课题研究工作，使教师的业务素质在课题研究中也能够得到一定程度的提高，起到促进教师队伍建设的作用。

4. 科研经费管理对高职院校科研水平的提高具有促进作用

高职院校的科研水平是高职院校软实力的重要组成部分，是高职院校提高人才培养质量，实现内涵发展的基础。高职院校科研经费管理不仅对教师队伍建设有积极的促进作用，而且对高职院校科研水平的提高也具有促进作用，表现在：一是在科研经费管理中，可以通过对课题支出项目的调整，合理加大科研人员智力性报酬所占的比重，使科研人员的智力支出能够得到合理的回报，这样，就能够有效地调动科研人员的积极性，达到促进高职院校科研水平提高的作用；二是科研经费管理可以从财务的角度对科研经费的使用提出建设性的意见，从资金上保证科研项目的顺利完成，这对促进高职院校科研水平的提高同样会起到积极的作用。

（三）科研经费管理的原则

纵向科研经费实行预算管理，执行国家相关经费管理办法，严格按照项目主管部门批复的预算范围和开支比例规范使用科研经费。横向科研经费实行合同管理，必须按照项目合同书中约定的经费使用用途、范围和开支标准，执行国家和学校相关办法，合理、规范使用科研经费。从高职院校科研经费管理的实际出发，在高职院校的科研经费管理中，应坚持以下四个基本原则。

1. 法律政策相符性原则

在科研经费的管理过程中，科研经费管理的措施、办法，既要符合国家法律的规定，也要符合相关政策的规定。目前，为了调动科研人员的积极性，国家调整了科研经费管理的办法。2017 年 2 月 13 日，中共中央办公厅、国务院办公厅印发《关于进一步完善中央财政科研项目资金管理等政策的若干意见》。这个文件是目前高职院校科研经费管理主要的政策依据，高职院校在科研经费管理中，应根据这个文件的要求，及时调整完善科研经费管理的措施和办法，使学校科研经费管理的措施、办法符合文件的要求。同时，在科研经费管理中，对一些与科研活动无关的费用，要严格把关，不能从项目经费中列支。科研人员的劳务报酬，要按规定上缴个人所得税。

2. 目标相关性原则

在科研经费管理中，还要坚持目标相关性原则。相关性原则就要求在科研经费的管理中，要注意以下三个方面的问题：一是科研项目概预算总量，要以科研项目的任务目标为依据；二是科研经费支出的强度与结构应以任务目标为依据；三是科研经费支出应与研究任务紧密相关，符合研究任务的规律和特点。

3. 经济合理性原则

经济合理性原则要求在科研经费管理中，要注意以下几个方面的问题：一是科研经费管理参照国内外同类研究开发活动的经费管理来进行；二是经费管理要符合我国的国情；三是科研项目概预算应与同类科研活动的支出水平相匹配；四是科研活动中材料、设备等支出应与市场同类产品一般价格水平相匹配；五是在考虑技术创新风险和不影响研究任务的前提下，提高资金的使用效率。

4. 措施可行性原则

高职院校科研经费管理不仅要符合国家法律和政策的要求，还要符合高职院校的实际。科研经费管理的措施办法只有符合高职院校的实际，才具有可操作性。为此，高职院校在科研经费管理方面，应注意以下三个方面的问题：一是对科研项目的绩效考核，要符合高职院校的实际，不能对高职院校的科研项目提出过高的要求；二是高职院校专职科研人员不多，大部分是兼职的科研人员，他们除了要承担科研任务外，还要承担教学任务或行政工作。在科研经费的安排上，应安排一部分劳务报酬，作为科研人员智力付出的报酬；三是在具体项目的支出方面，在符合国家法律政策规定的情况下，尊重课题组的意见。

（四）当前高职院校科研经费管理中存在的主要问题

目前，高职院校在科研经费管理中主要存在以下几个方面的问题。

1. 对科研经费认识的错位

对高职院校来说，科研经费的数量往往代表了一所学校的科研实力和水平，也是影响高校“排名”的重要因素之一。学校比较关注科研项目的级别、数量以及科研经费的总额，很多学校在提取一定比例的管理费以后，实行科研经费项目负责人负责制，却很少对科研经费进行严格的成本核算和监督监管，更不关注科研经费的使用效益，主要的管理工作就是由财务部门对科研经费进行账务核算。在教师方面，科研项目的申报需要花费大量的时间和精力进行准备，项目成功立项不仅需要高质量的申报文本，还需要负责人及其项目团队积累丰富的科研成果以及在同行中的影响力。经过一系列艰辛的工作申请到的科研经费，教师们普遍存在一种错误的认识，不论是纵向科研经费还是横向科研经费，都是项目负责人凭着自己的实力争取得来的，是由学校财务部门“帮助代管的经费”，即只要能顺利完成科研合同或达到科研任务目标，科研经费的支出和使用理所当然应由项目组掌控，忽视了科研经费公款的属性。

2. 科研经费管理法律法规的缺失

高校科研经费来源渠道多元化，既有来自财政性拨款的纵向项目（如自然科学基金及社会科学基金等），又有与企事业单位合作的横向项目，还有各单位经费自筹的科研项目。目前我国尚无科研经费管理的法律法规，各种科研项目经费多以规范性文件的形式来管理，如科技部的《国家重点基础研究发展计划专项经费管理办法》、国家自然基金委员会的《国家自然科学基金资助项目资金管理办法》、全国哲学社会科学规划办的《国家社会科学基金项目经费管理办法》等。以上管理办法和文件众多，但存在应用面窄、差异性大、法律效力低的问题，在一定程度上加大了科研经费管理的难度。为了会适应新形势新要求，进一步规范科研经费的管理，主管部门及各地方政府不定期出台一些文件，为科研经费的规范使用和管理“打补丁”。

3. 存在违规使用科研经费的问题

高职院校不同程度地存在着违规使用科研经费的问题，表现在：一是违规转拨经费，部分项目违反规定，擅自调整预算，自行增加课题合作单位，以委托测试等的名义将科研任务外包，向合作单位以外的其他单位转拨经费。二是利用虚假票据列支财政资金，有的是虚假业务、虚假票据，有的是真实业务、虚假票据，有的是虚假业务、真实票据。三是违规列支招待费、礼品费以及个人消费性支出等。有的直接在专项经费中列支招待费、礼品费、福利费等明显不允许列支的费用，有的以会议费、材料费等的名义，将在商城、酒楼、健身俱乐部、旅行社、商务公司等的消费支出在专项经费中列支。四是违规发放劳务费、专家咨询费。有的扩大与人员相关费用的发放范围、标准，以编造虚假劳务合同、代签代领、虚构人员名单等方式违规支出劳务费、专家咨询费，有的劳务费、专家咨询费发放手续不完备，随意性强。

4. 科研经费对脑力劳动成本补偿不足

当前，绝大部分纵向项目可发放项目组外的外单位专家咨询费、聘用人员工资或学生的劳务费，不得发放项目组在职人员工资或劳务费。制度的设计是基于高校在职教师已从学校获得了工资和各种福利，不能重复享受工资性收入，这一点上也符合国际惯例。例如，美国取得全年工资的高校教师也不允许从科研项目中获得报酬和收入。我国高校教师的收入与美国等国家相比差距较大，在全球的大学教师薪酬排行中，中国的大学教师平均工资排名倒数第三，而新入职的青年教师工资，甚至全球垫底。香港大学教授的工资待遇比较高，属于典型的高薪养廉制度，科研经费一般全部用在项目研究上。相比之下，国（境）内的教授待遇比较低，科研项目经费动辄上百万元、上千万元，工资收入与科研经费的巨大反差容易导致一些腐败现象或违规使用经费问题的出现。研究工作主要是研究人员脑力劳动的付出，而现行的科研经费管理制度无法体现出科研人员脑力劳动价值的付出，即对人力成本的补偿不足已成为科研经费管理制度性的缺陷。2017 年 2 月 13 日，中共中央办公厅、国务院办公厅印发《关于进一步完善中央财政科研项目资金管理等政策的若干意见》，虽然对项目组成员发放劳务费进行了调整，但是科研经费对脑力劳动成本补偿不足的问题依然不同程度的存在。

（五）完善高职院校科研经费管理的建议

1. 正确认识科研经费的财政资金属性

教育部和财政部 2005 年出台的《关于进一步加强高校科研经费管理的若干意见》明确指出，高校取得的各类科研经费，不论其资金来源渠道，均为学校收入，必须全部纳入学校财务部门统一管理、集中核算，并确保科研经费专款专用。各高校党政主要领导必须高度重视科研经费的管理工作，采取有效措施，切实加强科研经费管理，进一步提高科研经费的使用效益。在此文件的指导下，高职院校应加大规范使用科研经费的宣传教育力度，强化科研经费的财政资金属性，提高学校教师对科研经费的正确认识，及时通报近年来与科研经费相关的腐败案件，给科研项目负责人及项目组成员敲响警钟。项目负责人应自觉接受有关部门的监督检查，按有关规定及时办理科研项目结题及结账手续，并对科研经费使用的真实性、有效性承担经济与法律责任。

2. 加强科研经费管理的规章制度建设

从美国、英国、日本等发达国家的科研经费管理来看，各国政府针对不同资金渠道的科研经费制定了法律法规，使科研经费的使用和管理有章可循。因此，具有较强约束力的法律法规是保证科研经费有效合理使用和监督的前提与基础。我国应制定并出台科研经费管理的法律法规，对不同资金来源的科研经费，从经费的预算管理、经费使用、绩效评价、监督检查、信息公开以及责任追究等，建立起一整套明晰的规则。各级政府、科研项目管理部门及高职院校自身应加强科研经费的规章制度建设，完善科研项目的经费开支范围、开支比例、审批权限以及成本核算等，建立完整的科研经费财务管理体系，形成科研经费分类管理和统一监督的规范，为科研经费的使用、执行和科研任务的实现奠定制度基础。

3. 加强科研经费的预算编制管理

预算管理在科研经费管理中具有举足轻重的作用，科学合理的科研经费预算是项目执行的基础和保障。项目负责人和项目组成员应认真学习项目的管理办法。项目管理办法既是预算制订的依据，也是项目执行的依据，还是结题审计的依据。在编制科研经费预算时，应该紧密结合科研活动的特点和实际需要，按照目标相关性、政策相符性和经济合理性的原则，科学、合理、真实地编制科研经费预算，保证科研资金合理有效利用。由于科研课题的研究需要很强的专业性，项目负责人要切实承担起科研项目预算的职责，各高职院校应探索科研经费预算管理（包括预算编制、预算执行与调整、预算绩效考核等）的协同管理监督机制，形成以项目负责人为主，科研部门以及财务部门共同参与的课题预算机制，发挥科研部门在科研政策和管理方面的优势和财务部门经费管理方面的特长。预算编制形成初稿后，校内可组织相关职能部门、咨询专家或中介机构对相关科研项目进行预算评审，特别是对劳务费、重大设备仪器购置、重要文本文献及外协经费等重点把关，提出预算审核建议。项目负责人要根据审核建议对预算进行修改，直到完全符合规定后定稿或上报。

4. 完善课题组劳务付出的补偿机制

2014 年 1 月 22 日，国务院总理李克强主持召开国务院常务会议时强调："科研工作者是科技创新的主力军，要完善分配政策，改革科技评价和奖励制度，积极理顺薪酬体制和激励机制，让他们体面地、有尊严地工作和生活，让创造性智力活动得到应有的回报，让科技创新的核心要素真正活起来。"为了体现对教师智力成本的补偿，只要科研项目研究质量达到预期要求，项目在科研总经费中可以明确规定一定比例用于科研课题组人员劳动补偿支出，避免过多依赖发票报销现象的发生。目前，一些科研项目已进行了探索和创新。如湖北省为鼓励科研人员为企业服务，提高科研人员科研劳务报酬，在《关于推动高校院所科技人员服务企业研发活动的意见》中规定，承担省内企业委托研发项目的高校科研团队和科技人员，可在项目经费中获得科研劳务收入，其中软件开发类、设计类、规划类和咨询类项目的比例最高可达团队使用经费部分的70%，其他项目比例最高可达50%；又如“2011 协同创新中心”发布的一些项目管理办法规定，协同创新中心的研究经费可按一定的比例和上限列支校内外专兼职科研人员、管理人员薪酬，包括工资、绩效奖励、劳务费等支出，按照聘用协议约定的工作任务、薪酬标准、绩效标准考核和发放；再如《国家科技支撑计划管理办法》规定，在项目的间接费用中可列支一定比例的绩效奖励。以上规定的陆续出台和落地，对科研经费补偿项目组成员人力成本的付出进行了有益尝试，让教师能够依法合规地从科学研究中获得收益，让教师的科研工作业绩与贡献得到经济上的合理回报。这对于进一步调动广大教师的积极性、高质量地完成科研项目具有重要意义。2017 年 2 月 13 日，中共中央办公厅、国务院办公厅印发《关于进一步完善中央财政科研项目资金管理等政策的若干意见》，对科研项目中的劳务费发放做了重大调整，推动了科研人员劳务付出补偿机制的完善。

第二节　高职院校的资产管理

随着我国经济的快速发展，各级政府对教育事业投资力度的不断加大。快速发展中的高职院校，近年来教育事业对其投入力度更是不少，因此高职院校的办学设备不断增加，资产规模也在不断扩大，各校的资产由原来的千万元级增至上亿元级。合理保证资产安全是高职院校内部控制的一个主要目标之一。如何通过建立健全高职院校内部控制，建立一套合适的资产管理模式，保证资产安全、保值和增值，是高职院校内部控制的重要任务。

一、高职院校资产管理的内容

高职院校资产管理，归纳起来主要有以下十个方面。

（一）资产的增加

根据实际工作流程，采购部门（或使用部门）录入资产验收单信息，生成资产卡片并填写相关使用信息，打印出规范的资产验收单、卡片、条码标签，在校园网上提交归口管理部门审核和财务部门审核与记账，完成固定资产增加手续。不同种类的资产自动生成不同物质属性的资产验收单、卡片。资产增加支持分散采购和集中采购模式。

（二）资产变动管理

记录固定资产在使用过程中一些主要使用属性的变化，如现状、使用人、使用单位、使用方向、存放地点、单价等。选择要变动的资产，填写并打印资产变动报告单，经过归口管理部门审核与对于影响资产价值的变动，再经过财务审核与记账，完成变动。

（三）资产处置管理

对于报废、报损、出售、无偿调拨的固定资产，填写并打印资产处置报告单，提交归口管理部门审核和财务部门审核、记账，完成资产处置。

（四）原始数据的整理与导入

在资产管理系统启用时，学校原有的固定资产信息，经资产清查后，逐条录入系统，经过归口管理部门和财务部门的两级审核和记账，进入数据库中；如果学校原已经使用其他软件管理固定资产，可以方便地将其他系统的数据导入资产管理系统并加以检查、整理、完善。

（五）资产清查

利用已有的固定资产数据资源和校园网络资源，实现特定时点的以账对物、以物对账式的资产清查。可以利用条码采集设备，对已粘贴条码标签的资产进行快速清查，准确率高、工作效率高、劳动强度低。也可以对特定单位、特定使用人、特定地点的资产进行清查。

（六）查　询

以简单、直观、方便的操作方式，查询到所需信息，生成各类查询表格，栏目、样式可自行设定，并可以直接得到日常管理活动中最常用的按使用单位、存放地点、使用人排列的查询表。

（七）财务管理

通过财务审核和财务账表，实现财务监督。系统能够自动生成符合现行财务制度的教育部十六大类固定资产总账、分户、分类账、明细账，保证会计数据与资产信息的协调一致。

（八）统计报表与自定义报表

根据设定条件，生成各种常见的统计表，包括基本情况总表、固定资产增（减）情况明细表、固定资产（增）减情况明细表、使用方向分户统计表、现状分户统计表、结存表、分户结存统计表、分户明细表、分户分类结存表、分户结存明细表、年代构成统计表、精密贵重及大型仪器设备使用情况、仪器设备分户增（减）变动表、仪器设备价值分段统计表、交通运输工具增（减）变动情况表等，为固定资产日常管理和领导决策提供全面、准确的依据。用户自定义报表是为了满足不同的用户在不同的场合下的特殊需求，用户可以在全图形环境下，比较方便地做出一个全新的表格并自动生成规定格式的数据，也可以对系统目前已有的表格进行修改使用。

（九）上报数据

严格按照教育部高等教育司《关于报送高职院校实验室和仪器设备统计数据及报表的通知》规定的数据结构和文件格式，生成需要上报的有关仪器设备的数据，主要是三张表：教学科研仪器设备增（减）变动情况表、教学科研仪器设备数据表、教学科研贵重仪器设备表。以教育部的要求作为缺省条件，用户可以自己设定数据条件，对数据进行导入、导出、整理、检查、汇总等。

（十）统计分析

利用资产管理系统中的各类数据，根据管理需要，设定各类统计、分析的条件，可以对全校固定资产进行全面的统计与分析，并生成样式丰富的分析图形和账表，直观实用，用于资产管理以及统筹决策。

二、高职院校资产管理的现状

（一）资产管理机构不健全，资产管理不规范

高职院校多数都是由中等专业学校合并过来或晋升的，中等专业学校的资产管理一般都没有设置专门的职能管理机构及专职人员，大多学校的资产管理由财务、总务、设备、基建、图书馆及各个资产的具体使用部门共同管理，形成了共同管理又都不具体负责的局面。因为没有一个专门的

机构和人员来管理资产，所以在管理上存在职能交叉、权限不清、职责不明的混乱状况。由于长期以来资产管理机构的不健全以及相关管理制度的缺乏，往往造成资产处置随意，资产变卖的收入没有规范入账。许多学校视学校资产为“私有财产”，设备变卖、房屋的拆除等不履行办理报批、评估等相关手续就自行处置，有很大的随意性，甚至形成账外资产。

（二）管理手段落后，管理水平低下

许多高职院校资产管理延续着老中等专业学校不规范的资产管理模式和较为陈旧的资产管理方法，基础工作薄弱，资产记录相对不规范。主要表现在：很多高职院校还停留在手工登记固定资产账或卡片，资产信息的来源依靠财务部门的有关账目，时常出现大宗设备漏登、漏记的现象，即使使用了电脑记录或简单的系统管理，往往也是处于信息化的初始阶段，无法取得实时的在线信息，资产动态管理更是无法实现，管理效率较低。个别学校只在财务部门设立了固定资产总账，没有分门别类地建立资产明细账，根本无法取得各类资产的详细资料、具体分布及状态，资产管理与财务管理相互脱节，不能做到资产增减与财务账的处理同步进行，账面资产总量与实物资产总量不相符，造成账实不符。

（三）重资金轻实物，重采购轻管理

上级部门对各事业单位资产采购都有严格的规定，因此，高职院校在资产管理上，比较重视资产采购和资金支付环节，设立专门的采购部门，严格执行上级和校内的采购流程，对资金的支付也必须执行财务规定的相关程序。对资金的管理，每一笔开支都要经过层层审批，而且配有专门的机构和采购管理制度，在采购和资金方面的内部控制相对完善。但是，由于没有摆正资金管理和资产管理的关系，对资产的管理和资金的管理截然不同。对资产的管理缺乏价值理念，钱变成物后，离开了资金环节，进入实物资产的管理环节，却没有意识到资产就是“钱”（资金），不重视资产的管理，就出现了“设备有人用，无人管”的现象。对于采购后的物资管理不够重视，主要表现在：没有建立专门的物资管理部门，资产验收交付使用后没人监管；只对限额以上的固定资产进行登记入账管理，对于限额以下的非固定资产则既不入账也没有登记；资产存放位置随意变更，没有设专门的管理人员跟踪，造成清查盘点困难；资产废旧、遗失没人申报处理，造成资产流失以及配置不合理等状况。

（四）受旧制度制约，核算不够全面完整

按原来旧的事业单位财务制度规定，行政事业单位购入的固定资产既不计提折旧，也不计算成本，资产使用年限到了也得不到体现，资产使用价值的增加和减少不能在财务账上体现，造成财务报表反映的资产价值不真实，资产早就陈旧得只剩下残值了，但账面上还是以原值反映，使报表资产严重失实。目前大部分高职院校财务只核算固定资产总账或者仅仅细化到分类账，还有个别单位甚至根本没有设置资产分类明细账，对资产没有进行明细核算，明细数据由各资产管理部门或使用部门分别提供，不能按规定做到财务管理与资产管理的同步增减，造成账账、账实不符。新的《高等学校财务制度》第四十三条规定，高职院校应当对固定资产采用年限平均法或工作量法计提折旧。计提固定资产折旧不考虑残值。已提足折旧的固定资产，可以继续使用的，应当继续使用，规范管理。省级财政部门可以会同主管部门制定计提折旧的具体办法。文物和陈列品、图书、档案、动植物等，不计提折旧，固定资产折旧不计入高职院校支出。可见，旧财务制度已经不适合高职院校固定资产的管理要求。

三、高职院校资产管理的对策和建议

（一）成立资产管理处，统一管理学校资产

目前，大部分的高职院校资产都是由财务、总务、设备、基建、图书馆及各个资产的具体使用部门共同管理，资金流由财务部门把控，实物则分散到各职能部门及资产使用部门，往往出现由总务、设备、基建等职能部门把资产采购交付使用部门后没人管理的状况，没有一个专门的机构和人员来管理资产，因此在管理上存在着职能交叉、权限不清、职责不明的混乱状况。财务部是唯一从资金层面统筹管理全部资产的部门，但是按照旧财务制度行政事业单位购入的固定资产既不提折旧，也不计算成本，财务部门将它入了固定资产总账就行了，资产管理分类账不能及时登记，个别单位根本没有资产分类明细账，从财务账上无法得到资产明细数据，只能通过各职能部门的明细账查找，而各职能部门与财务并不对接，存在着时间差异、口径差异等各种造成账账、账实不符的原因。

案例一　某职业技术学院的基建部门在建筑物交付使用前已经购置大量设备以满足使用，而因为政府征地等个别特殊原因，暂时无法办理竣工结算手续，基建账独立在总账以外，所有资产账也未交付给学院总部接收，只有基建财务账总账。另外就是使用人在原始单据上签收证明，一部分资产的接收人就是使用人，没有管理意识，导致这部分资产没有职能部门管理，另一部分资产则由设备处接收并计入该处的明细账。这样做的后果是：第一，实物资产并没有被相关职能部门接收，实物总体量与基建总账产生不一致；第二，财务总部的资金没反映这部分资产，但实物账上已有部分反映，导致出现大量的虚假账外资产；第三，给学院交付使用办理入账手续和盘点实物资产造成极大的困难。

案例二　某职业技术学院的资产分别由总务、设备和图书馆三个职能部门负责采购和管理，各职能部门所用的信息系统不统一，分别与财务数据对账，财务处只核算二级分类账，三级明细账由各职能部门负责，由于入账时间、口径的不同，基本无法做到真正的账账相符。每次实物盘点都必须集合三个以上的部门，按照各自系统的清单进行盘点，只做到以单查物，没有真正做到以账查物，以物盘账。

要改变以上两个案例中的这种多部门共同管理又谁都不具体负责的局面，必须设置资产处统一管理学校资产，该资产处独立于基建、总务、招标、财务及使用部门以外，承担实物资产的全面管理责任。所有学校购置的资产，无论是否达到固定资产标准，无论哪个二级学院或部门是使用人都必须在采购验收后先交资产处统一登记管理，使用人再通过资产处领出使用。就上述案例一而言，如果有统一的资产管理部门，即使没能及时办理总账的移交，实物交割时也可以由资产管理部门统一接收，建立独立仓库管理，一旦基建并入总账后，把该仓库的明细账逐一按学院总账的规定登记入账，达到与财务总账同步，实物的管理也可以确切到位，也就不会出现基建、财务、使用部门“三不管”的状态了。

（二）加强制度建设，规范资产管理流程

好的管理都应该是制度先行，资产管理当然也不例外。有了统一的资产管理部门后，第一件要做的事就是要建立成套的资产管理制度，完善资产管理内部控制制度，规范资产管理流程。

以××职业技术学院为例，资产处成立后马上修订及完善资产管理制度，规范资产管理流程，对从资产购置的论证到资产的报废整个资产的出入流程都做了规定。在规范资产管理流程的同时对资产的论证、采购、验收、入仓、出仓、回收及报废等一系列的程序进行细化管理，除了主要的《学校资产管理制度》《固定资产管理办法》《低值易耗品管理办法》等管理办法以外，在关键环节制定相关管理细则，包括《教学设备管理办法》《实验实验室资产管理办法》《贵重物品管理细则》《学校教室公物使用及赔偿制度》等。通过制定一系列的资产管理制度，以制度明确资产的公有属性，明确资产管理的重要性，明确资产的标准以及资产购进、领用、转移、出借、出租、变卖、报废等各环节的相关规定，做到职能分明、责任到人，改变原有资产管理的职能交叉、互相推诿等管理现状。

（三）创新资产管理机制，统一管理学校资产

资产管理处下设资金预算科、采购科、验收及仓库管理科。资金预算科负责根据学校实际需要及通过项目论证编制预算，结合学校实际需要及学校财力，有计划有重点地安排学校每年的资产购置。具体程序如下：每年的11月份部署下一年度的资产购置计划，向全校发布资产购置计划申请，要求各部门上报次年的资产购置计划和所需资金，12月份收齐所有资产购置计划，充分论证其真实性和可行性，编制次年的资金预算报财务处，并做好相关的购置计划，次年根据财务处实际下达的预算数，根据轻重缓急的不同情况安排资金，重新调整资产购置计划，根据计划实施资产采购，按计划向采购科发出资产购置指令。

采购科负责根据预算科的指令进行资产采购，并根据购置资产的实际情况采用适当的购置方式进行购置。根据上级及学校的有关规定需要通过

招标程序的，办理招标手续，招标成功并签订合同后，采购科根据招标结果及合同有关规定进行采购，负责办理支付货款、交付验收等事项。实物一到学校即书面（信息化可代替书面）通知验收及仓库管理科，并取得验收单及入库单两联，一联留存，另一联转交财务处办理入账手续。

验收及仓库管理科负责通知申购部门一同验收资产，出具验收单和入库单（总仓）一式三份，交采购科两份（一份留存，一份送财务入账）。验收及仓库管理科对实物进行验收后，立即根据验收单及入库单登入系统，形成购进记录。当实物被使用部门领用时（一般购置资产都是立刻交给申购部门使用），验收及仓库管理科应出具资产调拨单，并录入系统，形成领用记录。以学校为总仓，下设 N 个分仓，每个使用部门都是分仓，资产被领用时由总仓调至 A 分仓，暂未领用的资产调至储备仓，一般情况下总仓只是一个虚拟仓，不存在实物资产，其购进数量和金额是储备仓和所有分仓的资产总和，储备仓专门管理未使用和退回不能用或暂时不用资产。

（四）建立虚拟仓库，制定并严格执行仓库管理制度

很多高职院校重购轻管，花费大量的资金购置资产，但实物到位后，没有重视对实物的管理，导致资产利用率低、保管不力损坏甚至过早流失等时有发生。高职院校购置资产是一般因需要而购置，购置后就马上交付申购部门使用，购置部门只对其作账卡的登记，没有直接对实物进行管理。为了对所购资产的实物状况充分了解，掌握实物资产的信息，加强实物资产的管理，资产管理处应设立仓库管理科，对学校整体资产进行仓库管理。

把学校当成一个虚拟总仓库，资产管理处的验收人员及仓库管理科人员是该仓库的管理者。负责仓库管理制度的制定和完善，协调全校资产的调配，并向相关使用部门提供资产库存状况报表。

资产购入必须办理进仓手续，总仓库下设 N 个分仓库，M 个使用部门设 M 个分仓库，另外在资产处设立中心仓库（储备分仓）（$N=M+1$）。总仓库只是一个虚拟仓库，也是一个过渡仓库，专门记录资产的购进和领出情况，资产的购置总额应等于各分仓的库存实物资产总额，实物资产因

报废、遗失、销售和捐赠等原因离开时，总仓应进行相应调减。分仓是学校实物资产的管理部门，实物到位后，使用部门必须从总仓库办理领用手续，取得资产调拨单，并根据调拨单进行登记。各资产使用部门应配备一个兼职或专职仓管员（通常也叫资产管理员），仓管员对该仓库的实物负责。未被领用的实物资产由资产处管理，设立实物资产中心仓，总仓结存金额就是中心仓的实物资金原始价值，当资产需要报废或不需用时退回总仓，实物交中心仓储存，报废资产办理相关手续，实物资产真正处置以后，应开出出库单和调出单，从总仓和中心仓账上消减。

分仓库对各自领用实物资产的安全完整，并负责设置资产明细台账，登记存放具体地点，实物转移时要进行登记，调拨至其他分仓时必须通过总仓调配，未经总仓私自调拨的，实物资产管理责任仍归属原使用仓。当分仓资产不需用、不可用时要及时退还总仓，分仓资产状况是申购资产论证的参考依据，不及时退还将会影响实际资产需求的申购。当分仓资产发生毁损、流失时应及时报总仓处理。

（五）利用信息化管理，完善与财务系统的数据对接

大部分高职院校财务处仅设置固定资产二级分类账，只记录金额没记录数量，所有明细账分别设在设备处、总务处、基建办、图书馆等资产管理部门。往往由于财务处与各管理部门固定资产入账时间存在差异，财务二级分类账与各管理部门的一级分类账口径不统一、明细分类管理部门零散等因素，财务处很难做到账账（总账与明细账）相符。为了解决这一问题，资产管理处还要利用信息化进行管理，与财务系统进行资产数据对接。

目前，大多数高职院校都有资产管理系统，但一般都为了方便应付上级部门的报表要求，系统较为简单，基本没有分析功能，更谈不上与财务数据对接同步。因此资产处在建立仓库管理后，必须提高信息化管理程度，引进较为完善的资产管理系统（主要用在验收和仓库管理科），根据高职院校资产特点进行二次开发。该系统除满足计算上级部门要求的报表外，还必须满足学校日常资产管理需要，必须与财务系统达到同步对接，其中一个子系统是由财务人员操作，当财务录入固定资产时，如果仓库管

理子系统数据没有显示的，财务系统无法录入该项固定资产，财务人员可通过子系统看到仓管管理系统已入账但财务还未收到入库单的资产相关数据。通过同步对接，达到财务账面资产与资产处系统明细资产账统一，资产处又通过仓库管理做到系统资产数据与实物资产统一，从而真正做到固定资产的“账账相符，账实相符”。

（六）建立固定资产总账与明细账

财政部发布的新修订的《高等学校会计制度》，从2014年1月1日起施行，对高职院校的核算有许多新的要求，重设账目势在必行，尤其在固定资产这一方面的核算，有了巨大的改革，制度要求固定资产必须计提折旧，计提折旧必然对固定资产的明细账设置有较高的要求。财务处对资产核算要求到明细，只开设二级分类账已经不能满足核算的需要，这样一来必然要求对实物资产进行清查盘点，按新制度要求重新分类设置明细账。

实行全面的资产清查必然要由资产管理处牵头实施，所有实物资产均形成明细清单，正好作为新建资产系统的基础数据，这些明细数据与财务处共享，财务处所建立明细账与资产管理处的数据达到一致，这样一方面可满足资产系统数据初始化的需要，另一方面可满足新制度的财务核算要求。在清查资产的过程中必然存在一些账实不相符的情况，而新会计制度对固定资产的标准有所改变，正好利用新会计制度的变更，将资产的历史遗留问题一并解决，做好表册，办理相关审批手续，从实物到账面调整处理不一致的情况，从原始数据开始与财务数据达到统一，再通过资产系统与财务系统的对接，完成资产与资金同步，保证财务明细账与资产管理处实物账的账账相符。

第三节　高职院校的负债管理

高职院校负债是从现代企业财务制度中引入的一个新概念。以往，在计划经济体制的影响下，我国高等教育一直是以政府办学为主，实行预算拨款的预算管理模式，经费基本上来自于国家拨款。随着教育体制改革的不断深化，扩招后财政投入与教育经费不足，在本来就微薄的财政拨款中，高职院校相对于普通本科院校又属于弱势群体，其硬件设施尚且难以满足教学需要，更不用说软件建设了。于是，各高职院校为了顺应国家大力发展高等职业教育的趋势，纷纷举债办学，以解决自己在发展壮大的过程中办学资金不足的矛盾，使得高职院校的财务管理也随之由原来的无风险管理变成了风险管理。笔者曾对某省十所高职院校进行过调查，发现其负债经营风险是由多种因素造成的。下面根据调查结果，从国家政策、银行和社会、学校自身等角度来分析高职院校负债经营风险的形成原因，并就防范对策和负债管理做一探讨。

一、高职院校负债经营风险的成因

（一）国家政策方面的成因

我国的高等教育自 1999 年扩招以来，连年快速发展，高职教育也取得规模性增长。然而，除了少数重点高职院校以外，大多数高职院校在基本建设、教学设施、师资力量、办学规模、教学管理、教育经费等条件上都远远比不上本科高校。特别是自 2006 年起，教育部对高职院校进行办学水平评估，使得一些不达标的高职院校，不得不投入大量的资金用于各项建设和开支。因此，许多高职院校引入企业“负债经营”理念，试图抓住时机发展职教事业，增强办学后劲。究其原因在于：一方面，我国高职院校依赖于财政拨款这条单一的筹资渠道已远远不能满足目前日益扩大的办学规模需求；另一方面，办学资金的第二来源即学生收费已经到了极限。为了保证高职院校的教学质量，解决发展资金问题成为当务之急。在我国，社会、企业以及个人捐赠、发展校办产业等筹资途径还不完善，所以解决高职院校筹资难的途径只剩下一条，那就是贷款。早在 20 世纪 90 年代，国家就出台了相关政策文件，鼓励和支持高职院校运用金融信贷手段融通教育经费的做法，从法律上认可了高职院校采取负债融资的可行性，成为高职院校负债融资的保障。再加上银行业对高职院校的信用评级过高，融资环境宽松，这让建设资金紧张的高职院校争取银行贷款有了巨大的动力。

（二）银行和社会方面的成因

随着社会的进步，我国的经济体制和金融体制也不断改革，促使银行商业化进程加快，而盈利是银行经营的主要目的，这就导致各银行之间业务竞争日趋激烈，传统国有企业的贷款风险较大，各银行贷款较为慎重，相应的银行就积累了大量的资金。由于高职院校属于事业单位，银行对高职院校贷款的条件相对比较宽松，对高职院校贷款也缺乏有效管理措施，正好为高职院校负债融资提供了良好的环境。在对高职院校的信息进行核对时，银行无法对其财务信息的真实性进行核对，这无疑加大了银行的信贷风险和高职院校的负债经营风险。我国的社会观念长期存在着重学历、轻技术的倾向，在现实中，通常只有未被本科院校录取的考生才选报高职院校，从某种程度上讲，学生选择高职院校是无奈之举。而且，不少用人单位死守教条，只认学历不识能力，招聘的时候往往将本科学历作为最低限度的要求。当前高职教育的招生和就业问题已经成为制约高职教育发展的“瓶颈”，高职院校新生报到率最近几年来一直趋低，致使高职院校的学费收入有限，甚至连建设都没有本金，贷款便成为现实可行的融资途径之一。

（三）高职院校自身方面的成因

1. 对负债办学的风险认识不足

一些高职院校的管理决策层缺乏有偿使用、支付负债资金使用成本的观念，“等、靠、要”思想严重，在筹资方式、渠道以及筹资数量等方面心里没底，对合作办学和广为吸纳社会投资方面认识不足，存在着筹资不力、盲目筹资、负债资金不能充分发挥作用等问题。有些高职院校只重视筹资成本，忽视了筹资风险，而且缺乏起码的风险管理意识，以致不能按期还款；有些高职院校甚至认为高职院校的资产属于国家，由于学校并不是盈利企业，属于公益性事业单位，没有破产的风险，还不上贷款也无所谓。贷款实际上就是对学校预期收入的透支，然而我国部分高职院校好大喜功，在缺乏严密的可行性论证的情况下，就盲目上新项目，片面追求数量规模，导致贷款规模过大，还款时间集中，所贷的金额超过实际的偿还能力，进而影响到学校的生存和发展。再加上教育市场不断发生变化，高职院校原本过于乐观的预期发生偏差，预期的收入无法实现，再加上贷款数额巨大，期限较长，利息负担沉重，学校背负巨额的债务负担，收不抵支，必然会形成严重的财务风险。

2. 没有对负债进行系统评估

高职院校一直是以国家和地方财政拨款为主，学校的事业性收入也主要用于日常开支，没有形成资金成本的概念，更没有形成教育成本核算的体系。此外，学校由于长期以事业单位自居，对固定资产的管理不够科学，存在浪费现象，对流动资产也缺乏一个合理的管理机制。毋庸置疑，负债办学的初衷是扩大办学规模，提高办学效益，然而所贷的资金大多用于校园基础设施建设项目，比如教学楼、宿舍、食堂和塑像等，以前这些设施都是依靠财政拨款，不涉及资金筹集和偿还问题，这就容易忽视项目建设的效益和成本问题。学校在负债办学时对投资项目没有组织专家对项目进行科学的评估，没有研究资金的使用效率，没有分析论证其可行性和必要性，甚至对于贷款额度、方式、期限以及风险都没有进行过专业论证，同样也没有对负债贷款是否合理、收支是否保持平衡、学校是否有偿还能力等做出系统评估。况且贷款投入资金额巨大、投资回收期长，根据财务杠杆的原理，当贷款投入项目的收益率小于贷款率时，负债就会成为沉重的负担。这不仅影响到学校的正常工作，也会带来其他的负面影响。

3. 缺乏还款的计划和能力

有些高职院校甚至在贷款的时候只考虑到利息，没有考虑到本金，以贷款还贷款，疲于还贷，影响了学校的正常工作。随着连年扩招，高职院校举债金额成倍增长，渐渐超出了学校的偿还能力。甚至有的高职院校忽略还款计划的制订，其支付利息主要依靠学费等收入，利息支付必然会减少教职工福利和其他事业经费的支出，于是一厢情愿地寄希望于靠国家财政日后增加的拨款来补救。随着贷款投资项目的日益增多，高职院校对还贷压力估计不足，对于如何利用贷款、如何还款毫无计划，大都是抱着走一步看一步的心理。还款大多依赖于学生收费，这些费用有限不说，而且大部分也是用于学校的开支。单纯依靠贷款办学，无疑给学校发展带来了巨大的风险。大多数高职院校没有办法创造很好的经济效益去偿还银行贷款，负债经营风险日益增大，一旦到期不能偿还债务引发财务危机，将直接影响高职院校的健康发展。

二、适度负债，加强管理

高职院校为谋求自身发展选择负债，并非坏事，但负债的资金毕竟不是收入，首先要考虑偿还的问题。对因什么借债、向谁借债、借多少债、到期能否偿还等问题，都需要认真地进行分析和研究。我们不可能完全规避负债风险，而只能降低甚至消除负债风险。我们不能将负债作为学校经济工作的策略或预算的指导思想，只能将负债作为一种资金运用的技术手段，运用于阶段性和局部性的需要，而且运用这一手段必须要慎重，做到用之有度。负债作为高职院校谋求自身发展所采取的一种策略要使用得当，如果负债过度反过来会影响学校的正常运行和持续发展。因此从防范风险的角度讲，负债要非常慎重。充分考虑偿债能力、坚持适度，是指负债的前提。所谓适度是指负债的规模以不影响学校正常的教学科研及维修费用的开支，不影响学校正常发展为宜。因此为了降低投资风险，提高投资效益，学校财务部门要充分利用当前举债的大好时机，用足用好政策，力争以最低的筹资成本筹措必需的建设资金。我们应充分认识到负债的风险是客观存在的，它不以人的意志为转移。负债适度，可以更大限度地用活资金，优化资源配置，解决学校事业发展中遇到的突出问题。但负债多了，超过学校的偿债能力，就会给学校带来较高的财务风险，直接影响到学校教学、科研活动的正常进行。因此必须建立起一套负债发展的考核指标体系，及时反映学校负债的规模及偿债能力，为管理和决策提供服务。负债发展在目前市场经济阶段是不可避免的，教育要发展，发展就得有投入，在财政拨款、学校自有资本有限的情况下，举债办学无可非议。那么，怎样才能在学校发展和控制负债风险之间寻求一条最佳途径？在一般情况下，负债成本必须低于投资项目预期回报额，否则，负债经营无利可图，任何优惠的筹资条件和诱人的投资项目都是不可取的。因此，最大限度地提高高职院校经济效益是负债投入的总原则，合适的负债成本是负债经营的前提条件。加强负债管理需注意以下几点。

1. 正确把握负债的量与度

企业的息税前资金利润率应高于借贷利息率，这是企业负债经营的先决条件。而高等教育虽可说是产业，但更多的是公益事业，因而不可能要求有很高的回报率。如果计算出的利息率扣除财政的贴息率仍高于息税前资金利润率，就不能举债，而只能用增资的方法筹资，并且应努力减少现有债务，避免财务杠杆的反作用，否则就会使学校财务陷入困境。另外，除考虑投入与回报外，还应考虑以下问题。

首先，把握好负债率指标。

其次，引入偿还能力指标。其计算公式为：

资产负债率＝负债总额/资产总额×100%

股权比率＝股东权益/资产总额×100%

利息保障倍数＝息税前利润总额/利息费用

从以上公式中可以看出，负债比率越高，索偿权的保障程度就越小。反之，索偿权的保障程度就越大。因此，此项指标必须保持一定适当的比率。

最后，在考虑以上因素时，还应考虑一定时期内现金净流入量与新投入现金净流量的关系。

2. 掌握最佳负债规模，选择一种比较稳健的筹资模型

学校应兼顾财务杠杆利益和财务风险，充分考虑学校未来时期收入的增长幅度及稳定程度、所处教育行业竞争的情况等因素，以确定最佳负债规模，保持净资产和负债之间适当的比例关系。

3. 确定适度的负债结构

我国金融市场的现状，决定了学校的融资环境，影响着学校的负债结构。也就是说，我国高职院校的负债能力有多大，不能与企业无条件的类比，而只能是根据其自身的情况及融资环境加以判断。首先应判断负债办学对学校是否有利，一旦确定应改进负债结构，随之就要确定举债额度，合理掌握负债比例。其次要考虑借入资金的来源结构。在举债筹资时，必须考虑合适的举债方式和资金类别。随着改革的深入，举债方式由过去的

单一向银行借款，发展到多渠道筹集资金，学校应根据借款的多少、使用时间的长短、可承担利率的大小等来选择不同的筹资方式。

4. 加强对借入资金的管理

借入资金的投向结构不同，产生效益的时间和水平也不同。一般来说负债发展主要用于学校的基本建设和设备投入，因而财务部门必须专款专用，防止挪作他用，确保项目资金的合理使用。

5. 考虑其他相关因素的影响

在新时期高职院校负债发展过程中，占有重要因素的还有政府的各项优惠政策、高职院校在该地区的地位和作用、该地区经济水平的影响以及贷款担保方式、利率高低等等。因此，学校还应该培植良好的公共关系。良好的公共关系和善于交际的能力，是新时期高职院校不可缺少的能力。而公共关系的核心是诚实无欺。讲信誉、守信用，是高职院校的良好形象和无形资产，有助于自身更好地建立诚信机制，控制和抵御风险。

三、高职院校负债经营风险的防范对策

（一）政府应加大财政投入和监管力度

高等院校的大部分办学资金本应来自于财政拨款，然而我国政府对于教育方面的财政支持，与发达国家相比迄今为止还有较大差距。而高职院校相对于本科院校和名牌大学，获得的财政拨款更少，办学资金严重不足。为此，我们应呼吁政府在高职教育方面加大投入，努力解决高职院校负债办学的问题。在加大财政支持力度的同时，允许高职院校适当负债，利用财务杠杆给投资者创造更多的财富，使其把握难得的发展机遇，较好地解决建设资金困难问题，更大程度地用活办学资金，从而增强办学实力，推动高职教育事业更好更快发展。同时政府也要加强监督与管理，对于高职院校的拨款做到严格审查，科学管理，杜绝不合理的款项拨付。特别是教育行政主管部门，必须加强对高职院校贷款的监督与管理，引导校方注重防范因负债融资带来的办学风险。

（二）银行应加强对信贷资金的风险管理

我们不能因为高职院校巨额负债个案的负面影响，而否认银行信贷资

金在高职院校快速发展、跨越发展中的作用。只不过，银行要充分认识到高职院校负债办学的风险，要严格限制，做好风险管理，不要因为高职院校所从事的是教育事业就放松审核。权衡利弊，关键在于把握好放债的规模，加强对信贷资金的风险管理。银行要针对不同院校的办学规模、办学质量和资金需求情况，制定相应的信贷控制额度，对于示范性高职院校与初创成长性高职院校、发达地区与欠发达地区高职院校要区别对待负债经营风险，应把握好必需、够用的尺度。对申请银行贷款的院校，要求提供贷款项目的可行性研究报告和具体还贷计划等相关材料报备，增强学校还贷主体意识，并且要及时关注高职院校财务收支运行情况，纠正“高职院校贷款，政府买单”的不端心态。

（三）高职院校必须勇于担当

1. 强化风险意识，开辟筹资新渠道

高职院校要充分认识到负债办学的风险，杜绝盲目扩张所带来的恶果，充分考虑偿债能力并且树立风险意识。负债筹资办学是扩大高职院校办学规模，解决高职院校发展瓶颈，提升高职院校办学质量的一种筹资方式。作为一种企业化的模式，这种筹资方式一定承担着风险，所以高职院校必须正确认识负债筹资，做好风险管理与控制。高职院校还应建立风险管理系统和风险预警机制以及科学的财务分析系统。此外，要想全面提高其还款能力，还应借鉴国外经验，开辟多元化的筹资渠道。高职院校应随时根据实际情况调控好财务决策与投资步伐。多元化的筹资方式，是现代高职院校办学筹资的一个新变化，高职院校管理层和财务工作者应结合自身实际情况和发展需要制订多元化的筹资计划和方案，逐步建立一套切实可行的筹资方法，合理控制资产负债比率和较灵活的偿债能力，科学规划学校发展。

2. 建立健全相关制度，加强负债资金管理

高职院校要结合学校自身的状况，对贷款计划做可行性研究，制订科学合理的发展计划。要把握重点，优先选择高职院校发展的重点项目来做。同时，要编制筹资预算，实行全过程预算管理，事前控制、事中控制、事后控制并举。筹资预算要在学校发展的基础上，严格按计划和方案

执行，避免临时变更和盲目投资。筹资数量严格按预算执行，对于必须的变更，需要经过专家的论证和决策层的审核批准。学校要建立长期战略目标，重大项目必须符合发展规划，做到责任落实到人，如此既可以达到制衡的作用，还能让高层了解全面运作。同时要建立健全重大投资项目论证制度、重大决策失误追究制度以及其他相关制度。要合理控制贷款规模，降低成本，高职院校筹资时要综合考虑和分析筹资的资金成本，仔细研究各种资金来源，力求实现筹资方式的最优组合，达到筹资综合成本最低的目的。高职院校还应加强对负债资金的管理，科学合理地使用资金，要设置专人管理财务部门，并引入内部审计机制，全过程管理、控制和监督负债资金的流动。同时建立内部权、责制度，建立负债资金的最佳投放模式和负债经营模式，对于已经到位的贷款资金，严格实行专款专用，确保贷款资金用在既定的项目上，到位的贷款资金要根据项目的进度分步到位，如此既可防止贷款不足影响项目的进度，又可以避免贷款过多造成的资金闲置，充分提高资金的使用效率。注意不同贷款种类的组合，尽可能优化贷款结构，降低资金使用成本。实行严格的会计核算及资金监管制度，防止资金流失。

3. 注重专业建设，努力提高人才培养质量

作为高等教育的一种类型，高职教育专业建设必须同时适应劳动力市场和教育消费者市场“两个市场”的需求。高职院校专业建设是集专业开发、专业设置、专业调整、专业教学为一体的活动，其要素包括市场分析、专业设置和专业教学、实践教学体系和基地建设、师资队伍建设。其中，市场分析是前提，专业设置和专业教学是核心，实践教学体系和基地建设是基础，师资队伍建设是关键。高职院校要设法促进四个要素的相互关联和相互制约，形成专业建设的动态系统，进而提高育人质量。

高职院校与本科院校有所不同，本科院校教学与科研并重，而高职院校科研的能力和水平都相对薄弱，应着重突出人才的培养。高职院校的可持续发展，有赖于“产品”的适销对路，就是要使培养出的人才满足社会主义市场经济需要。因此，必须把提高人才培养质量作为学校工作的第一要务，真正做到以质量求生存、以品牌求发展。要针对当前的生源质量，

鼓励教师在人才培养上精耕细作，改革教学方法，不断适应学生学习需要，努力提高办学质量与办学水平。唯有如此，才能使高职教育的发展不受资金的制约，从根本上避免过度市场化经营所带来的不良后果。

第四节　高职院校净资产管理

高职院校的净资产是保证学校完成教学、科研及后勤服务保障所必需的物质条件。高职院校的净资产管理是学校财务管理的重要内容。净资产是国家为兴办、维持或发展某些社会部门（如行政机构、社会团体等）而建立的以价值量表现的物质基础的来源。高职院校正是凭借这部分物质基础得以开展各项业务活动并顺利完成各项工作。

一、净资产的特性及类型

高职院校作为社会公共组织，其净资产是指资产减去负债的差额。计算公式为：

$$净资产=资产-负债$$

因高职院校净资产特有的性质，决定了高职院校的净资产是由事业基金、固定基金、专用基金和结余构成。作为公共组织的高职院校，其净资产特性和大多数公共组织净资产的特性是一致的，一般具有以下特征。一是净资产具有非偿还性。净资产是公共组织无偿占有的经济资源，具有非偿还性。在公共组织的资产中，净资产和负债都是其拥有的经济资源。其中负债是需要偿还的，作为借入的经济资源，它将全部偿还给债权人，并额外支付给债权人一定的费用，并随着公共组织债务的清偿而消失，如银行借款、应付款项等。而净资产则不同，由于公共组织具有公益性和非营利性的特点，其资金全部或大部分是依照国家有关法律、法规等由财政预算拨付形成。作为开展业务工作所必备的重要条件，它是由公共组织各单位无偿占有和使用国家的经济资源，是不需要偿还的。二是净资产是国家、公共组织之间的一种权益分配。净资产体现了资产所有者以及资产占有、使用者依法享有的权益。由于公共组织的净资产主要来源于国家财政预算资金，是通过财政预算拨款形成的，其资产所有权属于国家；同时，净资产又是公共组织进行工作所需的物质基础，所以，公共组织依法享有对其净资产的控制权、占有权和使用权，以保证各项工作任务的顺利完成。因此，公共组织净资产既体现了国家所有者的权益，又体现了公共组织占有和使用者的权益。高职院校的净资产，按照其是否被指定专门用途，可以分为限定用途的净资产和非限定用途的净资产。限定用途的净资产，是指按照国家有关法律、法规和制度规定或者政府部门与社会出资者指定的、具有专门用途的净资产。例如，公共组织购建固定资产所形成的固定基金和按规定提取的职工福利基金、修购基金等。对这类净资产，公共组织必须遵从有关规定，按特定用途组织管理，并进行专门核算与报告。非限定用途的净资产，是指在国家有关法律、法规和制度中没有规定或者政府部门和社会出资者没有指定专门用途的净资产。例如，非政府组织的事业基金等。对这类净资产，公共组织可依法自主调配使用。

作为高职院校资产的重要组成部分，净资产是高职院校财务管理的重要内容。由于净资产种类多，具有不同的形态，因此，高职院校必须根据各类净资产的特点，采取不同的办法加以管理。一方面，净资产是高职院校的物质基础，加强净资产的管理，有利于全面、准确地反映高职院校内部业务工作完成的情况和考察其财务管理活动的质量；另一方面，做好净资产的管理，有助于明晰各部门资产所有者和资产占有、使用者的权益，正确处理国家、集体、个人三者利益关系，分清权责，防止国有资产的流失，以促进各项工作的顺利完成。

二、高职院校净资产管理

（一）事业基金的管理

事业基金是高职院校具有的一种净资产形式，是一项重要的储备资金，既可用于弥补高职院校年度收支差额，还可用于对外投资，灵活多用，因此高职院校必须加强对事业基金的管理。

事业基金是指高职院校拥有的非限定用途的净资产，包括一般基金和投资基金两部分。一般基金，是指高职院校历年结余分配后形成的用于弥补以后年度收支差额的资金。投资基金，是指高职院校以固定资产、材料等实物，以及货币资金和无形资产对外投资所占用的资金。当高职院校出现年度收支失衡时，可用一般基金来弥补其差额。一般基金在高职院校的资金运动过程中，发挥着“蓄水池”的作用，用来调节和平衡高职院校年度之间的收支。通常，一般基金要不断地滚存积累，不过，它只能用于弥补单位以后年度收支差额，而不能用于其他支出。投资基金则不同，它是能够给高职院校带来经济效益的资金储备，它既可投资于固定资产等实物形态，也可用于证券、无形资产投资。由于它主要用于对外投资，因此，它不能直接用于高职院校内部支出，也不能弥补年度收支差额。

事业基金中的一般基金，主要由高职院校的结余分配转入。当高职院校年度收入大于支出时，其结余按照规定比例提取职工福利基金后，剩余部分将转入一般基金。此外，高职院校的对外投资以流动资产形式收回时，也应转入一般基金。事业基金中的投资基金，主要来源是高职院校的对外投资所占用的资金。当高职院校以资产形式进行对外投资时，这部分资产实际上没有被直接消耗掉，应当按照规定转入事业基金中的投资基金。此外，高职院校以购买各种债券的形式和用一般基金对外投资，也要转入投资基金。事业基金一般为正数或者为零。只有当高职院校支出大于收入较多或者发生较大损失，用以前年度事业基金无法弥补时，年度结余将出现负数，负结余不能进行分配和结转事业基金。

事业基金中的一般基金和投资基金性质、作用不同，因此，对一般基金和投资基金应当分别管理。具体管理要求如下。

1. 要统筹安排一般基金

由于一般基金是高职院校的一项重要储备资金，主要是高职院校业务发展需要积累的，因此，一般基金在管理时应当量入为出、统筹安排、合理使用。当年度收入大于支出时，结余为正数，应在结余分配中按一定比例转增一般基金；当支出大于收入时，结余为负数，则需用以前年度一般基金弥补其收支差额；另外，高职院校在确定年初预算时，如果支出预算出现赤字，也可以直接用一般基金弥补。

2. 确保投资基金的保值增值

投资基金是高职院校对外投资所占用的资金，能够为其带来经济效益。当进行对外投资时，高职院校应当首先保证对外投资的安全与完整，防止资产的流失，然后才追求投资效益。当增加对外投资时，则应根据资产原价和作价差额，及时调增投资基金；如果要收回对外投资或者投资发生损失时，则要相应调减投资基金，使投资基金与高职院校发生的对外投资相一致。

（二）专用基金的管理

高职院校专用基金是具有专门用途的资金。专用基金管理得如何，将直接影响到高职院校开展工作的顺利程度和教职工生活水平的高低。

专用基金，是指高职院校按照规定提取或者设置的具有专门用途的资金。专用基金是高职院校内拥有的限定用途的净资产，主要包括修购基金、教职工福利基金、住房基金、医疗基金和其他基金。高职院校的专用基金主要具有以下特点。第一，专用基金具有专门的来源和用途。专用基金的资金来源相对稳定，通常高职院校的各种专用基金都有明确的来源渠道和提取比例。例如，教职工福利基金是按照一定比例从年度结余分配中提取的，修购基金则主要来源于事业收入和经营收入等。同时，各种专用基金都有特定的用途，不得相互占用、挪用，以保证资金使用的合理、有效。如修购基金只能用于固定资产的修理与购置，住房基金只能用于改善职工的住房水平等。第二，专用基金要独立核算。专用基金具有专门的用途，为了确保专款专用，各种专用基金都要专门设账，单独核算和管理。例如，住房基金是按照国家规定建立的专项用于住房改革和住房建设的专用基金，在银行就专门开立单位住房基金专用账户，对单位住房基金实行独立核算。其中的住房补贴、住房公积金补贴等分账户，就是单独反映单位住房补贴、住房公积金补贴等的收入与支出情况。这样，通过专门设账，独立核算，就使专用基金的资金运动过程形成了相对独立的资金收支循环体系，有利于加强对专用基金的管理。此外，专用基金的使用，属于一次消耗，没有循环周转，不能通过专用基金支出直接取得补偿。

1. 专用基金管理的原则

由于专用基金是限定用途的净资产，种类多、政策性强，为了保证专用基金科学合理的使用，高职院校要根据国家有关的方针、政策和财务制度，加强对专用基金的管理。一般，专用基金的管理应当遵循“先提后用、专款专用、专设账户、计划安排”的原则。具体内容为：

（1）先提后用。

先提后用，表明高职院校应当量入为出，根据专用基金的额度安排支出项目，不准编制赤字使用计划或账面出现赤字，防止出现财务风险，注重基金的积累。为此，高职院校首先应当按照规定的渠道和比例，及时提取专用基金。在确保专用基金资金来源的基础上，高职院校才能按照规定和需要安排支出，做到先提后用，这样才能确保专用基金使用的科学、合理、安全。

（2）专款专用。

专款专用，即具有特定来源的专用基金只能用于规定的或者专门的用途，不允许将专用基金挪作他用。高职院校应严格按照各项专用基金的用途使用专用基金，并实行独立核算，加强管理，而不能任意改变专用基金的使用范围。因特殊情况需改变基金用途的，应以书面形式向主管部门或财政部门申报，经审查批准后方可使用。否则，应严格按照规定的开支范围和标准使用各项专用基金。同时，还要注意划清各项专用基金的开支界限，除国家规定可以合并使用的外，一般不得相互挤占、挪用，做到专款专用。

（3）专设账户。

专设账户，是指专用基金账户单独设置，实行单项收支平衡，专项结报。高职院校对专用基金的取得和使用应单独设置账户进行反映，以便提供足够的信息，便于财政部门或主管部门对专用基金的使用情况和使用效果进行考核和监督。专设账户，单独核算，把专用基金和其他基金或者资金区别开来，为专用基金实行专款专用创造了条件。

（4）计划安排。

高职院校在使用各项专用基金时，必须有计划、合理的使用。高职院校应编制各项专用基金的收支预算，以专用基金的资金来源和积累情况为依据，及时调整提取比例，该多提的就多提，需少提的就少提，并合理安排各项支出。当基金数额有限又要解决多个项目时，高职院校应根据具体情况，区别轻重缓急，把资金用在刀刃上，解决真正急需资金项目的资金需求，使之发挥最大的使用效益。

2. 专用基金的管理要求

各项专用基金是在满足各项业务活动需要的资金以外，根据工作发展和提高职工物质文化生活水平的需要而设置的，高职院校应该对之加强管理，管好、用好。

(1) 正确处理和使用各项专用基金。

各项专用基金的提取，必须按照国家有关财务制度的规定办理，并报主管部门和财政部门核准，高职院校应当正确处理各项专用基金之间的比例关系，统筹兼顾、合理分配，既要有利于促进各项工作的开展，又要注意不断改善和提高职工生活福利水平。在使用时，必须贯彻专款专用原则，防止任意扩大消费基金支出。

(2) 划清各项专用基金的界限。

修购基金主要用于固定资产的维修和购置，它是一种生产性基金，可以促进高职院校业务的发展。因此，对修购基金应当专户核算、严格管理，不能同福利基金、奖励基金相互流用。高职院校的各项专用基金应在其他存款户内存取使用，不能与经费存款混淆。

(3) 加强财务监督。

各级财政部门和主管部门，对高职院校专用基金的提取和使用都要加强监督。要认真开展调查研究，及时总结经验，健全完善管理制度，不断提高管理水平。各项基金的提取比例和管理办法，国家有统一规定的，按统一规定执行，没有统一规定的，由主管部门会同同级财政部门确定。

(三) 固定基金的管理

固定基金是以价值的形式直观反映高职院校固定资产的规模。为了防止固定资产的流失，充分发挥资产的使用效益，高职院校应加强对固定基金的管理。

固定基金，是指高职院校所有的各项固定资产占用的资金，是固定资产的货币表现形式。高职院校的固定基金主要来源于国家基建拨款、专项经费拨款、专用基金转入、新制度施行前用事业经费或自有资金购置、自制、无偿调入、融资租入或接受捐赠的固定资产等。高职院校的固定基金具有以下特征：固定基金与固定资产原值相等。在一般情况下，高职院校的固定资产账面原值与固定基金是相等的。因为，按照国家规定，高职院校的固定资产不像企业一样要计提折旧，尽管非政府组织要按照规定提取修购基金，但实际上并不减少固定资产的账面原值。所以，两者基本上是相等的。只有当公共组织以融资方式租入固定资产时，由于实际支付的固定资产价款与其原值不相等，两者才可能出现不对等的情况。固定基金的资金运动过程相对稳定。由于固定资产的使用期限通常在一年以上，具有能够多次进行使用，在使用期间能基本保持原有的物质形态的特点，其价值在多次使用中，随着固定资产的磨损程度的加深而逐渐消耗、转移。因此，作为固定资产价值表现的固定基金，在资金运动过程中也表现出占用时间长、消耗速度缓慢的特点，具有相对的稳定性。

1. 固定基金的资金来源

由于固定基金是固定资产的货币形态，两者具有密切的联系，因此，管理固定基金应与固定资产管理相结合。高职院校的固定基金，资金来源主要有以下几项。

（1）基本建设投资，即用国家以基本建设投资方式购建固定资产而形成的固定基金。

（2）财政预算拨款，即国家财政预算拨款中用于公共组织购建固定资产而形成的固定基金。

（3）预算外资金，即高职院校按照规定或者经批准用预算外资金方式购建固定资产而形成的固定基金。

（4）修购基金，即高职院校用修购基金直接购建固定资产而形成的固定基金。

（5）社会捐赠资金，即社会出资者用资金或者实物形式无偿捐赠固定资产而形成的固定基金。

（6）借入资金，即高职院校用借贷资金购建固定资产而形成的固定基金。

（7）其他资金，即除上述来源以外的其他资金，包括高职院校对外投资用固定资产形式收回而形成的固定基金等。

2. 固定基金的管理要求

加强固定基金管理，可以充分发挥固定资产的使用效益，有利于调整和盘活固定资产，防止固定资产的流失。具体管理要求如下。

（1）及时调增固定基金。

当发生固定资产的购建、盘盈、无偿调入以及对外投资用固定资产形式收回等情况时，高职院校除了在固定资产登记簿和固定资产卡片上进行实物登记外，同时还要视不同情况，按照规定的计价原则和方法及时调增固定基金。此外，高职院校以融资租入方式租用的固定资产和以分期付款方式购置的固定资产，则应当以实际支付和结算的租金和分期付款的金额增加固定基金；未付租金和款项，则作为负债处理。

（2）及时调减固定基金。

当发生固定资产的报废、报损、转让和盘亏，以及用固定资产形式进行对外投资等情况时，高职院校应按照国有资产处置批复书或国家其他有关规定及时调减固定基金，以使其与固定资产实物形态相等。

（四）结余的管理

结余管理是净资产管理的重要内容。高职院校应按照国家有关规定，做好结余的分配。结余，是指高职院校年度收入与支出相抵后的余额，它反映了各单位年度财务收支的结果。由于高职院校实行了各项收入与支出的统一核算、统一管理，其中，高职院校的收入包括财政预算拨款和单位依法取得的其他各项收入在内的全部收入，支出是用各项收入安排形成的全部支出，所以应当用公共组织的全部收入与全部支出相抵，来计算公共组织的结余。其平衡公式为：

$$结余 = \sum 收入 - \sum 支出$$

高职院校的结余与企业利润的概念不同。企业的生产经营活动是以盈利为目的，其利润是在严格的成本核算的基础上，通过产品的销售和提供劳务而形成的，它体现了企业的经营效果，而且，通常企业利润要向所有者分配；而高职院校的业务工作不以营利为目的，其结余的形成，既有完成工作计划的前提下因节约开支而形成的结果，也有可能是组织计划和工作任务调整造成的结果，还有因工作计划未完成或者项目需要跨年度进行而结转下年度使用的资金结存。因此，高职院校的结余并不完全体现为高职院校业务工作的经济效益。同时，高职院校的结余，除提取职工福利基金和预算外资金结余需上缴财政专户外，一般不向出资者分配，主要用于业务工作的发展，以便取得更大的社会效益。

1. 高职院校结余的计算与分配

高职院校的结余是其全部收入与全部支出相抵后的余额。其计算公式为：

结余 =（财政补助收入 + 上级补助收入 + 事业收入 + 经营收入 + 附属单位上缴收入 + 其他收入）－（事业支出 + 经营支出 + 自筹基建支出 + 对附属单位补助支出 + 上缴上级支出）

案例三　某高职院校 2001 年财政补助收入为 600 万元（其中专项资金拨款 200 万元），上级补助收入为 80 万元，事业收入为 1 280 万元，经营收入为 800 万元，附属单位上缴收入为 80 万元，其他收入为 40 万元；事业支出为 1920 万元（其中专项资金支出为 140 万元），经营支出为 640 万元，自筹基建支出为 60 万元，对附属单位补助支出为 20 万元。根据上述资料，可知：

某高职院校年度收支结余 =（600 + 80 + 1 280 + 800 + 80 + 40）－（1 920 + 640 + 60 + 20）= 2 880 － 2 640 = 240（万元）

高职院校的结余，主要有事业结余、专项拨款结余及经营结余等。

（1）事业结余，是指高职院校在一定期间除经营收支及专项拨款以外的各项收支相抵后的余额。这里的各项收入包括：财政补助收入、上级补助收入、事业收入、附属单位上缴收入及其他收入；各项支出包括：事业支出、上缴上级支出、对附属单位补助支出、拨出经费及结转自筹基建支出等。

在计算事业结余时应注意：事业结余计算一般采用表结法，即年中不进行收支结转，其结余数是通过年中各月编制“收入支出表”来计算。在年终即12月末把全年的收支结转进行计算。为了保证事业结余计算的准确性，对于一些专用基金应按规定提取列入事业支出的有关项目，如修购基金、职工福利费、医疗基金、住房基金的提取列支。年终事业结余无论是收入大于支出的结余数（贷方余额），还是支出大于收入的超支数（借方余额）都应全额转入结余分配。年终结账后事业结余账户无余额。

（2）专项拨款结余，主要是指高职院校收入财政部门、上级单位或其他部门拨入的指定项目或用途的并需单独报账的专项资金。对于高职院校专项拨款结余的核算与政府组织的专项拨款结余类似。值得注意的是，在进行专项拨款结余计算时，只有完工项目，拨入专款和专款支出或拨出专款相抵后归非政府组织的余额才是专项资金的结余，并且该结余年终并不转入结余分配科目核算，而是直接转入“事业基金”科目，成为高职院校的一项净资产来源。

（3）经营结余，是指高职院校在一定期间（通常为一年）各项经营收入与经营支出相抵后的余额。在经营结余计算时应注意以下问题：同事业结余相同，经营结余一般采用表结法计算，并且在核算中也应按规定提取相应的专用基金在经营支出科目列支。年终经营结余如为贷方余额（即盈利）应转入结余分配；如为借方余额（即亏损）则不结转，留待下年盈利补亏。因此年终结账后，经营结余科目在亏损情况下是有余额的，并且是在借方。

同案例三：

事业结余 = 各项收入 - 各项支出 = （400 + 80 + 1 280 + 80 + 40） - （1 780 + 60 + 20） = 1 880 - 1 860 = 20（万元）

专项拨款结余 = 专项资金收入 - 专项资金支出 = 200 - 140 = 60（万元）

经营结余 = 经营收入 - 经营支出 = 800 - 640 = 160（万元）

年度收支结余 = 20 + 60 + 160 = 240（万元）

2. 高职院校结余分配

高职院校结余分配是指高职院校当年结余分配的情况和结果。其分配程序是：首先，按当年的经营结余所确定的应纳税所得额计算并缴纳所得税，然后按当年事业结余和税后经营结余提取职工福利基金，最后把分配的结余额全部转入事业基金。在进行结余分配核算时，应注意：结余分配的来源只包括当年的事业结余和经营结余，由于完工项目的专项拨款结余已直接转入了事业基金，故不包括在内。若年终经营结余是亏损则不转入结余分配，年终事业结余若为超支数（支出大于收入）则转入结余分配，在这种情况下则不需缴纳所得税，也不能提职工福利基金。年终结余分配余额转入事业基金，冲减以前积累的事业基金。结余分配缴纳所得税只是经营结余部分而不是事业结余部分。结余分配提取职工福利基金是按事业结余和税后经营结余为基数，而不是以全部的经营结余和事业结余为基数。

同案例三：假定财政部门和主管部门规定，高职院校上缴所得税为30%，职工福利基金的提取比例为40%，该单位结余分配步骤如下：

第一步：计算税后经营结余：

经营所得税 = 160 × 30% = 48（万元）

税后经营结余 = 160 − 48 = 112（万元）

第二步：计算可供分配结余：

可供分配结余 = 年度收支结余 − 专项拨款结余 − 经营所得税
= 事业结余 + 税后经营结余 = 20 + 112 = 132（万元）

第三步：计提职工福利基金：

提取职工福利基金数额 = 132 × 40% = 52.8（万元）

第四步：将结余剩余部分结转事业基金：

转入事业基金数额 = 可供分配的结余 − 职工福利基金 = 132 − 52.8 = 79.2（万元）

本度转入该校事业基金合计 = 专项拨款结余 + 结余分配转入的事业基金 = 60 + 79.2 = 139.2（万元）

3. 结余的管理要求

第一，认真清查年度收支活动。为了准确计算公共组织结余，高职院校在计算各项结余前，应对本单位全年收支活动进行全面的清查、核对、整理和结算。凡属本年度的各项收入，都要按照规定的类别及时入账；凡属本年度的各项支出，都要按照规定的开支渠道和标准列支。这样，才能如实反映公共组织全年收支情况。第二，按国家规定正确计算结余。高职院校在计算结余时，要根据国家有关规定和要求，对不同性质的结余，根据不同的方法，正确计算。如专项拨款结余、事业结余、经营结余等要分别计算，避免相互混淆。第三，对结余进行合理分配。高职院校应严格执行国家的有关规定，进行结余的分配和结转。实行预算外资金结余上缴办法的预算外资金结余，要及时、足额上缴财政专户；专项拨款结存，要按照规定结转下年使用；非政府组织可供分配的结余，要按照规定计提职工福利基金后，剩余部分应转入事业基金。由结余分配形成事业基金后，事业基金不再直接安排各项支出，而只能用于弥补以后年度的收支差额。

第五节　高职院校财务报表和报告管理

高职院校财务报表是反映高职院校一定时期财务状况和收支情况的书面文件，是上级主管部门和院校领导了解情况、掌握政策、指导院校预算执行工作的重要资料，也是编制下年度院校财务收支计划的基础。为了保证财务报表的完整性和准确性，高职院校的财务报表，应当依据国家有关法律、法规，按照财政部、教育部制定的《高等学校财务制度》和《高等学校会计制度（试行）》的有关规定，结合高职院校实际进行编制。高职院校财务报表包括资产负债表、收入支出表、支出明细表、收入明细表、净资产变动情况表、固定资产增减情况表、基本数字表等报表和校办产业资产负债表、校办产业损益及利润表、会计人员情况表等附表以及财务收支情况说明书等。高职院校按《高等学校财务制度》规定的格式、内容，对外报送会计报表。对于有指定项目和用途的资金，应按经费提供单位的要求编报有关报表。高职院校也可根据自身管理需要，建立定期的内部会计报告制度。

一、财务报表的编制

资产负债表、收入支出表、支出明细表、收入明细表、净资产变动情况表等，根据《高等学校财务制度》所作的编制说明，按完整的、核对无误的账簿记录和其他有关资料进行加工整理后逐项、逐栏填列。基本建设类收入支出总表，根据基建财务提供的基建财务决算报表相关数据分析填列。

（一）固定资产增减情况表的编制

固定资产增减情况表主要从价值量和数量两个角度分别反映院校每年的固定资产增减变动情况。院校固定资产一般分为六类：房屋及建筑物、专用设备、一般设备、文物和陈列品、图书、其他。

第一，各类固定资产价值量增减变动情况，应根据固定资产总账科目及其所属明细科目分析填列。

第二，高职院校的设备及物资管理、房地产管理等职能部门负责提供与交通工具、占地面积、房屋及建筑物面积等重要固定资产项目有关的统计数据。高职院校财务主管部门在编制报表时，应仔细核对各项数据来源，力求准确无误。

（二）基本数字表

基本数字表是反映高职院校教职工、学生人数和事业成果等主要基本情况的报表。该报表的指标不属于以货币计量为主要特征的会计指标，但它对分析院校各项事业发展状况，研究教职工队伍和学生构成情况，分析各项经费收支情况及促进院校提高管理水平十分重要。高职院校基本人数，包括学生人数和教职工人数两大类，每类人数应包括年初数、本年增加数、本年减少数、年末数、全年平均数。

（1）在校学生人数及构成。学生人数为当年在校生人数，按层次分为本专科生、硕士生、博士生；按生源分出来华留学生；按类型分为夜大、函授生、网络教育生、其他学生等。此类数据应由高职院校相关教学主管部门负责统计和提供，并作必要的说明。

（2）教职工人数及构成。教职工主要分为在职人员、离退休人员、外籍专家、临时工、借调人员等。在职人员还需按职工构成分类，分为教学人员、业务辅助人员、行政管理人员、后勤服务人员、校办产业人员和其他人员；按专业技术职务分类，分别统计具有高级职称、中级职称、初级职称的人数。此类数据应由高职院校人事主管部门和院校外籍专家管理部门负责统计和提供，并作必要的说明。

（三）办学成果

办学成果，包括教育和科研事业成果两部分。

（1）教学成果数量和质量指标表现为毕业学生人数（按层次分为本专科生、硕士生、博士生等）和教学获奖数。

（2）科研成果数量和质量指标分别表示为科研项目数、获奖数和论文数。此类数据应由高职院校教学主管部门和科研主管部门负责统计和提供，并作必要的说明。

（四）其他资料

其他资料，包括藏书数量、国家重点实验室及国家重点学科数量。

此类数据应由高职院校图书馆和院校规划与发展主管部门负责统计和提供，并作必要的说明。高职院校财务主管部门在编制报表时，应仔细核对各项数据来源，力求准确无误。

（五）校办企业资产负债表和校办产业损益及利润表

校办产业资产负债表和校办产业损益及利润表分别反映高职院校校办产业的财务状况和盈利情况。

此二表的数据应由高职院校产业集团以其下属各校办企业编制的资产负债表和损益表为基础合并编制。

（六）会计人员情况表

会计人员情况表，是反映高职院校财务人员队伍情况的报表。高职院校会计人员总数应涵盖高职院校所有部门（包括后勤集团、产业集团、附属医院等相关二级部门）的会计人员。本表对会计人员性别结构、年龄结构、财会工龄结构、专业技术职务结构、学历层次结构等多方面进行统计。本表数据应由高职院校财务主管部门负责统计和提供。

（七）独立核算的非法人单位的年度会计报表

高职院校后勤集团、附属院校等独立核算的非法人单位的年度会计报表数据需与院校的会计决算报表数据进行合并，以便大口径、完整地反映全校一定时期的财务状况和事业发展成果。

（八）各部门应建立报表或统计数据的备查档案

各部门报表或统计数据内容可包括报表数据统计的时间范围（时点或时段）、报表相关数据统计的范围、取数方式及必要的文字说明，以确保所报出报表或统计数据的准确性和可比性，若统计口径发生变化，须作文字说明。各部门报送的报表上须有填表人和部门负责人签名并加盖部门公章。会计报表应按规定的期限报送上级主管部门。

（1）月报（含季报）于月份（或季度）终了后15日内报出，年度会计决算报表按上级主管部门规定的期限报出。

（2）第三季度报表和年度决算报表中“院校基本人数”（包括在校学生人数、教职工人数）的相关数据，应由高职院校教学主管部门、高职院校人事主管部门和院校外籍专家主管部门于季度（或年度）终了后13天内报送到高职院校财务主管部门，再由高职院校财务主管部门汇集后编制报表，报送上级主管部门。

（3）年度决算报表中有关高职院校的教学成果、科研成果、藏书数量、国家重点实验室、国家重点学科等数据，应由高职院校有关教学主管部门，以及高职院校科研主管部门、图书馆、院校规划与发展主管部门于年度终了后13日内报送到高职院校财务主管部门，再由高职院校财务主管部门汇集后编制报表，报送上级主管部门。

（4）年度决算报表补充资料所需校办产业资产、负债、所有者权益、校办产业销售收入、税后利润、上缴院校利润等相关数据，由高职院校产业集团按高职院校财务主管部门规定的期限报送。

（5）年度决算报表需合并后勤集团、附属院校等独立核算单位的“资产负债表”“收入支出表”“支出明细表”的相关数据；后勤集团法人单位的财务报表应并入企业类报表编制。上述单位应于年度终了后13日内将相关数据报送高职院校财务主管部门，由高职院校财务主管部门进行统计分析编制合并报表后，报送上级主管部门。

（6）基本建设年度决算报表按中央或地方主管部门规定的期限按时分别报送相关部门。

二、内部会计报告制度

根据内部管理的需要，高职院校可设置下列内部会计报表：现金库存表（日报）、银行余额调节表（月报）、定期存款情况表（月报，注明期限、到期日）、专项资金执行情况统计表（按需）、校内预算套表（年报）、收费项目及标准统计表（年报）、银行存款日报表（日报）、一年以上暂付款情况表（半年报）、学费收费、欠费情况表（按需）、院校财务快报套表（月报）、贷款建设项目情况表（半年报）、结算中心财务快报套表（月报）。

高职院校财务收支情况说明书，是以文字、数字和图表等形式说明院校收入及支出、结余及其分配、资产负债变动、资金结余的变动等情况，对本期或下期财务状况发生重大影响的事项，以及需要说明的其他事项。财务收支情况说明书中有如下内容。

（1）高职院校各类人员（在校学生、在职职工、离退休人员、外籍专家、临时工等）增减变动情况及与上年同期比较情况的对照表。

（2）年度收入预算执行情况对照表。

（3）年度支出预算执行情况对照表。

（4）院校主要的财务评价明细指标分析。

（5）财务发展潜力指标分析。

三、会计信息的披露

会计数据对外披露应按规定程序审批。

（1）高职院校年度决算报表编制完成后，需由主管校长审阅，院校正式发文，向上级主管部门报送。

（2）高职院校财务主管部门出具资产负债表和收入支出明细表（复印件）用于向银行申请贷款、向税局申报纳税等，须在报表复印件上注明用途，并加盖公章。

（3）高职院校财务主管部门出具资产负债表和收入支出明细表（复印件）用于申报研究项目，应经高职院校科研主管部门批准后，高职院校财务主管部门在报表复印件上注明用途，并加盖公章。

四、财务报告

编制财务报告的目的是为了向高职院校领导机构、政府部门及其他机构等信息使用者提供高职院校的财务状况、经营成果和现金流量信息，以有利于信息使用者正确地进行经济决策。

（一）财务报告的编制时间要求

依据《会计基础工作规范》规定，高职院校必须按照国家统一会计制度规定，定期编制财务报告。财务报告可以分为月度、季度、年度等编制。

财务报告提供的信息有较强的时间性，一般来说，资产负债表、收支表按月编制，各种附表和财务状况说明书随报表的要求编制。

（二）财务报告的编制格式要求

依据《会计基础工作规范》规定，对外报送的财务报告的格式，应当符合国家有关规定；单位内部使用的财务报告，其格式要求由各单位自行规定。国家统一会计制度对于对外报送的会计报表及其附表格式都有统一规定，高职院校在编制会计报表时应当严格执行统一规定，不能随意增列或减并表内项目，更不能任意变更表内各项目的经济内容，以免引起使用方面的混乱。对于内部使用的财务报告格式，高职院校可自行规定，但格式要科学合理、体系完整、结构严谨、简明实用。对于会计报表的封面，单位名称应当填写全称；单位公章应当使用单位行政公章，不能用财务专用章代替；同时还要盖齐单位负责人、总会计师、会计机构负责人、制表人等人员的印章；随同报表的财务状况说明书，应在封面之内与报表装订在一起，并在封面上注明“内附财务状况说明书一份”字样；报送文件一般应贴在报表封面上，不能与财务状况说明书订在一起，之所以如此是因为财务状况说明书是财务报告的组成部分，报送文件只是一种履行报送程序的方式。

五、编制程序和质量要求

依据《会计基础工作规范》规定，会计报表应当根据登记完整、核对无误的会计账簿记录和其他有关资料编制，做到数字真实、计算准确、内容完整、说明清楚。任何人不得篡改或者授意、指使、强令他人篡改财务报告数字。这是编制财务报告程序和质量最基本的要求，必须严格执行。

（一）数字真实

财务报告应当与院校的财务状况和经营成果相一致。要求一切会计资料必须真实反映院校经济活动的实际，每一项会计记录都要有合法的会计凭证为依据，会计的计量、记录和确认必须根据国家统一会计制度和相关法规的规定处理；编制财务报告，必须以登记完整、核对无误的会计记录和其他有关资料为依据。任何弄虚作假隐瞒财务状况的行为，都是编制财务报告所不能允许的。

（二）计算准确

在会计账簿和其他有关资料真实可靠的前提下，严格按照国家统一会计制度规定的会计报表编制说明，编制会计报表；做到表内各项目之间、报表与报表之间相互衔接，本期报表与上期报表之间有关数字，应当相互衔接；严禁任何人用任何方式篡改财务报告数字。

（三）内容完整

财务报告各项目的内容必须严格按照国家统一会计制度规定的内容编制，要能满足各方面对财务信息的需要；不能任意改变报表项目的内容，增列或减并报表项目，更不能漏报或谎报。

（四）说明清楚

财务报告所附的财务状况说明书，必须准确、简明、清晰地说明各个重要会计事项，如会计方法的变动及其影响、有关表内的综合项目（货币资金、存货等）构成情况说明等等。通过说明，使财务报告使用者增强对财务报告的理解和掌握。

实际工作中存在的会计信息失真问题，很大程度上是在编制财务报告环节有意违纪或技术性差错造成的，为了从源头根治财务报告失真的问题。《会计基础工作规范》规定："单位领导人对报送财务报告的合法性、真实性负法律责任。"这一规定既可以促使高职院校领导明确法律责任，强化法律意识，自觉遵守法规，根除授意、指使、强令他人篡改财务报告数字的不法行为；又能够促使高职院校领导人严格把关，要求财会人员保证财务报告的真实性、合法性，使财务报告的质量从根本上得到保证。特别需要强调的是，《会计法》和《会计基础工作规范》都规定，各单位对外报送的会计报表应当由单位领导人、总会计师等签章。对此规定，切不可理解为仅是简单的工作程序，而是为了明确责任，表明高职院校有关领导已经认真审阅了报表的内容，并对会计报表的真实性、合理性承担法律责任。在实际工作中，有些单位领导人不认真审阅会计报表内容，随便签章了事；有的甚至将个人印章放在会计部门，由会计部门代替其在会计报表上签章。这是一种极不负责的表现，也是一种违法行为。

六、财务报告的格式和编制依据

财务报告的格式和编制依据，都是由国家统一会计制度规定的。从编制财务报告方面发生的实际问题来看，财务报告在格式方面很少出现问题，但编制依据方面存在的问题较为普遍。其中既有人为篡改伪造财务报告的问题，也有技术性差错问题。例如，对于每年年终只编制一次的报表，不少单位都不同程度地存在平时不积累资料、临时捏造数字、偷工减料、为应付报送而编表的情况，进而引起报表使用者的决策失误或判断错误，导致经营损失或投资风险。这种危害性的结局，必须彻底纠正。

（一）编制会计报表前的注意事项

编制会计报表前，应按规定调整有关事项。调整事项是指将财务报告编制期本期发生的经济业务登记入账的基础上，按规定处理有关需要以转账凭证方式记录和结转的经济业务。具体包括：

（1）应由本会计期间确认的各项收入，如应收的租金、货款，应计银行存款利息，本期应受益的长期债券投资折价和利息等。

（2）应由本期负担而未支付的税费、借款利息及应提的各项成本费用。

（3）应由本期处理的财产盘点溢余、短缺和残损报废损失。

（4）清理债权债务以及上下级往来款项。

（5）结转所属报账单位应报清的本期账务。

（6）结清其他应查对、调整的事项。

（二）编制会计报表时的注意事项

（1）报表必须按规定金额单位填制。

（2）表内的文字和数字必须工整清晰，不得潦草；填写出现差错时，应按规定方法更正，并加盖制表人印章。

（3）出现负数的项目，应以“－”号表示。

（4）报表中有“年初数”的项目，数字必须与上年度报表中同类项目的“期末数”核对一致。

（5）年度决算一经批准，需要调整的事项要在下年度按规定进行调整。

（6）各种会计报表中规定的补充资料，都要填写齐全，不得遗漏。

第三章　高职院校财务管理制度的改革

第一节　高职院校预算管理改革

随着我国高等教育体制改革的不断深化，预算管理作为高职院校财务管理的中心内容，越来越引起广泛的关注。高职院校预算管理贯穿于会计活动的全过程，是学校组织各项财务活动的前提和依据，直接影响高职院校的财务收支和可持续发展能力。然而，目前高职院校的预算管理中仍存在预算决算编制不完整，追加调整程序不规范，预算执行中基本支出占用项目资金、挪用项目资金、预算执行进度缓慢等问题。

一、高职院校预算管理现状及问题

（一）高职院校预算编制及执行的基本情况

1. 高职院校预算管理现状

从预算编制来看，各高职院校每年按照财政部和教育部下达的预算编制要求编制预算，在对近年预算编制和执行情况进行分析研究的基础上，结合学校下年工作计划，初步编制出下年度收支部门预算，然后比照教育部的具体要求逐条落实。收入预算按照来源分类与相关职能单位沟通，测算收入能力，确定指标；支出预算着重考虑保障学校正常运转和学校年度工作发展计划，同时结合上年实际预算执行情况，按照统筹考虑、合理安排、优先保障、量入为出的原则安排各项事业发展所需的刚性支出和专项支出。一般而言，人事处负责人员经费基础资料，教务处、学生处、研究生院、继续教育学院、科技处、社科处、产业处、基金会负责学校收入预算情况的测算，国有资产管理处、实验室与设备管理处负责资产预算情况的测算，后勤处负责后勤保障预算情况的测算，基建处负责基建项目预算情况的测算。

2. 预算编制依据

预算编制依据分为收入预算和项目支出预算。收入预算是高职院校按照财政拨款、上级补助收入、事业收入、附属单位缴款和其他收入等项目编制。其中，财政拨款的编制依据是学生人数和拨款定额；上级补助收入的编制依据是往年补助收入数；事业收入包括教育事业收入和科研事业收入，教育事业收入的编制依据是学生人数和收费标准，科研事业收入的编制依据是根据往年收入的测算数；附属单位缴款的编制依据是附属单位上报的计划上缴数；其他收入的编制依据是往年收入的测算数。项目支出预算是高职院校按照教育部门下达的项目编制。其中的项目是教育部门事先通过教育部门各口申报审核，经过专家论证最后确定的项目，学校按照教育部门批复的项目任务书的要求来执行预算。对个别项目预算的调整，学校按照规定的程序上报教育行政主管部门，教育行政主管部门以文件形式下达预算调整项目及金额。

3. 预算执行和决算情况

高职院校在预算执行过程中，按照教育行政主管部门的要求按时申报基本支出和项目支出计划，基本支出经费在每年分期均衡拨款，项目支出经费根据财政部门拨款计划拨付给学校。学校在执行预算过程中做到基本支出预算按月、季度下达，项目支出预算按照教育部到款一次性下达。

（二）高职院校预算编制存在的问题及成因

1. 高职院校项目支出预算编制与学校年度发展计划脱节

由于项目支出预算几乎要提前一年编制，而高职院校下一年度工作计划往往要在年底才会制订，极易造成项目支出预算编制与年度发展计划相脱节，使某些项目支出预算在实际执行过程中必须进行调整，否则就很难实施，甚至造成损失浪费，而现行预算调整程序又比较严格、报批时间也较长，为了不影响到学校年度发展计划的执行及落实，有的高职院校常常自行调整项目支出预算或不按财政批复预算执行。

2. 预决算编制缺乏完整性，未能真正实现综合预算

一是从预算管理来看，高职院校预算编制存在一定的随意性，预算批复缺乏严肃性和合规性。例如，某高职院校2009年预算批复财政拨款为124 786万元，而实际执行为190 908万元，其间教育部门又分23次下达增加经费预算的通知，增加教学、科研、基建等各项预算66 122万元，占“二下”预算批复的53%。这些项目不仅未能纳入预算之中，而且也不通过预算调整，直接下达计划，有的甚至先给钱，后下计划，随意性较大。预算编制失去了严肃性、有效性和合规性。二是在预算编制过程中，收入支出的预算编制方法简单，预算内容不完整，预算和实际发生数存在很大差异。高职院校在预算编制中往往不以部门或单位的具体人员状况或实际业务发展为基础来确定预算收支总体水平，调整支出结构，而是仍采用“上年基数+本年因素”的老办法，使本年度核定的支出指标受原有费用项目和数额限制，与实际情况有一定的差距，在一定程度上固化了高职院校资金在各部门之间的分配格局，不利于高职院校的发展。三是近年来伴随高等教育事业的发展高职院校资金来源已经多元化，大量的金融机构资金成为保障高职院校各项事业快速发展的重要资金组成部分。但这部分巨大的资金却不能为高职院校预算涵盖，导致高职院校预算缺乏完整性。四是按现行通常的财务管理模式，基本建设财务往往单独建账核算管理，年末与财务合并报表。但是在合并决算报表时，有的高职院校没有完全按基本建设核算的内容进行合并。部分自筹经费未经国家批准的基建项目没有纳入本部门决算，部分资金体外循环。五是项目预算编制缺乏科学合理性。高职院校的部分科研项目，不是一年就能完成的，时间跨度较长。但在编制项目预算时，往往是一次性全额编制预算，资金集中下达，年末形成了大量的项目结转资金。此外，部分项目因前期可研缺乏科学性，项目预算编制不细致，也形成了大量项目结余资金。

3. 预算执行缺乏严肃性，决算不能真实地反映预算执行的实际情况

一是从现行财政预算结构设计看，项目支出预算比例相对较高，其投入的财政资金也相对比较充裕，而某些高职院校在基本支出预算方面就显

得比较紧张，常常出现供应不足或无法及时供应的现象，导致学校挪用项目支出预算经费去弥补基本支出预算经费的缺口。如某高职院校 2009 年预算基本支出资金来源除财政拨款和预算外资金来源外，其他资金来源 2 728.9 万元，但没有具体的筹资渠道。2009 年在预算执行过程中，其他资金仅有附属单位上缴款 125.80 万元，其余款项没有落实，基本支出资金缺口 2 603.10 万元。而 2009 年年末，项目资金应结余 5 788.70 万元，但 2009 年年底，该校实有资金和财政应返还项目支出额度仅有 2 588.50 万元，其中 3 200.20 万元的项目资金被占用。二是从高职院校预算资金运行看，项目支出预算经费缺乏统一的筹划与控制，其业务运行规律与财政预算完成进度考核指标的要求存在一定程度的矛盾。由于受学期工作计划的影响，学校项目支出和基本支出预算执行进度都无法在年度内均匀推进，特别是年中、年底追加下达预算的项目，当年度更是无法执行，为了完成预算进度考核指标，一些高职院校违反财政预算管理制度和财务会计制度，虚列项目支出甚至挪用项目经费。三是从财务管理及会计核算来看，由于决算报表编制不完整、收支核算不真实，也影响了预算执行的真实性和决算的使用价值。一方面由于财务管理体制不清，管理不到位，部分单位应并表而未并表，游离于学校预算管理体制之外；另一方面会计核算不规范，应计收入不计收入，往来挂账，导致收入不实。此外，现行的高职院校会计制度，在一定程度上也影响了预算执行的真实性。目前，高职院校会计制度规定在有关支出中，可提取职工福利基金、学生奖贷基金等专用基金，实际发生支出时从提取的各项基金中列支。这样一来，实际支出与提取数额不能完全一致，无论是结余还是不足，其结果都直接影响到预算支出的真实性。四是项目预算执行进度缓慢，大量资金结余。项目预算执行进度缓慢，是目前高职院校预算执行中的普遍性问题，往往由于执行进度慢，年底形成大量结余结转资金。

4. 预算执行缺乏科学的分析评价体系

目前，大部分高职院校尚未建立一套完善的预算执行的分析考核制度，考核意识不强，考核指标不明确，预算执行结果既未与经济责任人的经济责任挂钩，也未与职工激励机制挂钩。预算下达后，部分高职院校没有对预算执行进度、执行效果、资金需求做出科学的分析、评价和预测，决算与预算不挂钩、不对照，不分析偏离原因。究其原因说明高职院校对于预算的执行并未给予高度的重视，这就既架空了预算控制的职能，也严重削弱了预算的激励作用。

二、加强高职院校预算管理的必要性

（一）预算管理是高职院校财务管理的重要组成部分

高职院校预算是根据学校各项事业发展计划和任务编制的年度财务收支计划，是高职院校进行各项财务活动的前提依据，在高职院校财务管理中占主导地位。它贯穿于高职院校预算编制、控制和执行的全过程，是学校组织收入和控制支出的依据。在高职院校实行部门预算、国库集中支付、政府采购、非税收入和生均综合定额拨款等一系列重大改革的背景下，加强高职院校预算的管理工作可以充分调动高职院校内部的各种积极性，提高资金使用效益，实现高职院校有限资源的合理配置。

（二）加强预算管理有利于高职院校控制财务风险，促进高职院校稳健、协调和快速发展

近年来，随着科教兴国战略的全面实施和高等教育体制改革的不断深入，高职院校迎来了前所未有的发展机遇。办学规模和人数迅速扩大，办学层次提升，高职院校经费已由过去单一的依赖财政拨款转变为以财政拨款为主，其他多种渠道筹资教育经费为辅的筹资体制。高职院校经费收支总量急剧增加，但收支平衡程度却在逐年下降，资金供求矛盾日益突出。因此，提升财务管理层次，加强预算管理对控制财务风险，促进高职院校稳定、协调和快速发展具有十分重要的意义。

三、高职院校预算管理改革

（一）高职院校预算管理改革的指导思想

高职院校预算管理改革的指导思想是建立激活型、节约型、责任心预算管理机制。

1. 激活型预算管理机制

激活型预算管理机制是指在市场经济条件下，要设计一套预算管理体系，刺激、鼓励各部门和个人努力完成任务，并享有完成任务所带来的社会效益和经济效益。这种效益（即效益与部门和个人预算完成情况挂钩的一种新型分配方式）能充分体现部门及个人的能力价值。

2. 节约型预算管理机制

节约是中华民族的传统美德。节约型预算管理机制能有效地利用社会资源和物质资源，做到不浪费一张纸、一滴水、一度电、一升油，不乱开支招待费，人力资源合理配置，物质消耗有计划，固定资产发挥最大效益。固定资产是指在教学过程中直接和间接为教学服务的设备及建筑物。爱护固定资产有两层含义。一是平时存放设备，如能存放在室内决不存放在室外，保持设备干净。二是在操作过程中要按照说明书进行操作，有的专业性较强的设备（如仪器设备等）必须由专业老师操作，其他人不得操作，以防止因操作不当带来的损失。例如，汽车必须由配置的专人操作驾驶，谁开车谁就必须管好车，不得随意借给无证的人使用。在预算管理中部门及个人必须遵循节约有奖、浪费罚款的原则执行预算。

3. 责任心预算管理机制

责任心预算管理机制是指部门责任人对内部预算指标从编制预算、执行预算及执行结果都全面负责，而且都有有效的措施进行跟踪监督。在年度个人考核中，预算指标的执行情况与部门负责人挂钩。

（二）高职院校预算管理改革原则

高职院校预算管理改革原则包括经费预算坚持“量入为出，精打细算，统筹安排，收支平衡”的原则，指标分为综合指标、部门及系部指标，分块核算，财务处按一级一级核算的原则，设置内部预算管理账目和模块。综合指标是指公共部分的指标，在高职院校指公用经费、专项经费和基建经费。这一部分经费是维持学院的正常运转和事业发展的建设性经费，必须落实在院级，属财务处的一级核算科目，如公务费、业务费、设备购置费、修缮费、其他费用、专项支出和结转基建自筹等。部门及系部指标是指人员经费这一指标，如工资、补助工资、其他工资、职工福利费、社会保障费和助学金等，指标划归部门和系部二级账目，分块进行核算，并开发内部预算管理核算软件进行核算。

四、高职院校预算管理改革的思路

（一）系部的经费、处室的经费权限下放

全年的预算经费和划归到系部和处室的经费，从编制预算权、审批预算权、执行预算权到控制预算权，都必须由系部和处室负责人掌握，并实行责、权、利相结合的管理模式。

（二）系部按招生人数落实预算指标

预算指标的核算必须要遵循价值规律，学院招收人数必须按价值规律进行核算。财务处核算预算指标首先应按企业的核算模式来进行核算，即总收入、总成本、总利润，然后核算单位收入、单位成本、单位利润。分配给系部的经费按招收人数的经费比值核算，并要讲究科学的分配方法。例如，大专生人均经费为 4 000 元，按价值规律分配，学院占 30%，系部占 70%，系部所需经费是保证教学任务完成的前提条件，院财务处必须保证 70% 的经费落实到系部，并进行二级模块核算。

（三）后勤按货币化管理，实行单独核算

后勤工作社会化管理是市场经济的迫切要求，同时也是高职院校集中财力、物力、人力办好教学和完成教学任务的迫切需要。而且，后勤工作社会化也是优化、组合了优质的企业来为学院服务，是一种互利互惠、推动事业发展的改革。后勤工作按其经济性质可鉴定为货币化管理。所谓货币化管理是指后勤有关部门的人力、物力、财力的耗费按照市场价格交给学校，即实行单独核算。例如，某学院食堂给某企业经营，它所占用的场地、耗费的水电等，必须向学校交纳相应的费用，学生在食堂就餐，必须采取货币化购买方式，食堂实行单独核算等。其他如学生公寓、超市、招待所等均采取货币化管理形式与学院核算，学院财务处对后勤的货币化管理也要采取模块核算。

（四）专项、基建、公共设施、维修费由学院集中管理，财务处核算

预算管理中的公用经费年初在编制时，应根据学院的发展规模、现有

的资金能力和现有的必需办学条件编制切实可行的预算方案，由学院掌握审批权，大额资金由院长办公会议审批，财务处在一级科目中核算。

（五）各部门的教学等各项任务的完成与否要与预算指标挂钩

学院应按省教育厅对高职院校的教学任务如师生比例、教师的课时数量、教学质量的要求、教研教改要求、精品课程要求、教书育人（含学生的行为规范要求、课程及格率要求、学生等级证要求、毕业证要求）教学评估要求要进行量化，将以上每项工作量（做到人人头上有指标，个个肩上有任务）折成综合指标分为 A、B、C、D 四等，相应地与各系部预算指标 A、B、C、D 四等挂钩并落实。超指标开支下年度扣除，节约开支奖励给系部作为追加预算，这样做既可加强系部的责任心，又可推动教学任务的完成。

（六）人员经费按预算指标控制实行

在预算管理中，全院的人员经费开支必须与人事部门制定的各项开支标准相一致。人事处应按全年的教学任务编制出整体的人员经费，如工资、奖金、福利、各项津贴等，学生处按照学生的人数和奖、助学金的比例编制全年奖学金和助学金计划，系部应按学生处的奖学金、助学金计划发放给学生。各处室及系部应按人事处的标准开支各项人员工资、奖金、福利、各项津贴等，人员经费要在监控中实行，不得超计划开支（政策性调整因素除外）。

（七）预算指标中各项指标占比重测算进行科学测算

预算指标应用科学的方法进行分配，要讲究价值规律，结合自身的实际情况做一个全面考虑：要安排好吃饭、安排好建设，又要有结余的、宽松的预算管理指标，以保证教学任务的完成。同时，还要安排好事业发展的空间，以备及时调整“轻、重、缓、急”，做到预算既有韧性又有弹性。例如，公用经费（含专项、基建）占 40%、人员经费占 50%、预留占 10%。总之，各高职院校应根据自身特点和实际情况安排好预算指标。

（八）建立内部预算管控、核算体系

所谓预算管理体系，是将内部预算管理分一级、二级预算管理体系。一级预算属于院部，院部管理公共预算即公用经费、专项经费和基建经费。二级经算属于处室和系部，处室及系部管理人员经费即工资、奖金、福利、各项津贴等，审批权院级归院长及院长办公会议，处室及系部级第一负责人负责审批。在核算中设立一级、二级核算，一级核算归各处室及系部核算，二级核算归财务处核算（各处室及系部设台账进行统计）。预算管理软件模块设置审批权限人，一级审批权归院长及院长办公会议，二级审批权归处室和系部第一负责人。

（九）建立预算调整制度，定期审计预算执行情况

预算调整必须申报院长办公会议审核批示才能执行，审计部门应在年终对全院的预算执行情况严格按相关审计法规进行审计，并写出审计报告。对执行预算好的部门要进行奖励和表扬，对执行预算差的部门要进行整改甚至处罚。

（十）绘制预算管理网络图

绘制预算管理网络图主要是预算编制、预算执行、预算控制、预算结果和预算分析与预算审计的全过程，让各级领导及执行者对预算管理情况有一个清晰的认识。

（十一）开发内部预算管理财务软件

按照《事业单位会计准则》《事业单位会计通则》《事业单位会计制度》和《会计法》开发内部预算管理财务软件，并在财务与各部门之间形成网络核算体系，设置管理权限，各级有权限的领导进行查阅及审批。

（十二）建立有效的监控手段和奖惩机制

为了有效控制经费支出，把钱用在刀刃上，督促各项教学任务的完成，必须建立有效的监控手段和奖惩机制，如可将预算指标的执行情况与各部门负责人的工作业绩挂钩，把预算执行与相关职能部门负责人的奖金挂钩，建立有奖有罚的长效机制，对控制预算开支较好的给予奖励，对超预算开支的给予罚款（除特殊调整预算外）。具体实施方法为签订责任合同书，就是将各类预算以契约的形式落实到处室和系部及个人，一层一层签订，院长与部门（系部）负责人签订、部门（系部）负责人与职工签订。合同内容主要包括预算指标执行情况、教学任务完成要求、奖惩措施；合同附件包括经批准的预算文件，完成预算的具体措施。双方签字就

具有内部法律效力，它是保证预算执行的有力措施。

第二节 高职院校会计核算改革

会计核算是以货币为计量单位，运用专门的会计方法，对生产经营活动或者预算执行过程及其结果进行连续、系统、全面的记录、计算和分析，定期编制并提供财务会计报告和其他一系列内部管理所需的会计资料，为做出经营决策和宏观经济管理提供依据的一项会计活动。会计核算往往渗透到生产经营和业务活动的全过程，包括对经济业务事项的事前预测、事中控制和事后核算。《会计法》所规范的会计核算，主要限于事后核算方面的内容，即对基本的会计核算方法和程序做出规定，而没有过多涉及事前预测、事中控制等管理会计的内容，目的是增强法律规定的适应性。

一、高职院校会计核算的基本要求和原则

（一）会计核算的基本要求

修订后的《会计法》对会计核算的基本要求主要体现在三个方面：

一是对会计核算依据的基本要求。《会计法》第九条规定："各单位必须根据实际发生的经济业务事项进行会计核算，填制会计凭证，登记会计账簿，编制财务会计报告。任何单位不得以虚假的经济业务事项或者资料进行会计核算。"以实际发生的经济业务事项为依据进行会计核算，是会计核算的重要前提，是填制会计凭证、登记会计账簿、编制财务会计报告的基础，是保证会计资料质量的关键。没有经济业务事项，会计核算也失去了对象；以不实甚至虚拟的经济业务事项为核算对象，会计核算就成了没有规范、没有约束、没有科学可言的"魔术"手段，据此提供的会计资料不仅没有可信度，相反还会误导使用者，侵害利益相关者的利益，扰乱社会经济秩序。

二是对会计资料的基本要求。《会计法》第十三条规定："会计凭证、会计账簿、财务会计报告和其他会计资料，必须符合根据统一的会计制度

的规定。任何单位和个人不得伪造、变造会计凭证、会计账簿及其他会计资料，不得提供虚假的财务会计报告。”会计资料是记录会计核算过程和结果的重要载体，是反映单位财务状况和经营成果、评价经营业绩、选择合作对象、进行投资决策的重要依据。规范会计资料的国家统一的会计制度比较多，主要有《会计基础工作规范》《会计档案管理办法》以及财政部发布的一系列会计准则、会计核算制度等。针对实际工作中存在的伪造、变造会计资料和提供虚假会计资料的情况，《会计法》从法律的角度，对此做出了限制性、禁止性规定。

三是对会计电算化的基本要求。《会计法》第十三条规定：“使用电子计算机进行会计核算的，其软件及其生成的会计凭证、会计账簿、财务会计报告和其他会计资料，也必须符合国家统一的会计制度的规定。”这是为保证计算机生成的会计资料真实、完整和安全，以加强对会计电算化工作的规范。其有两层含义：

（1）使用电子计算机进行会计核算的单位，使用的会计软件必须符合国家统一的会计制度的规定。

（2）用电子计算机生成的会计资料必须符合国家统一的会计制度的要求，即用电子计算机生成的会计凭证、会计账簿、财务会计报告在格式、内容，以及会计资料的真实性、完整性等方面，都必须符合国家统一的会计制度的规定。

（二）会计核算的原则

会计核算的一般原则是进行会计核算的指导思想和衡量会计工作成败的标准。

1. 客观性原则

客观性原则是指会计核算应当以实际发生的经济业务为依据，如实地反映经济业务、财务状况和经营成果，做到内容真实、数字准确、资料可靠。

客观性原则包括真实性、可靠性和可验证性三个方面，是对会计核算工作和会计信息的基本质量要求。真实的会计信息对国家宏观经济管理、投资人决策和单位内部管理都有着重要意义，会计核算的各个阶段都应遵循这个原则。

2. 相关性原则

相关性原则是指会计信息应当符合国家宏观管理的要求，满足有关各方了解单位财务状况和经营成果的需要，满足单位加强内部经营管理的需要。

会计的主要目标就是向有关各方提供对决策有用的信息，若提供的信息与进行决策无关，则不仅对决策者毫无价值，而且有时还会影响他们做出正确决策。所以，会计核算提供的信息资料必须对决策者有用。

3. 一致性原则

一致性原则是指会计处理方法前后各期应当一致，不得随意变更。这样才便于将同一企业的不同会计期间的会计信息进行比较，从而对单位不同期间的经营管理成果有一个直观的了解。

一致性原则并不否定单位在必要时对会计处理方法做适当变更。当单位的经营活动或国家的有关政策规定发生重大变化时，可以根据实际情况变更会计处理方法，但要将变更的情况、变更的原因及其对单位财务状况和经营成果的影响，在财务报表批注中加以说明。

4. 可比性原则

可比性原则是指会计核算应当按照规定的会计处理方法进行，会计指标应当口径一致，相互可比。只有遵循可比性原则，一个单位才可以同本行业的不同单位进行比较，了解自己在本行业中的地位，存在哪些优势和不足，从而制定出正确的发展战略。

另外指明一点，一致性和可比性实际上是同一问题的两个方面。一致性原则解决的是同一单位纵向可比问题，而可比性原则解决的是单位之间横向可比的问题。广义上说，两者均可称为可比性。

5. 及时性原则

及时性原则是指会计核算应当及时进行，保证会计信息与所反映的对象在时间上保持一致，以免使会计信息失去时效。凡会计期内发生的经济事项，应当在该期内及时登记入账，不得拖至后期，并要做到按时结账，按期编报会计报表，以利决策者使用。

特别是当今信息社会，会计资料若不及时记录，会计信息不及时加工、生成和报送，就会失去时效，变成一堆无用的信息，对进行决策也就不会有任何帮助。可见，会计信息的及时性要求，是其有用性的限制因素。

6. 清晰性原则

清晰性原则是指会计记录和会计报表都应当清晰明了，便于理解和利用，能清楚地反映单位经济活动的来龙去脉及其财务状况和经营成果。根据清晰性原则，会计记录应准确清晰，账户对应关系明确，文字摘要清楚，数字金额准确，手续齐备，程序合理，以便于信息使用者准确完整地把握信息的内容，更好地加以利用。

7. 配比性原则

收入与费用配比原则是指收入与其相关的成本费用应当配比。这一原则是以会计分期为前提的。当确定某一会计期间已经实现收入之后，就必须确定与该收入有关的已经发生了的费用，这样才能完整地反映特定时期的经营成果，从而有助于正确评价单位的经营业绩。

配比原则包括两层含义：一是因果配比，即将收入与对应的成本相配比；二是时间配比，即将一定时期的收入与同时期的费用相配比。

8. 重要性原则

重要性原则是指在选择会计方法和程序时，要考虑经济业务本身的性质和规模，根据特定经济业务对经济决策影响的大小，来选择合适的会计方法和程序。

重要性原则与会计信息成本效益直接相关。坚持重要性原则就能够保证会计信息的收益大于成本，如对于不重要的项目，也采用严格的会计程序，分别核算，分项反映，就可能会导致会计信息成本高于收益。在评价某些项目的重要性时，一般来说，应从质和量两个方面来分析。从质上来说，当某一事项有可能对决策产生一定影响时，就属于重要项目；从量上来说，当某一项目的数量达到一定规模时，就可能对决策产生影响，从而也属于重要项目。

9. 谨慎性原则

谨慎性原则是指在有不确定因素的情况下做出判断时，保持必要的谨慎，不抬高资产或收益，也不压低负债或费用，对于可能发生的损失和费用，应当加以合理估计。实施谨慎性原则能对单位经营存在的风险加以合理估计，在风险实际发生之前将之化解，并对防范风险起到预警作用，有利于单位做出正确的经营决策，有利于保护所有者和债权人利益，有利于提高企业在市场上的竞争力。

10. 权责发生制原则

权责发生制原则是指会计核算应当以权责发生制作为会计确认的时间基础，即收入或费用是否计入某会计期间，不是以是否在该期间内收到或付出现金为标志，而是依据收入是否归属该期间的成果、费用是否由该期间负担来确定。凡是当期已经实现的收入和已经发生或应当负担的费用，不论款项是否收付，都应当作为当期的收入和费用；凡是不属于当期的收入和费用，即使款项已在当期收付，也不应当作为当期的收入和费用。权责发生制是一种记账基础，建立在该基础之上的会计模式可以正确地将收入与费用相配合，正确地计算损益。采用权责发生制核算比较复杂，但反映本期的收入和费用比较合理、真实，所以适用于企业和事业单位的部分事项与业务。

收付实现制，也称现收现付制，是以款项是否实际收到或付出作为确定本期收入和费用的标准。采用收付实现制会计处理基础，凡是本期实际收到的款项，不论其是否属于本期实现的收入，都作为本期的收入处理；凡是本期实际付出的款项，不论其是否属于本期负担的费用，都作为本期的收入处理。收付实现制主要适用于行政、事业单位。

11. 实际成本原则

实际成本原则，亦称历史成本原则，是指企业的各项财产物资应当按取得时的实际成本计价，物价如有变动，除有特殊规定外，不得调整其账面价值。按照此原则，单位的资产应以取得时所花费的实际成本作为入账和计价的基础。历史成本不仅是一切资产据以入账的基础，而且是其以后分摊转为费用的基础。

12. 划分支出原则

划分收益性支出与资本性支出的原则是指在会计核算中合理划分收益性支出与资本性支出。如果支出所带来得经济收益只与本会计年度有关，那么该项支出就是收益性支出；如果支出所带来得经济收益不仅与本年度有关，而且同时与几个会计年度有关，那么该项支出就是资本性支出。区分收益性支出与资本性支出，有助于正确地确认当期的损益和资产的价值，保持会计信息的客观性。

二、高职院校会计核算的问题及对策

（一）高职院校会计核算的问题

1. 法律制度问题

高职院校会计核算主要遵循《会计法》《高等教育法》和《预算法》等法律制度。现从三个法律制度层面来分析高职院校会计核算所依据法律的不足。第一，《会计法》颁布的时间滞后。目前使用的《会计法》于1999年10月31日修订完成；且与企业单位比较，事业单位仅在第一章“总则”第二条有处理会计事务相关规定，而企业单位另有第三章“公司、企业会计核算”的特别规定。第二，《高等教育法》施行的时间为1999年1月1日。经过十余年发展，目前的高职院校教育有了很大变化。另外，《高等教育法》对资产来源与使用、在校学生的人均教育成本、科研校办政策优惠和财务活动应当依法接受监督等方面作了规定，但对于高职院校财务会计信息的真实性，会计信息的监督检查方面没有明确的规定。第三，《预算法》中没有提及高职院校预算相关的内容，只在第十九条第三款所称“事业发展支出”中提到其他事业发展支出。

2. 事业单位会计准则问题

2013年1月1日起施行的《事业单位会计准则》第十六条规定：会计核算一般采用收付实现制，经营性收支业务核算可采用权责发生制，没有将权责发生制引入预算会计内，且没有提出固定资产计提折旧等。

3. 教育行业会计制度问题

一是高职院校会计年度自公历1月1日起至12月31日止，而教学周期时间约为3月1日到次年2月28日，二者不一致。二是高职院校会计核算一般采用收付实现制，经营性收支业务部分采用权责发生制核算。随着我国高职院校的发展，高职院校与其他单位或个人的应收、应付款项越来越多，按收付实现制核算缺陷也越来越明显。三是高职院校在年终清理结算的基础上进行年终结账，包括年终转账、结清旧账和记入新账等，如果按月结算可以更好控制预算支出。

4. 会计核算技术问题

一是没有按月核算收支，没有使用权责发生制。二是没有核算学生的培养成本。三是没有考虑现金流量表的作用。四是会计核算科目与预算科目没有统一。五是会计报告缺少会计附注说明资料等。六是经济活动中很少考虑时间价值。

因此，从法律制度、会计准则、会计制度、会计核算等层面可以看出，目前高职院校所依据的法律制度亟待完善。有健全的高职院校法律制度为依据，才能使高职院校的会计核算更科学、更具有实效性。

（二）高职院校会计核算的对策

1. 加强会计核算基本法律制度建设

高职院校的会计核算需要遵循的基本法律法规有《会计法》《预算法》《高等教育法》和《高等学校会计制度》等。随着社会经济的发展，会计法律、会计制度也在不断改革创新，法律法规不断修订。《会计法》《预算法》《高等教育法》作为第一层次，指导会计和财务工作；《高等学校财务制度》《高等学校会计制度》作为第二层次，指导高职院校的财务会计工作；各单位内部财务会计核算方面的相关规定作为第三层次，具体规范各单位根据实际情况的经济事务。

2. 完善会计核算原则和政策

一是相关性原则要求。设置会计核算科目时要考虑预算项目，要把财务核算与财务预算联系起来。高职院校会计核算科目与预算项目不对应，主要是会计核算明细科目分类要求很细，而预算管理要求科目只分大类，没有细化到具体预算管理项目。会计信息资料与预算编制没有对应，难以满足高职院校预算管理的要求，给高职院校拨款、资金管理、预算执行情况分析等带来不便。同时，预算和决算还存在差异，在会计核算时，会计科目能根据具体情况进行适当调整，保证年度财务会计核算资料与预算决算项目一致。二是可比性原则要求。加入权责发生制更能反映会计信息质量。为使高职院校会计制度能更好地适应高职院校日趋发展的新形势，建议将“收付实现制为基础的会计核算”修正为“根据实际情况把权责发生制和收付实现制两种会计核算基础结合的核算制度”。用权责发生制弥补收付实现制的不足，以适应高职院校核算和管理需要，如收缴学费、基建融资利息的核算等采用权责发生制。高职院校后勤产业财务管理核算也应采用权责发生制，在学校财务合并后勤和产业财务账目时，理论依据更充足，可准确反映高职院校的债权债务，有利于高职院校对资产的持续经营，加强负债管理。两种核算基础相结合的模式，可准确反映学校净资产、客观体现高职院校的资产负债情况，从而提供高质量会计信息。三是专款专用原则要求。为加强科研费用管理，根据相关规定，使用科研业务费形成的固定资产、无形资产等按照国家有关规定纳入高职院校资产管理范围，合理使用，认真维护；高职院校要建立健全责任制，项目负责人对经费使用和项目实践的合理性和有效性负责，学校、科研管理部门等按职责承担相应责任；高职院校基本科研业务费用项目实施情况要自觉接受财政、教育、监察等部门的监督检查，及时纠正存在的问题。目前对于科研经费的开支，大部分都较随意，管理不严。建议在核算科研费用时，将每一项目所有费用进行明细分类，某项科研形成的固定资产也要单独核算。该项目结题后，委托有关部门对项目进行合理、合法性审核，出具项目审计结论。避免经费随意开支，保证科研形成资产的完整性。

3. 高职院校会计核算改革创新

第一，合理核算高职院校每一批毕业生培养成本。首先，将学校每年与学生关系密切的支出分成两部分：一部分是可以直接记入学生培养成本的费用，直接记入某系某专业学生培养成本；另一部分是不能直接记入学生培养成本的费用，但与培养学生有密切联系的费用，可设置科目如“培养费用”归集，通过某种费用分配方法，分配到某系某专业学生的培养成本中。其次，在每年年末将汇集到某系某专业的学生费用，在本专业毕业生和在校生之间进行分配，计算出每批毕业生的直接培养成本，并计算出每一位毕业生的平均直接培养成本。最后，把支出的其他费用（高职院校除学生培养费用以外的支出）平均分配到每一个毕业生的培养成本上，再将学生在校期间的所有费用汇总，计算出每一位学生的培养成本，即学生在校期间学校的平均费用支出。此数据可以作为学生学费的根据，也可以作为上级拨款的依据。同时，还可以将各项直接费用和间接费用作横向、纵向比较，及时发现各项超用开支是否合理，促使各高职院校注意节约成本，提高管理和服务效益。

第二，关于“会计报告”称谓。反映高职院校财务状况和收支情况的书面文件如何称谓，也是高职院校会计改革需要考虑的问题。笔者认为应将“会计报表”改为“会计报告”。原因在于：首先，由于高职院校会计面临的环境日趋复杂化，人们对会计信息的需求范围、内容也不断变化，从以往单纯的数量信息向数量与文字信息并重方向发展，从单纯货币信息向货币与非货币信息改进。单一的会计报表无法容纳大量文字、非货币信息。其次，从我国目前情况看，要求会计报表与会计报表附注、财务情况说明书同时提供。单一的会计报表容易引起误解。再次，我国《会计法》和《企业会计制度》及有关会计规章制度也已将原来使用的“会计报表”一词改为“财务会计报告”。可见，将“会计报表”一词改为“会计报告”有利于高等学校会计制度与其他会计规范的协调一致。

第三，关于多渠道多方式筹集资金在报表中列示。高职院校筹集资金多渠道多方式，民营资金和外部资金参与高职院校建设和运行后，高职院校的财务管理应该将这部分资金的使用和结余情况按照企业的要求和规定进行核算，使得外部投资者通过报表和相关资料，能理解高职院校整体财务运行情况，包括资产负债、收入支出和现金流动情况，也便于其他渠道的资金能够更多地进入高职院校，使高职院校更好更快的发展。

第四，应重视现金流量信息，增加编制现金流量表。高职院校是否需要编制现金流量表，这是在企业编制现金流量表后，会计界不少学者提出的问题。虽然高职院校现金流量信息重要程度不及企业，但是笔者认为，高职院校也有必要编制现金流量表。首先，编制现金流量表有助于会计信息使用者对高职院校现金流入、流出进行分析、利用，以掌握高职院校现金增减变动状况。其次，高职院校定期编制货币资金收支计划，也就有必要编制反映这种计划执行情况的货币资金收支情况表（即现金流量表）。最后，高职院校也需要掌握货币资金的运用和支付能力，避免出现因资金紧缺不能支付到期应付款项的情况。高职院校编制现金流量表不能完全套用《企业会计制度》中现金的概念，也不一定要将表中的现金流量分为经营活动、投资活动和筹资活动三类，可以作简化处理。编制现金流量表对于高职院校内部和外部了解其现金变化状况十分必有要。

第五，考虑增设分部报告。随着高职院校业务规模的不断扩大和国际化发展的需要，为了获得不同行业分部和不同地区分部的规模大小、业务情况以及发展趋势资料，使会计信息使用者对高职院校整体做出更准确的判断，可以考虑增设分部报告。

第六，考虑对会计报表附注内容及格式做相关规定。长期以来，高职院校一般只提供会计报表和简单的财务情况说明书，会计报表信息含量和可理解性受到一定影响。为了发挥会计报表附注对基本报表信息的说明、补充或解释作用，《高等学校会计制度》应对会计报表附注内容和格式作出明确、详细的规定。

第七，调整高职院校会计期间。高职院校财务核算的会计期间（或称会计报表的报出期间）、会计年度至今都是每年公历1月1日至12月31日，高职院校的一个学年包括上学期和下学期，实际的期间一般为每年的2月至第二年的2月。学校经费一般按年度拨款。会计报表也按公历1月1日到12月31日年度报出。由于学校服务期间的特殊性，服务的周期按学年计算，会计报表以学年也就是每年2月到下一年的2月作为会计报表的报出年度更能反映一个学校的实际情况，所反映的财务状况、服务的收入支出和现金流动情况更能符合实际，对于学校计划、控制和使用资金更有利于学校的财务管理。并且从企业角度而言，一个学年（上学期和下学期）就相当于一个经营服务周期，相当于特殊企业的生产经营周期，可以按特殊的会计报表年度处理会计业务。并且应按月结算，每月进行一次收支表结转，做出每月的收入支出表。这样，可以看出高职院校每月收入的完成情况和支出的控制情况，便于预算的控制和管理。

随着经济发展和高职院校会计制度的逐步完善，深化高职院校会计核算日益成为一个突出的问题。面对市场经济的高速发展，高职院校要快速发展，就必须不断改进会计核算和财务管理方法，以提高自身竞争能力，适应形势需要。

第三节　高职院校收费管理改革

高职院校收费是我国高等教育领域的一项重大改革。学校收费逐渐成为高职院校教育事业发展经费的重要来源之一，对改善学校办学条件、提高教育质量发挥着不可替代的重要作用。同时，收费管理作为高职院校财务管理的一个重要组成部分，也显得就越来越重要。从目前各高职院校的收费管理情况看，收费的方式、程序、规范等方面都取得了很大的成绩，但也存在着诸如拖欠学费现象逐年增加等问题。正确认识存在问题，分析其原因，采取必要的行之有效的措施，加强和改善高职院校收费管理工作，把收费管理工作进一步纳入系统化、规范化、科学化的轨道，对于搞好高职院校收费管理、提高非义务教育投资效果具有重要意义。

一、高职院校收费内容

（一）行政事业性收费

高职院校行政事业性收费包括学费、住宿费和考试培训费三类。

1. 学　费

高职院校按照国家有关法规和政策规定，向经教育行政部门批准招收的各类型高职生收取学费。学费应按学年或学期收取，不得跨学年预收。学生缴纳学费后，如因故退学或提前结束学业，高职院校应根据学生实际学习时间，按月计退剩余的学费。高职院校学费标准按属地化原则管理。国家现行高职院校收费政策有规定的，执行现行规定；没有规定的，由省级教育行政部门综合考虑实际成本、当地经济发展水平和居民经济承受能力等因素提出意见，报同级物价、财政部门审核，并经省级人民政府批准后执行。

2. 住宿费

高职院校为在本校接受各类教育的学生提供住宿的，向学生收取住宿费。住宿费应按学年或学期收取，不得跨学年预收。如学生因故退学或提前结束学业，高职院校应根据其实际住宿时间，按月计退剩余的住宿费。住宿费标准按属地化原则管理。国家有现行规定的，执行现行规定；没有规定的，由省级教育行政主管部门综合考虑实际成本、住宿条件和当地经济发展水平等因素提出意见，报同级物价、财政部门按照成本补偿和非营利原则进行审核，并经省级人民政府批准后执行。

3. 考试培训费

高职院校根据国家有关规定，代教育行政主管部门向参加考试的考生收取考试费。根据培训任务开展的行政事业性培训工作，可向培训人员收取培训费。高职院校考试费、培训费的收费标准，国家有明确规定的，按现行规定执行；没有规定的，由省级教育行政主管部门提出意见，报同级价格部门会同财政部门审批。

高职院校行政事业性收费的项目管理，应按现行行政事业性收费的有关制度规定，抓好落实工作。

（二）服务性收费和代收费管理

1. 服务性收费

高职院校为在校学生提供由学生自愿选择的服务并收取相应的服务性收费。服务性收费必须坚持学生自愿和非营利原则，即时发生即时收取，不得与学费合并统一收取，严禁高职院校强制服务、强制收费，或只收费不服务。高职院校向校外人员和单位提供服务的，也可收取相应的服务性费用。各地规范高职院校服务性收费管理的具体意见，由省级教育行政主管部门提出，报同级物价、财政部门审核，并经省级人民政府批准后执行。

高职院校以学校或院（系、所、中心等）名义，按照自愿原则面向在校学生和社会人员提供各类培训服务，向其收取培训费。培训费具体标准由高职院校按照成本补偿和非营利的原则制定，报所在地省级教育、物价、财政部门备案后执行。高职院校根据国家有关部门的要求或接受委托承办的培训班，向接受培训的人员收取的培训费，按照现行规定执行。

2. 代收费

为方便学生学习和生活，在自愿前提下，高职院校可以替提供服务的单位代收代付相关费用。高职院校不得强行统一收取代收费，也不得在学生缴纳学费时合并收取，应及时据实结算、多退少补，不得在代办收费中加收任何费用。高职院校学生公寓内床上用品和日用品由学生自主采购，不得强行统一配备。

二、高职院校收费管理的现状及存在的主要问题

（一）收费工作复杂多变

最近几年我国高职院校频繁扩招，学生规模进一步扩大，且招收学生的专业门类也越来越复杂，既有传统专业的学生，也有大量的艺术类、体育类学生，此外还有函授学生等。传统专业与艺术、体育类的学生收费标准不尽相同，再加上住宿条件不同，住宿费标准就不同，以及学生由于特殊情况减免的费用等，使得收费工作越来越复杂，工作量越来越大，这就给高职院校的财务部门的统一收费管理带来了巨大的困难。

（二）缺乏完善的收费管理制度

由于高职院校是一个重视教学与科研的事业型单位，有关领导往往不太重视财务管理环节，各大高职院校普遍缺少一套完善的收费管理制度。随着高职院校的普遍扩招及完全学分制的广泛运用，过去的季节性收费变成了现在的经常性收费，收费工作的工作量大、面积广、时间跨度大，这就需要一套完善的收费管理机制和设置专门的收费管理部门来从事收费管理工作。但是，就目前来看，各高职院校中普遍缺乏专门的收费科室，没有对收费的票据、依据等文件进行统一管理，收费部门也没有针对各种收费类型建立完善统一的收费管理制度。

（三）学生欠费情况严重，催缴环节建设薄弱

近年来，教育经费不断提升，各高职院校的学杂费等费用也呈上涨趋势，由于学生的家庭条件参差不齐或是自身原因的影响，在学校的缴费期

限过了之后，仍有一部分学生不能按时缴费。虽然国家已经针对大学生开展了助学贷款，但仍旧有很多学生贷不到款，这就给学校的收费工作带来一定的困难。面对这种情况，学校催缴环节建设薄弱，校财务处往往将学费催缴工作委托给各院系，而各院系也有自己的本职工作，无法将过多的精力放在催缴学费工作上，且学生收费工作涉及很多问题，如奖学金发放、优秀学生评选、毕业证的发放等，学生欠费严重这一问题必将给以后的就业、升学等带来一定的影响。

三、高职院校收费管理改革的措施

（一）严格执行教育收费公示制度

高职院校要按照教育部等七部门《关于2006年治理教育乱收费工作的实施意见》（教监〔2006〕6号）的有关规定，对高职院校收费项目和标准进行全面清理，并严格按照原国家计委、财政部、教育部下发的《关于印发〈教育收费公示制度〉的通知》（计价格〔2002〕792号）的有关规定，将经有关部门审核批准的收费项目和标准向学生和社会进行公示，主动接受学生、家长和社会的监督。未经公示，不得收费。高职院校在招生简章中必须注明学费、住宿费的收费标准。

（二）加强许可证、收费票据和资金的管理

高职院校收取行政事业性收费和服务性收费，必须到指定的价格主管部门办理收费许可证。高职院校收取行政事业性收费时要按照财务隶属关系使用财政部门印（监）制的财政票据，在收取服务性收费时应使用相应的税务发票。

高职院校行政事业性收费应当由学校财务部门统一收取、管理和核算，并严格实行“收支两条线”管理，收入按照国家有关规定和学校财务隶属关系及时全额上缴财政专户或国库，支出由财政部门按预算核拨。服务性收费原则上也应由学校财务部门统一收取，不具备条件的，可由学校相关职能部门收取，但应由学校财务部门统一进行管理和核算，严禁由高职院校财务部门之外的其他部门自立账户进行管理和核算。

高职院校的行政事业性收费和服务性收费收入应全部用于学校的办学

支出。地方各级人民政府及有关部门不得将学校的收费收入用于平衡预算，也不得以任何形式挤占、截留、挪用学校收费资金。学校要严格按照批准的预算，使用收费资金，不得随意乱发钱物。

（三）规范高职院校收费管理的内部控制制度

1. 收费规范化的内部控制管理策略

一是严格执行国家有关高职院校收费的政策规定，杜绝乱收费行为，学生缴费是一项政策性、原则性很强的工作，要做好这项工作必须严格按照国家、省有关高职院校收费的文件精神。坚持依法按规收费，不准擅立项目、擅提标准和扩大收费范围，禁止以任何借口巧立名目变相收费。未经物价部门批准，不得擅自向学生乱收费，高职院校的一级财务管理部门要以身作则，充当表率。二是制定严格完善的高职院校收费管理制度。即用制度规范收费程序，用制度约束收费行为。其一，建立教育收费公示制度，坚持亮证收费。通过宣传栏、公告栏、校园网等形式向学生、家长、社会公示收费项目、收费标准、收费范围、投诉电话等。在收费政策变动时，要及时更新公示内容，确保公示内容合法、及时有效。其二，制定规范收费管理相关的财务管理与监督制度，财务部门处理有关收费账务时，应坚持“收费有据可依”“持证收费”的原则，未能出示物价局批准的收费许可证或未经治理乱收费小组批准的收费项目一概拒收。

规范收费管理，加强内部控制应注意如下几个问题。一是加强收费模式及收费资金的管理。现行高职院校收费多数利用银行网络资源优势代收学杂费，代收学杂费事项涉及高职院校、金融机构、学生三方利益，需要明确责任，保证收费及相关统计工作的顺利、有序进行。二是实行收费稽核制度。学生收费系统与财务账务系统是相对独立的两个系统，收费管理的过程如学杂费应收数、欠交数，无法在财务账务系统中体现出来，因此有必要进行定期或不定期稽核：收费系统的收费科目与账务系统相应的会计科目金额进行核对；收费票据存根与账务系统中收费金额进行核对；收费票据存根与收费系统中收费金额进行核对；收费系统的住宿费与全校宿舍管理实际床位进行核对；对离校学生的收费数据进行审核。

2. 欠费追缴的内部控制管理策略

欠费管理的内部控制措施的最终目的是合法、合理地降低欠费率。具体而言，应做好以下工作。

第一，认真做好深入细致的学生思想教育工作，增强学生自觉缴费的思想意识。缴费是国家的法律规定，学校依法收费是贯彻执行国家政策，自觉缴费是大学生必须履行的义务。做好学生收费工作，是新形势下高职院校学生教育和管理部门工作的重要内容。

第二，加强领导，上下一致，认真落实措施，做好高职院校收费工作。高职院校收费工作是一项工作量很大的系统工程，关系到学校的建设和发展，影响到教职工生活待遇的改善，影响学生奖学金、困难补助的发放和勤工俭学活动的开展。各职能部门要密切配合，既要齐抓共管，又要加强领导，明确责任，落实措施，尽职尽责，把学生缴费工作当作日常工作的大事来抓，抓细、抓好、抓出成效。这样做既可切实解决贫困学生困境，又可缓解高职院校大量办学资金被拖欠的压力。

第三，适当实行收费工作奖惩制度。在对学生教育的同时应充分调动相关部门的主观能动性。各教学系部是管理学生最直接的部门，如果学生欠费多少与己无关，那么各系部追缴学生欠费工作的积极性必然不高，势必产生管理脱节现象。因此，有必要实行收费工作奖励制度，将追缴欠费工作变被动为主动。

（1）对有缴费能力的欠费学生，在加强其诚信教育的同时，制订一些处理措施，如：

①教务处和各教学单位均不准予以注册，不计学习成绩和学分。

②不能参加该年度的一切评优、评模。

③不能参加该年度的奖学金评定，而且不再补评和补发。

④对于毕业生，有关部门要根据财务处提供的欠费信息，暂缓发放其毕业证、学生档案、报到证等一切毕业手续。

⑤对于欠费学生，各教学单位要定期与其家长取得联系，进行信息沟通。

（2）对各系部的奖惩措施，如学生交费率在80%～85%（不含起始百分点，下同），奖励该比例段学生上交学费总额的5%；学生交费率在85%～90%，奖励该比例段学生上交学费总额的10%；学生交费率在90%～95%，奖励该比例段学生上交学费总额的20%；学生交费率在95%～98%，奖励该比例段学生上交学费总额的30%；学生交费率在98%～100%，奖励该比例段学生上交学费总额的50%；奖励按各比例段分别计算。

奖励资金的使用：各系部应得奖励资金总额的40%用于改善办公、教学条件，30%用于救助本系困难学生，30%自主使用。

惩罚办法：老生缴费率与本系部包干经费挂钩。系部所属学生缴费率达不到80%的，按欠交学费的下降比例，等比例扣减单位包干经费，并将老生缴费工作情况作为年终评优、班子考核及干部任用的一项重要内容。

第四，对家庭经济困难学生的救助措施，学生缴费实行先缴费后救助的原则。学生应按规定足额缴纳学费、住宿费，缴清费用后确属家庭困难的，可申请减免学费或勤工助学、特困生补助等。未缴清费用的学生，没有资格申请救助。

采取的救助措施：

①学生工作部按照学生家庭经济困难的不同情况分别安排报酬不等的勤工助学岗。

②学生工作部在不影响学生在校正常学习的情况下，有计划地安排家庭经济困难学生参加社会上有报酬的活动。

③对家庭特别困难的学生实行学费减免政策。

④确因家庭困难交不起学费的学生，经批准允许休学一年筹措学费。

⑤学院逐年加大对学生困难补助和勤工助学经费的投入。

高职院校收费管理工作是一个涉及多部门的、复杂的综合管理工作，需要各个部门协同工作。同时高职院校的财务管理部门还要完善相关收费管理制度，建立透明的、高效的收费机制和收费标准，并积极建立财务信息化下的收费系统，促进高职院校收费的信息化、自动化和专业化，这样才能保证高职院校收费工作的合理进行，为教育和科研事业提供资金支持。作为高职院校财务管理部门和财务工作者，要面对新形势、新挑战、新要求，赶快行动，更新观念，努力创新，不断提高收费管理水平，使高职院校收费管理工作成为学校事业高速发展的一个强有力的助力器。

第四节　高职院校财务二级管理改革

一、高职院校二级财务管理改革的动因

（一）理论基础：委托代理理论

委托代理理论是契约理论的重要内容之一，委托代理关系源于信息的非对称性及分工的专业化，委托代理理论的中心任务是研究在利益相冲突和信息不对称的环境下，为了最大限度地规避代理人的道德风险与逆向选择，委托人如何设计最优的契约以激励和规范代理人的行为。委托代理理论在社会经济中有很大的指导意义，不论是经济领域还是社会领域都广泛存在委托代理关系。高职院校组织内部上下级之间存在着委托代理关系，二级学院是体现学校专业性的一线环节，在学校管理层掌握的信息不充分的情况下，学校管理层与二级学院呈现委托代理关系。为了在这样的委托代理关系中寻求一种平衡，避免二级学院因为其专业性而产生的逆向选择与道德风险，高职院校应积极推动二级财务管理的改革，遵从现代管理学中“责权利相结合”的原则，一方面加强学校层面的宏观调控与指导，另一方面将财权下放，赋予二级学院充分的资金自主权，探索实施规范化的改革措施以平衡学校和二级学院的利益关系，使二者和谐发展，促进高职院校健康良性发展。

（二）政策依据：高等学校财务制度

《高等学校财务制度》（财教〔2012〕488 号）规定：“高等学校实行‘统一领导、集中管理’的财务管理体制；规模较大的学校可以实行‘统一领导、分级管理’的财务管理体制。”高职院校的制度环境随着经济发展而不断变迁，目前高职院校已从过去的计划型向自主型逐步转变，高职院校的收入来源也不仅仅限于国家财政拨款，而是以财政拨款、事业收入资金并重，辅之以校办产业、特色创收及社会捐赠资金等多渠道资金。对

于规模较小或资金构成较为单一的高职院校，适宜走“统一领导、集中管理”传统体制路线，而规模较大、资金构成较复杂的高职院校集中管理易导致发展活力受限。高职院校二级财务管理改革，就是在应对经济发展新政策形势下对高职院校传统财务管理的优化与提升，通过建立高职院校二级财务管理机制，合理分配二级学院经费，有效平衡财权与事权的关系。

二、高职院校二级财务管理改革的现实意义

（一）弱化学校行政权力，提高内部管理的活性

高职院校的内部管理体现了一定的行政化特质，由于管理权过分集中在学校层面，导致教学部门自主发展意志受限，学术特质无法彰显。因此，突破“统一领导、集中管理”，进行二级财务管理改革，将财权下放，赋予二级学院一定的管理自主权，使二级学院根据自身学术特点与发展预测做有效的资源分配，有助于增强二级学院发展的积极性和主动性。结合绩效考核对二级学院发展指标的评价，高职院校实施二级财务管理改革，可以充分激发二级学院发展活力，促进二级学院树立现代的理财观，克服被动思想，以自身发展目标为前提主动整合资源，对节约教育资源，提升高职院校整体发展效益有着重要的意义。

（二）协调集权与分权关系，实现整体发展目标

高职院校二级学院财务改革的重心是平衡集权与分权的关系，协调委托代理关系，促进整体运作效率提高以达成整体目标。在改革过程中，学校层面要整体规划，明确发展目标，确定二级学院的责任与经费自主范围，以整体目标的达成预测为起点进行经费的预算和分配。因此，经费的分配与绩效的考评是严格以学院整体目标达成为基准的，二级学院须以整体目标的达成为己任行使自己的自主权，克服局部发展过分关注自身利益而忽略整体利益的弊端，对于高职院校实现整体发展目标起到重要保障作用。

三、高职院校二级财务管理改革的原则和目标

（一）基本原则

高职院校二级财务管理体制改革，坚持服务学校的战略目标，要与学校事业发展方向相一致，促进学校核心竞争力的提升；坚持与学科、人事、教育教学、科学研究、资产、后勤管理和分配制度等系列改革相协调、相一致，协同推进，形成改革合力；坚持学校财务的“统一领导、二级管理、集中核算”，建立与社会主义市场经济体制相适应、符合高职院校教育发展规律的财务管理体制；坚持财权与事权相结合，通过划分校院两级财权，明晰校院两级事权和责权，推动管理重心下移，调动学院办学积极性，增强学院的办学自主权和办学活力；坚持成本效益意识，实行全成本核算，全面实行绩效考核，促进学校各项事业协调可持续发展。

（二）总体目标

1. 完善财务管理体制

在“统一领导、二级管理、集中核算”的财务管理体制框架下，完善学校和学院两级预算管理制度，建立以学院为主体的各项事业成本核算和结算体系。

2. 构建多层次经济责任体系

贯彻落实校长经济责任制，建立并完善高效的制度约束机制、监督管理机制、责任追究机制和绩效评价考核机制。在统一领导的前提下，合理界定学校和学院的经济职责权限，按照责任、权力和利益统一以及资源占用和办学绩效统一的原则，使学院成为办学的主体，真正建立起“责权分明，事权、财权清晰，学院成为拥有较大办学自主权的责任实体”的办学管理模式。

3. 建立科学合理的资源配置机制

建立健全创建世界一流大学、提升学校核心竞争力的考核指标体系，规范考核流程，完善考核应用，强化引导作用，实现教育资源的优化和合理配置，保障学校和学院的持续、健康和稳定发展。

四、高职院校二级财务管理改革的思路

（一）完善二级财务管理组织架构

1. 明确多层次的经济责任制

《关于高等学校建立经济责任制加强财务管理的几点意见》（教财〔2000〕14号）指出，高职院校必须按照“统一领导，分级管理”的原则，按校内管理层次分别建立起总会计师或主管财务工作的副校（院）长、财务处长、二级单位财务负责人和基层财务人员等若干个层次的各级经济责任制。推行高职院校二级财务管理改革，需构建清晰的“学校负责人—财务处负责人—二级财务负责人”经济责任层级，按照事权和财权相结合的原则，将责任与权力明确划分，实行一级管好一级、一级带动一级的分级管理制度，将经济责任制贯穿于高职院校财经工作的全过程。这其中，要弱化职能部门原有的管理权限，将一些管理权限下放至二级学院，关键是财权下放。通过将财权的下放实现管理重心的下移，平衡高职院校中的委托代理关系，充分发挥二级学院的专业特性，强化二级学院的发展自主性。

2. 健全二级财务管理运行机制

开展二级财务管理改革，高职院校整体的财务管理架构的搭建是基础。首先，高职院校进行学校层面的宏观管理不能放松，高职院校财经工作实行校长负责制，重大事项由党委会集体研究确定。高职院校成立“财经工作小组”对财经事务进行审议、咨询和指导，成立“预算委员会”审议年度经费预算，由这些专业机构对学校整体二级分配的计划进行指导和评议。另外，《高等院校学术委员会规程》（中华人民共和国教育部令第35号）强调了学术委员会的权威作用，可参照设立“财经工作委员会”协商议定高职院校预算决算中教学、科研经费的安排、分配及使用等。其次，高职院校财务处应不断完善自身管理职能，做好经费预测和下拨工作，调整核算办法，增强信息化水平。最后，要建立起二级学院的财务运行机制，虽然需要由学校财务集中办理结算事宜，但为了管理的到位，二级院系应配备专门的二级学院财务事项联络员，负责完成二级学院的预

算、经费具体安排，日常财务收支台账，年度结算登记等内部财务事宜，与学校财务处做好管理对接。

（二）健全二级财务管理制度体系

实施二级财务管理改革，原有宏观层面的学校财务管理制度将不能全面指导改革后二级学院的财务行为，因此体现二级学院财务管理特点的制度体系需建立与完善。首先，学校层面的财务制度应根据改革特点，设置具有指导性特点的财务制度，规定二级学院的财务职责范围与权限。其中要包含二级财务经费分配办法、年度核算办法、创收经费分配办法等。其次，二级学院层面，在学校宏观财务制度的统领下，二级学院应根据自身的运行特点，相应拟定一些明细的规章条款，例如，二级学院内部经费使用细则、创收经费使用发放细则等，规范经费使用办法。财务专业层面，因为是“统一领导、分级管理、集中核算”，因此财务的日常核算与报账业务仍然需统一经过学校财务处，关于具体的财务处理业务，学校财务处相应地要完善原有的财务办事流程与办法，以服务广大教职工为宗旨，配合二级财务改革进行制度体系的修订与完善。

（三）构建二级财务管理预算机制

1. 树立目标管理理念

预算可视作为组织内部的契约，以制定发展目标与约束条件，平衡委托人与代理人双方的利益诉求，实现财权与事权相匹配。作为资源配置的手段，预算不仅仅要发挥费用控制功能，重要的还是发挥事前的资源配置与布局作用。随着高职院校外部经济环境的不断变化，高职院校必须摒弃原有的计划经济模式而转向市场经济模式，参照企业化的预算管理，树立目标管理理念，将学校整体的目标作为年度经济运行目标，将二级学院的经费划拨、年度绩效考核与其挂钩，推动二级学院遵循市场规律提升办学质量从而增加生源、扩大社会影响力。当然，由于高职院校主要目的是培养人才，对于本部门的预算目标的制订一定要以保障生均培养投入为前提。因此，对收入和支出的预算需充分考虑高职院校年度的发展计划，包含教育教学定位、招生规模等因素，对目标结余的预算要充分预计为未来发展规划所需积累。

2. 合理制定经费下拨方法

财权下放是二级财务管理改革的聚焦点，合理制定二级学院经费划分的标准，对于提高二级学院发展积极性，同时保障学校整体利益起着决定性作用。在高职院校财务核算、预算中引入管理会计中成本二分法的理念，使财务会计与管理会计有机结合，综合衡量目标结余对日常计划与工作的反作用，对合理预测招生规模、控制教育成本有显著的作用。根据成本二分法，可约定高职院校教育成本的固定成本与变动成本。变动成本指的是教育成本中与学生相关的支出，固定成本指的与学生人数增减变化没有直接联系的成本，又分为院级和校级两个部分，各包含人员成本、公用成本及固定资产折旧成本等。二级学院经费下拨的过程是高职院校整体发展规模与目标结余的预测过程，具体推导模型如下：

二级学院收入 Y = 学生人数 × 生均拨款 × 各类学生调整系数 + 学生人数 × 学费标准

二级学院支出 X = 学生人数 × 生均变动成本（含学生活动费、实验实训费、教学仪器设备等）+ 学院固定成本（含人员支出、公共支出）

事业结余 = Σ 二级学院收入 Y − Σ 二级学院支出 X − 校级固定成本（行政经费支出 − 离退休人员保障支出）

上述收支不包含二级学院的创收收支，ΣY 表示各学院的收入合计，ΣX 表示各学院的支出合计。

根据发展规模的预测，以上年度固定支出情况为参照，结合当年通货膨胀情况、学院发展定位变化等客观因素，测算高职院校整体的目标事业结余。二级学院与校级管理层面全面沟通，平衡宏观与局部的年度工作计划，再次核定固定成本的增加额，最终确定的二级学院支出即为当年的二级学院可使用经费总额。收入预测以招生规模及生均拨款为基准。

3. 实施创收经费、结余经费留用制度

高职院校二级学院根据自身资源及社会影响力开展的培训、社会服务等获取的创收经费不纳入二级学院经费下拨的基础，独立划分下拨标准，按“（创收收入－资源使用费）×留存比例”作为二级学院创收分成，弥补创收活动的日常支出、教师报酬等开支。二级学院在完成年度经济运行目标前提下的经费使用结余须在绩效考核完成教学发展指标的前提下，核定可留部分，其中一部分划分为对二级学院完成年度经济运行目标的奖励，一部分划分为二级学院未来发展创新的基金，余下上缴学院增加公共开支来源。通过结余经费留用制度，真正体现财权的下放，加强二级学院的发展自主性，激励二级学院为未来发展进一步提升动力。

（四）优化财务管理绩效评价体系

二级财务管理强调目标管理，没有整体目标作为衡量工作成效的准绳，权力的分散势必导致资源的过度耗费，从而削弱整体效益的实现。建立科学有效的财务管理绩效评价体系，对于促进工作计划与目标的达成尤为关键。二级财务管理改革下的评价指标的建立，应包含校级层面、职能部门层面以及二级学院层面的指标，指标类型分为定量指标与定性指标，指标的内容包括预算执行情况、资产占用情况、生均/师均教学支出等。二级学院的考核指标可具体为：第一，目标计划完成情况的考核，主要评价二级学院当年设定的学生人数、学费收取目标的实现情况，主要包括二级学院收入完成率、二级学院经费使用完成率等指标。第二，教学资源投入情况的考核，主要评价二级学院当年在教学上的总体投入情况，主要包括教学总支出比、教学仪器设备支出比、学生活动支出比、实验实训支出比等指标。第三，生均资源占用情况的考核，主要评价二级学院生均教学资源的投入完成情况，主要包括生均教学仪器设备费、生均学生活动费、生均实验实训费等指标。第四，科研成果情况的考核，主要评价二级学院在科研活动上的耗费，主要包括科研经费总额、师均科研经费等指标。第五，其他资源投入情况的考核，主要评价二级学院除教学支出以外其他投入的完成情况，主要包括日常消耗性支出比、其他资本性支出比等指标。

五、高职院校二级财务管理改革主要内容

（一）界定校院（系）经济权限

学校管理的主要经济权限：在总体把握学校办学方向的前提下，科学

制定学校发展总体规划与建设计划；统一学校基础设施的建设、规划以及教育资源统筹调配；统一制定管理政策、财务规章制度，统一规范学校的财务预算、决算和核算的管理；完善对学院的绩效考核和综合评估等。

学院（系）管理的主要经济权限：学院预算的合理编制，办学经费的自主调配；学院增收节支措施的完善，收入分配方案的确定；学院内部评聘人员工资、津贴等薪酬标准的确定；学院内部经济调控手段、考核体系以及奖惩、激励机制的完善等。

（二）划分费用承担范围

1. 校级财力承担的费用

校级财力承担的费用包括学校管理部门、直属事业和服务单位的人员经费、日常运行经费，公共建设和维持费用，专项建设经费和对外投资等。

人员经费：管理部门、直属事业和服务单位的人员费用包括基本工资、津补贴、绩效工资；全校医疗费、困难补助、非临时聘用人员的社会保障经费、住房资金、离退休职工的人员经费、学校校级层面的学生补助救助资金等。

日常运行经费：管理部门、直属事业和服务单位（包括校医院、附属中小学、图书馆、档案馆、信息中心等）的事业运行费。

公共建设和维持费：全校公用的基础设施建设费用，维持公共设施运转的基本开支（包括水电费、维修改造费用等）。

专项建设费：学校教学、科研、人才队伍、学科建设以及其他专项中学校承担的部分。

对资产经营公司等以企业注册的法人实体，学校按照《公司法》的要求，理顺产权关系，在经济上履行出资、投资人义务后，不再承担各类补助和补贴费用；对学校后勤集团等实行企业化管理的单位、实体性科研机构及驻外研究院等参照上述方案另行制订相应办法。

2. 院（系）级财力承担的费用

院（系）级财力承担的费用包括学院人员经费、日常运行经费、专项建设经费、资产占用费等。

人员经费包括学院各类人员的人员经费基本工资、津补贴、绩效工资等，应由院（系）级承担的住房资金，学院应承担的各类学生补助、奖学金等。

日常运行经费包括日常事业运行费（含公共课和学院间互开课的费用、水电费、邮电通讯费等）、教学设备购置费、学院图书资料购置费等。

专项建设费包括课程建设经费，实验室建设经费，教学、科研和办公用房屋等维修改造经费，以及其他专项建设经费中按规定应由学院承担的部分等。

资产占用费包括教学、科研办公用房屋资产占用费，学校大型设备使用费，学校公共服务体系使用费等。

（三）明确财力分配原则

第一，按照明确的学校、学院经济权限和费用承担范围，学校将根据收入的不同性质、来源渠道分别确定收入分配比例。同时，为鼓励学院多渠道筹措办学经费，学校教学服务收入、科研服务收入、产业收入、捐赠收入和其他收入等将以较高大比例纳入院（系）级财力。

第二，为加强政策引导和宏观调控职能，保证学校的协调均衡发展，根据改革的实际情况，相关收入分配适当引入学院综合调节系数和学生规模调节系数。学生规模调节系数结合学院教师、教辅和各教学阶段的学生规模分别确定，并实行动态调整；学院综合调节系数结合不同学科的培养成本差异、教学形式的特性等因素确定。

第三，学校加强专项经费的统筹力度，建立科学合理的核定、投入和考核机制。专项经费投入将根据学校建设和发展规划，重点投入学科建设、队伍建设、条件建设和国际交流等方面，并结合学院实际情况和建设绩效，进一步向学院倾斜。

第四，结合学校总体发展和建设目标，进一步丰富和完善绩效考核，逐步加大绩效奖励力度，以强化政策的引导作用。学校绩效奖励额度根据年度事业发展成效核定控制总额，由财经领导小组审定。学院绩效奖励额度纳入院（系）级财力统筹，核定比例的部分可用于教职工的年度奖酬，剩余部分用于学院的事业发展，以提升学院的综合财力。

第四章　高职院校财务管理制度的创新

第一节　高职院校财务管理理念和管理制度创新

在高职院校财务管理过程中，目标导向、制度规范、执行力度、认真考核起着起点、基础、重点和手段的作用，充分说明财务管理制度处于非常重要的地位。2009 年 8 月 31 日，财政部印发《关于推进财政科学化精细化管理的指导意见的通知》（财办〔2009〕37 号）指出了目前财政工作科学化精细化管理的重要性："……财政管理法律法规体系目前尚待完善，预算约束力不强，预算编制较粗，预算执行迟缓，管理基础工作比较薄弱……等现状……使得推进财政科学化精细化管理是落实科学发展观的必须要求，符合现代管理发展趋势，是新形势下做好财政工作的迫切需要，也是有效应对国际金融危机，促进经济平稳较快发展的重要手段……"《高等学校财务制度》（财教〔2012〕488 号）也明确了高校财务管理的重要性。由此可见，高职院校财务科学化精细化管理是财政工作的一个组成部分，是当前高职院校财务管理理念和管理制度创新的一个关键。

一、高职院校财务管理的现状

高职院校财务管理的现状总的来说是不能满足高职院校精细化管理的需要的，主要表现在以下几个方面。

（一）预算很难做到精准

在日常工作过程中，大部分的高职院校过分关注预算内的资金使用的管理却忽视了预算外的资金的管理；预算编制时间仓促，预算项目没能够细化，预算内容也不全面，致使预算不能真实反映学校财务的收支情况及体现学校全年的工作重点、发展方向。

（二）财务重核算、轻管理、缺分析

目前高职院校财务会计仍旧是传统的“报账型”核算模式，未向“管理型”核算转变，不能很好地执行财务管理的指导作用，无法为领导和各级管理层提供有价值的参考资料，难以适应学校日益发展的需要。资产长期未进行清查，资产的调拨及处置的随意性较大，家底不清或前清后乱，造成账账不符、账实不符。对内对外提供有关的基本信息，仅限于历史数据和解释，未进行深入的财务分析、资金效益考核。

（三）各部门核算无相应的监督机制

目前高职院校财务对各部门的监管是通过编制部门预算对各部门经费使用进行总量控制，各部门在学校既定的财务规章制度、财务收支计划和资源配置下，对学校下达的部门预算经费、分配的教育资源进行自主安排和使用。随着各二级部门可支配的资金不断上升，开支项目不断扩大，但由于财务部门对二级单位的内控制度和程序不完善，监督机制不健全，缺乏有效的责任追究机制，致使部分二级部门出现业务招待费、劳务费、办公费等事务性支出占总经费支出比重过大等情况，甚至有领导将二级部门的经费变成自己的经费，按自己意愿支配，还有的二级部门的收入或支出脱离学校的财务管理，从而形成了“小金库”“小钱柜”等违规违纪现象。

（四）高职院校各年的财务数据没有可比性

目前各高职院校在财务软硬件上存在差异，使得财务人员在会计科目设置、部门项目辅助核算、二三级明细的设置等会计核算上不统一、不规范，核算口径的归集过于随意，给对历年的预算及预算执行情况的财务数据分析、历年财务数据的纵向分析、各部门财务数据分析等增加了难度，如此通过财务数据的比较来发现管理制度的缺陷进而加强管理也成了一句空话。同时因为核算口径的不一致，给高职院校间通过历年财务数据进行横向比较增加了难度。

（五）固定资产管理不完善

高职院校的固定资产比较复杂，教学设备、音像资料、电子器材的购置往往由使用部门自行购买，由于缺乏有效的管理，账目记载极不规范，导致部分设备器材损坏或丢失后无从查找。高职院校对于固定资产的购买和注销有着明确的规定，两头虽得到控制，而中间环节往往疏于管理，致使固定资产使用年限不能保证，使用效率不高。由于缺乏调查研究和实时监控，对于设备的更新审查不够严格，互相攀比、随意报废造成资金使用效率低下，铺张浪费现象屡禁不止。

（六）财务管理制度“抓大放小”

高职院校资产的所有者是国家，政府投资教育却并不参与直接的管理，高职院校领导把目光聚焦在如何获得国家更多的财政拨款上，而对高职院校运行经费的支出，尤其是事前的预算缺乏应有的重视。基建、设施、器材、大型活动等项支出还有一定的预算，但对于行政费用、人员培训和进修、考察观摩、差旅费报销、资产管理费用等都没有明确的界定，或者是尽管有一个并不清晰的预算，但是一旦超支也会不分责任地予以报销或无理由地增加预算，财务管理的作用十分有限。

二、财务管理理念和管理制度创新

（一）财务管理理念创新

1. 树立融资和理财的观念

我国的高职院校以超级速度扩张，大学生扩招使办学规模超常发展，这就需要基础设施建设快速跟上，必需的教学装备和教学器材也要及时购置，这些都需要强大的资金来支撑。目前高职院校的建设资金主要来源于银行贷款，这实质上就是负债办学，高职院校每年都要付出沉重的利息代价，背上一个沉重的包袱。遇到归还本金的高峰期，如果没有新的融资渠道，就会给高职院校的财务管理带来困难，甚至导致风险加剧，陷入资不抵债的泥潭。积极地进行筹资渠道的拓展是高职院校财务管理工作的重要内容，财务部门不仅仅要管好资金，还要广开思路、开动脑筋，不断地开辟更多的融资渠道。高职院校财务部门应该更多地掌握最前沿的金融理财知识，不仅要管好钱财，同时还要使现有的资金保值增值，选择最适合的投资方式，应用最经济便捷的结算方式，彻底改变过去只当家不理财的落后观念，把这项工作作为高职院校资金来源的重要方面，作为财务管理工作的一件大事来抓。

2. 创新成本核算的观念

在传统的成本核算观念中，高等教育由国家包办，成本的核算概念也就是给多少花多少，不够了再申请。当高等教育逐步市场化以后，办学只讲社会效益，不讲经济效益的时代已经过去，高职院校也要在激烈的市场竞争中求生存、求发展，这样就不得不用经济的眼光来看待办学行为，进行必要的成本核算。我国高职院校生均年培养成本在18 000元上下，而财政拨款定额加学生缴费却不足以应付这一开支，比如文法财经类专业学生的培养费用为每年16 000元左右，理工类专业20 000元左右，这样算下来，高职院校每培养一个大学生就要亏2 000～2 500元，一个拥有3万名学生的高职院校，每年的资金缺口就有6 000万～7 500万元，这是一个十分庞大的数字。成本概念在高职院校也就是人才培养的费用，据此计算出投入和产出，通过纵向分析和横向比较找到问题和差距，采取必要的措施予以纠正。

3. 强化来自两端的风险防范观念

近些年来，许多高职院校都在进行新校舍的建设，有的规模几乎扩大了一倍以上，招生的数量也以几何数字增长。这样的扩建扩招虽然带来教育繁荣的景象，但是根据风险和收益成正比的理论，弊端也会逐渐显现出来，风险也会进一步聚集。

一是融资风险。在校舍等项目的建设中必然要使用巨额的银行贷款，而有许多高职院校的收入来源主要依靠财政拨款，这些资金也许可以应付银行的高额利息，但是其他收入并不确定，存在着许多不可预测的因素，等到还本高峰期来临时资金如果无法到位就会面临拖欠银行贷款的问题。二是收入来源风险。高职院校的收入来源由两部分组成：政府财政拨款和自筹资金。许多高职院校的收入来源比例为政府拨款35%、自筹资金65%。从中我们可以清晰地看到自筹资金占了绝大部分，政府财政拨款虽然稳定可靠，但是绝对数量有限，自筹资金虽然数额占比较大，但是极不稳定。自筹资金受到多重因素的影响，各院校之间有着很大的差异，这和院校所处的地域、环境，以及本身的名望和声誉关系极大。院校预算一旦完成，各项工作按部就班地开展起来，在收入端出了问题，资金不能按时足额地到位，将会带来很多麻烦。

财务管理要认真评估因为收入来源发生问题而带来的风险，并尽力减小和消除风险的发生。高职院校财务管理工作要把风险的防范放在重要位置，建立切实可靠的风险防范机制，把问题解决在萌芽之中。

（二）财务管理制度的创新措施

1. 构建“统一领导，集中管理”的财务管理机制

根据《高等学校财务制度》（财教〔2012〕488 号）的规定，高等院校实行“统一领导，集中管理”的财务管理体制。“统一领导”是指学校校长在学校党委会的统一领导下，以法定代表人的身份，对学校财务工作负全责，学校在校长的领导下，组织相关部门制定学校的财务决策、财务收支规划和财务规章制度，使学校能在财务核算、资源调配、组织体系确定等方面实现统一领导；“集中管理”是指在校长的统一领导下，学校设立财务组织机构，集中核算学校财务，全面负责具体财务管理工作。

2. 实行全面预算制度，严格预算管理

以前预算被看成是控制支出的手段，但新的观念将其看成是“使单位内部资源获得最佳生产率和获利率的一种方法”。目前，国家对教育经费投入额度有限，各高职院校资金短缺问题严重，这与学校教育迅速发展是矛盾的。通过预算管理，可以反映高职院校发展的总体规划及当年计划，可使高职院校各部门的工作有效的融合起来，保障学校内部各项工作的日常运行，同时提高资金的使用效率。全面预算管理是完善法人治理结构的总要求和具体体现，是现代财务管理的重要组成部分。全面预算管理要求对内对外预算必须做到精准。因此，在预算编制时要提前半年左右作为预算准备期，为保证预算编制质量提供充裕的时间和奠定坚实的基础。《高等学校财务制度》赋予了高职院校财务预算管理以新的定义，即确立了“大收入”和“大支出”的预算管理的新理念，为让预算能够真实反映学

校全部收支情况，首先须打破预算内预算外资金的界定，学校所有的资金均是“大收入”范畴的预算内资金，故应全盘考虑学校各项资金，实行全部预算资金纳入“大支出”范围内统一使用、统一调配。

预算控制是一个系统工程，整个工序由预算的编制、预算的执行、预算的考核和预算的局部调整等构成。针对目前预算支出很难起到应有的约束的现状，高职院校的预算控制应该重点在预算的约束上花工夫。所有的支出必须是经过批准的预算支出，即预算是支出的唯一令牌。学校全面预算只要经过党委会并以党委会文件的形式批准确定，就应该成为全校工作的“指挥棒”，学校财务部门以预算为指导，同时必须按管理权限和级次将收入组织、支出控制的权利和责任落实到具体部门、具体个人，同时与该部门和该人的年终考核挂钩。不论哪个级次出现问题，其上一级管理部门必须按既定的考核手段采取解决措施并追究相应层次有关人员的行政责任，必要时采取经济制裁。

3. 加强会计记录控制及实物资产管理

会计记录反映经济业务的发生、处理及其结果。会计记录控制的要求是保证会计信息能够真实、完整。从当前高职院校的实际情况看，这方面的问题还比较普通。会计基础薄弱，会计核算不规范，如会计科目使用不当，违反现金管理规定使用现金，账账不符、账实不符、账表不符，收支不能两条线且反映不实，私设“小金库”、形成账外账，等等。会计信息失真，必然导致学校管理失控，财务运行紊乱，使学校资产蒙受损失。

实物资产从购置、使用、保管、清理到报废、转让都要有非常严格的审批程序，不得随意购买和处置资产。采用实地盘存制定期对实物资产进行全面清查，财务部门与设备管理部门要组织各部门资产管理员每年对资产进行清查盘点，核清资产，摸清家底，对于盘盈、盘亏的资产经核实审批后及时进行相应的会计处理，保证账账、账卡、账实相符。

4. 完善财务管理的监督体制

（1）内部财务控制制度。制定合法完善的内部财务控制制度，同时建立校长直接领导下的，由财务、审计等相关专业人员组成的学校财务管理的监督机构，加强对预算执行部门预算进行合理性、准确性和科学性的调查、论证；对预算执行部门的预算收入的完成情况、预算支出执行情况和进度以及资金使用效益进行分析、考核和评价；对预算执行部门预算调整的合理性和必要性进行论证；加强对预算执行有效性的分析。

（2）预算执行信息传递与反馈网络。财务部门在网上设置一套预算执行信息传递与反馈网络系统，该系统可以连接各预算执行部门，部门负责人可以随时查询预算执行及结余情况，同时学校决策层能通过该系统及时掌握预算执行情况的最新动态。财务部门同时在整个预算执行过程中发挥应有的财务监督和管理的作用。预算执行部门在通过预算执行查询系统了解预算结余的同时主动加强预算管理，及时总结经验或分析预算执行偏差及原因，提出改进措施，同时将相关信息反映给财务部门，形成一整套以财务部门为中心，上接学校决策层、下连预算执行部门的预算执行信息传递与反馈网络，使高职院校内部预算执行情况的信息传递与反馈网络能及时、高效地运行。

5. 设计有效的绩效评价体系

（1）绩效评价应有来自内外部的绩效考核指标。内部指标主要是财务系统内进行多方位评估，如上级对下级、平级（院系和各部门对财务部门的评价体系、学院和各部门之间的评价体系）等；外部评价指标，可以用来自上级财政、教育、物价、社会等相关部门相关的数据作为量化指标。

（2）绩效评价的期限应该是长期和短期结合。在组织绩效评价时既有年度的绩效评价，也有任期内的绩效评价。

（3）绩效评价的内容应该是社会效益和经济效益兼备。高职院校是非营利机构，不得以追求经济效益为唯一目标，同时要兼顾社会效益，但这并不是说学校就可以不考虑国有资产的有效利用和合理使用。

（4）绩效评价体系的设计原则以定量指标居多，定性指标少而精为宜。同时，评价者能够较容易地了解绩效评价体系，熟练使用相应的绩效评价方法和技术。这样的评价体系评价出来的结果才能较容易地被评价者接受。

6. 创新财务信息化管理模式

当今的高职院校的财务管理日趋复杂，科目越来越多，数额越来越大，责任越来越重，信息化管理成为必然趋势。在互联网时代，信息的传播和交换越来越频繁，商品的价格变动眼花缭乱，财务部门实现信息化管理，就可以及时地了解采购物资器材的最新信息，搜索到最新报价，通过货比三家获得最经济的性价比，用最少的资金办更多的事。以财务部为核心建立院校的财务管理网络，上下交流贯通，及时地进行信息的交换和传递，既可以对资金使用情况进行监测，又可以快速地通过反馈财务管理信息进行有效的调整。

7. 引入社会财务管理人力资源

市场经济时代给高职院校的财务管理提出了更高的要求，但是高职院校财务管理工作的水平并没有同步提高，财务人员的知识结构不尽如人意，引入外部的专家协助管理和理财不失为一个最为经济有效的管理模式。外部人员的引入可以采取高薪聘请和类似于“志愿者”的方式。财务部门聘请高端的社会财务人员可以快速打通高职院校和社会的联系，把最先进的财务管理理念吸收进来，应用社会和民间的力量提升自身的管理水平，使资金的收入、支出、管理、使用和监督规范化。如将国内政府序列的高水平的经济、投资、理财专家聘为名誉顾问进行财务管理方面的咨询、授课、讲座等活动，为财务人员的培训提供优秀的师资资源，也为高职院校的财务管理聘请了公益性的“师爷”。

8. 实施财务支出精细化管理

合理控制费用开支是财务管理的重要方面，资金的不足一方面源于收入的不足，另一方面也是由于财务支出的控制出现了问题，再多的资金如果不能严格管理也会因无序开支、盲目消费、铺张浪费而捉襟见肘。据有关数据统计，高职院校每年的正常经费支出在数亿元，有的可能会达到十位数，稍一疏忽就会造成上百万元的损失，可以节约的空间很大，厉行节约永远是财务管理工作的主题。所以财务部门要在精细化管理上下功夫，尤其对行政开支要给予足够的重视，这些由“人、车、会”等项目组成的经常性支出，实际上对教学工作并没有实质性的促进，对高职院校的发展动能有限，只有通过严格的细化，把握住开支的每一个关口，站岗立哨，将开支压缩到最低限度，才能把有限的资金用到教学改革和提高教学质量上去。

综上所述，随着高职院校基本建设的逐步完成，财务管理工作的主要任务将由外延型管理向内部管理过渡，同时也面临着收入来源的不足和偿还债务的压力，开源节流仍然是财务管理工作的主要内容。财务制度的创新来源于高职院校实际工作的变化和需要，还要在运行中逐步地发展和完善，才能适应新形势下高职院校发展的需要。加强高职院校的财务管理就要从制度的创新开始，逐步实现财务管理观念的创新、运行机制的创新、管理方式和管理手段的创新，不断地拓宽融资渠道，获取经营性收入，强化对资金的有效管理，节约更多的经费开支，为我国高职院校快速、高效、健康的发展保驾护航。

第二节　高职院校财务管理模式创新

在经济全球化浪潮的推动和我国社会主义市场经济体制逐步建立和完善的背景下，高职院校要实现跨越式发展，适应国内外竞争，原有的财务管理模式已无法应对信息时代的挑战以及环境和自身发展的需要。因此，深入研究并探讨解决我国高职院校财务管理模式的弊端，对现行的高职院校财务管理模式进行改革是当今理论和财务界关注的焦点。

一、高职院校财务管理模式创新的必要性

21 世纪是网络的时代，信息技术与高等教育的融合日趋紧密。我国政府把信息化建设提到了经济与社会发展的战略高度，并提出了“以信息化带动工业化”的重要思想。这种思路的实质是发展计算机网络，走信息化道路，提高管理水平和生产效率。高等院校虽然是非营利组织，但当教育被作为产业来发展的时候，就必须按企业的管理思想来发展教育。高等院校是教育产业的龙头，肩负着国家高素质人才培养和重大科技成果开发研制的任务。高职院校在网络时代要有所作为，就必须利用信息化技术来武装自己、强大自己。高职院校成败的关键在管理，而管理的核心在财务。目前，世界上许多高水平大学已经实现了智能化管理，智能化管理的触角

伸向世界每个角落，它们的影响遍布全球。财务管理作为高职院校管理的重要组成部分，不能只被视为教学和科研的服务工具，而应当是高职院校管理的核心。所以，适应新的环境变化，用一种更加科学高效的管理模式来驾驭高职院校的财务管理是十分必要的。

二、高职院校财务管理应遵循的基本原则

在社会主义市场经济条件下，由于隶属关系不同、办学模式不同、规模效益不同，学校的财务管理模式也必然不同。高职院校可以通过合理划分财权，建立权责分明，权、责、利相结合的规范的财务管理模式，建立既适应市场经济需要又符合高职院校实际的财经工作秩序，理顺校内经济关系，规范财务活动。但无论哪种类型、哪种规模的学校在选择财务管理模式时都必须遵循以下原则。

（一）必须坚持“宏观调控，微观搞活”的原则

为了克服计划经济条件下的财务管理模式的弊端，高职院校在确立财务管理模式时必须坚持“宏观调控，微观搞活”的原则。因为在分级管理模式下学校各单位不是独立于学校财务管理部门的分散自主的财务，而是在学校的宏观控制下的分权分级的财务管理模式。因此，在整个学校财务的运行过程中，宏观管理始终处于主导地位，对分级管理起着指导和制约作用。宏观管理要做到管而不死、活而不乱。学校对财务实行宏观管理首先要树立全校一盘棋的思想，这种思想必须成为校长治校的一贯的指导思想，要成为各级干部和师生的共识和自觉行动。“全校一盘棋”的思想体现在财务上就是在收支上实行“大收大支”。预算管理是高职院校财务管理的一个重要组成部分，高职院校的预算管理是实现高职院校财务管理目标的具体途径和措施，为适应市场经济的要求和学校多渠道筹措资金的客观情况，高职院校的预算应该实行大口径的全面预算管理，形成高职院校全方位的收支计划管理，这有利于集中必要的资金，统筹安排支出，提高资金使用的综合效益。

（二）必须处理好责、权、利的关系

建立高职院校财务管理模式的核心就是要处理好学校集权与分权的关

系，要把学校领导的统一性和基层单位的独立性有机结合起来，使资金既能从宏观上有效地得到利用，又能给基层单位一定的财权，承担一定的经济责任，调动学校和基层两方面生财和理财的积极性。任何社会组织，不管规模大小，它们把分散的个人组织起来，结合在一起，都会有自己的工作任务和预期目标，这是由社会分工所决定的。责、权、利紧密结合的原则，主要内容体现在经济责任、经济权利和经济利益紧密结合上，这是我们设计新的财务管理模式的基本前提和原则。责、权、利三者是互相联系的有机整体，在责、权、利关系上，责任是核心，权利是条件，利益是动力。财务管理模式的确定，核心问题是处理好分权与集权的关系，因此，必须把学校领导的统一性和基层单位管理的独立性结合起来，妥善地处理统与放的关系、学校与二级单位的财务矛盾。

（三）必须与市场经济这个大环境相适应

在计划经济体制下，高职院校是政府主管部门的附属机构，财务管理实行的是高度集中的统收统支的模式，资金来源单一，财务管理缺乏理财的主动性和创造性。随着社会主义市场经济的不断完善，高职院校的资金来源打破了过去对政府部门“等、靠、要”的收入模式，资金筹措渠道逐渐增多，资金需求额度逐渐加大。因此，财务管理模式必须适应这一变化了的新形势，必须将市场观念导入财务管理中，以价值规律和市场为导向，调节学校发展中人、财、物各方面的需求和供给，逐步适应市场经济的发展。

（四）必须与高职院校本身的管理体系、发展模式相适应

财务管理是高职院校管理工作的重要一环。因此，选择财务管理模式，必须与学校的管理体制相适应，必须与学校的改革与发展相适应，必须从学校的办学规模、教学及管理模式、财力大小、历史沿革等情况出发选择管理方式和管理办法，形成自己独特的、科学的适应本校发展的财务管理模式，达到为学校的改革与发展提供支持、为学校的教学与科研提供服务的目的，这样才能促进学校各项事业的发展。

三、高职院校财务管理模式创新的基本思路

对于一个机构来说，不管主观意愿如何，都必须面对与环境之间日益复杂的关系和回答环境对自己不断增长的期待。高职院校财务管理环境发生的变化必然要求对高职院校内部进行变革，这个过程并不是自动达成的，变革迟迟不能出现，变革的方向也可能发生背离，要真正成功的实现变革，还需要一些条件。在健全的组织中，制度的变迁来自对新挑战和内部冲突的回应，新挑战和冲突提出了制度变迁的需要，组织会通过调整制度安排来适应新的挑战，消除冲突的存在。然而在现阶段的中国，制度变迁呈现出供给主导型模式。在这样的背景下，主要依靠政府进行制度改革，包括高职院校在内的各类组织往往是被动适应制度的变化。它们对现实的挑战和冲突很少能够根据环境的需要主动地做出调整。就现阶段来说，大学面临着改进组织结构与制度变迁的要求，但大学自身很难进行演进性的调整，而要更多地求助于大学财务管理制度尤其是财务管理模式的重新设计。要实现这种重新设计，实现高职院校财务管理适应环境变化的职能扩展，就需要从体制上和组织上予以考虑。

四、高职院校财务管理模式创新的内容

从中外财务管理的发展史中可以总结出一条基本规律，即财务管理发展与创新的动力来自于财务管理环境的变迁。随着社会主义市场经济的发展和高职院校独立法人地位的确立，高职院校的办学环境发生了很大的变化，其财务活动也显现出新的特点。首先，筹资渠道多元化，打破了传统的仅依靠财政拨款的筹资模式。其次，高职院校不管是实施内涵式的发展战略还是外延式的发展战略，都会面临人才竞争、设备竞争。最后，为了生存和发展及实现社会效益和经济效益双赢的目的，高职院校必须以绩效为导向，围绕绩效最大化的目的，进行财务管理观念、制度、内容、方式等多方面的创新。

（一）财务管理观念的创新

高职院校办学环境的变化，在客观上要求高职院校财务管理人员必须

树立新的财务管理观念。高职院校的财务管理不应再局限于对预算资金收支的管理，而应以绩效为导向，围绕绩效最大化的目的进行成本效益管理。高职院校的财务管理还应考虑风险因素的影响。一方面是收入来源风险。有的高职院校自筹资金已占总收入的60%以上，而这种收入的取得受国家政策、学校声誉和地位等的影响，各高职院校间的发展很不平衡。另一方面是融资风险。高职院校为谋求自身发展而负债经营，若到期不能偿还本息，则会产生财务风险。同时，网络技术的应用和高科技产业的投资也会给高职院校带来新的风险。高职院校的财务管理还要注重高职院校的可持续发展。我国高职院校要完成国家、社会所赋予的重任，必须走可持续发展的道路。高职院校的财务管理工作要从长远发展目标出发，与社会主义市场经济体制的要求相一致，优化教育结构和资源配置，减少投资风险，增强高职院校的实力。

（二）财务管理制度的创新

在经济全球化的进程中，会计作为国际通用商业语言的地位被最终确立下来，国际财务报告准则的发展为我国会计准则建设提供了良好的参照。我国的会计规范应当尽可能地符合国际会计惯例，同时也应考虑我国的具体国情。高职院校财务管理制度应从以下两个方面创新。

一是统一领导，实行全面预算管理。统一领导，是解决集权的问题，是新的财务管理模式成功的保障，是保证高职院校日常发展的根本，只有在统一领导的前提下，才能实行分级管理。实行分级管理只是将理财权下放，但财务事务的领导权和财务资源的分配权还是由学校掌握。学校对财务事务的统一领导主要体现在确立财务处作为学校唯一的一级财务机构统一领导学校的财务事务，实行全面预算。学校统一领导的重点在于对财务事务进行宏观管理，不直接干预学院内部财务事务的管理，而是通过统一编制综合预算，将学校的财务资源依据一定的原则，分配到学院系、部、处，各单位在预算内支配经费。学校通过制定统一的财务政策引导、调节学院的投资重点和方向，通过制定统一的财务规章制度来规范学院的财务行为，通过制定科学合理的业绩考核指标体系来确保经费得到有效使用。高职院校全面预算的范围涉及教学、科研、后勤、产盛等各个方面，财务预算形成了以校财务处教学财务预算、科研财务预算两块为核心的，包括基建财务预算、独立核算校办企业的附属单位上交预算，以及后勤部门的经营收支预算等内容在内的全面预算体系。高职院校财务处是学校的一级财务机构，学校后勤、医院、基建部门的财务机构是学校的二级财务机构，其财会业务接受财务处统一领导。

二是建立责任会计，实现分级分类管理。责任会计是以单位内部划分的责任中心为会计主体，确定其在经济活动中应负的经济责任，并同记录考核、评价其业绩的会计工作相结合而形成的会计制度。它适应了单位内部分权管理的需要，将单位经营管理上的责任同会计的职能方法结合起来，成为单位内部实施会计管理的基本形式。根据责任会计的特点，可将其功能归纳为：责任预测功能、责任预算功能、责任控制职能、责任考核职能。通过责任会计的核算管理，可以实现对单位内部责任中心的事前、事中和事后的全程控制管理，明确责任，加强管理。高职院校的财务管理由传统的集权式管理模式向现代分权管理模式转换，在分权的同时要做到财权与事权相结合，建立权、责、利统一的管理模式。有责必有权，权责必相符，是实施责任会计的基本前提。高职院校以学院为核心作为责任中心，并进行适当的分权，有利于院系责任的明确。高职院校在新的财务管理模式下推行全面预算管理，要将全面预算管理与经济责任制管理结合起来，通过采用责任会计的一整套技术方法，建立以院、系为责任中心的责任会计核算管理体系，明确院、系的权力和责任，建立对院、系科学合理的业绩考核制度，对学院目标和责任的完成情况进行考核并根据考核情况做出相应的奖励或惩罚措施，使学院等责任中心权、责、利相结合。

（三）财务管理内容的创新

随着高职院校办学环境的变化，高职院校的财务管理内容也发生了变化。高职院校的投资主体是国家，它为国家培养高等专业人才，因此应将提高社会效益放在第一位。尽管目前高职院校学生都要缴纳学费，但缴纳的学费离培养学生的实际成本相差甚远，而且收费标准是由国家统一制定的，学校不得擅自提高。由此可见，高职院校自身的特殊性决定了其收入补偿能力有限，因此高职院校必须要对一定时期的资金需求量进行预测，匡算出合理的负债额度，以确保高职院校教学、科研活动的正常运行。在市场经济条件下，随着我国教育事业的改革与发展，高职院校理财的宏观环境发生了很大的变化，会计核算日益复杂，会计数据也日益丰富。为了充分利用现有的财务和会计数据，全面系统地分析高职院校财力资源的配置状况，掌握学校财务的总体实力，分析和比较学校的办学效益，检查和监督学校的财务风险，就需要建立专门的指标体系和预警系统即高职院校财务评价指标系统，以便对这些问题做出及时、有效的反映和预报。建立一套科学合理的财务管理评价体系，可以从总体上起到正确的政策导向作用。通过合理的评价与比较，将财务管理的基本思想融进评价指标之中，通过财务管理评价系统的考核起导向作用，引导高职院校的财务管理走向良性健康发展的道路。高职院校财务管理评价系统的建立有助于各级管理部门正确的把握财务状况和发展趋势，了解宏观信息和财务风险，为分类指导和制定奖惩政策提供有力的依据。高职院校财务管理评价系统的建立还可以对各高职院校财务管理起到激励作用，通过对高职院校的总体绩效和分类状况的评价可以进一步激励高职院校总结成绩，发现问题，找出薄弱环节，使财务管理不断完善，以更好地适应高职院校发展的需要。

（四）财务管理方式的创新

1. 多元化主体共同参与财务管理

在知识经济时代，高学历、高职称、高技能的人员逐渐成为高职院校财务工作人员的主体，以人为本是对新时期高职院校财务管理的客观要求，也是促进高职院校财务管理水平提高的关键。过去传统上认为财务管理纯粹是财务管理人员的事，与其他人员无关，其实高职院校的每一项财务活动均是由人发起、操作或控制的，其成效如何也要取决于人的知识、智慧和努力程度。在财务管理创新方面把对人的激励和约束放在首位，建立责、权、利相结合的财务运行机制，充分挖掘和发挥人的潜能，激发全体师生员工关心学校发展和建设的热情，调动人的创造性、积极性和自觉性，促使其为学校聚财、生财、用财等出谋划策，按最优化原则合理使用资金、降低资金成本，提高资金使用效率，从而培养高层次的财务管理人员，提高高职院校财务管理的水平。

2. 专家参与财务决策

在知识经济时代，高职院校的财务治理结构应当是知识型的，这就要求高职院校财务治理结构中除校内有关财务领导人员外，还应吸纳外部的财务和信息专家参加，可高薪聘请他们，将有经验的人才融入学校之中，这些专家将为学校的财务管理做参谋。

3. 改革财务管理手段、方法和系统

目前许多高职院校采用财务软件管理系统，IT 技术的应用大大提高了会计数据的处理速度和准确性，降低了纸张使用量，把大量的财会人员从繁重的劳动中解放出来。但是这些软件存在许多不尽如人意的地方，如缺乏管理、监控等功能，往往导致学校各部门之间的业务信息不能及时沟通。所以，在信息时代，要真正提升高职院校的管理水平，除了应用法律和行政手段外，更应当借助信息技术，创新高职院校财务管理系统，架构财务一体化管理模式，从会计核算、财务控制和财务决策层面上解决问题。新的财务管理系统应具有整合性、实时性、模拟性、互动性的特点，及时、准确、完整地为高职院校领导提供管理信息。

第三节　网络条件下高职院校财务管理的创新

网络经济的出现给社会经济生活的方方面面都带来了深刻的变化，各行各业都要适应网络经济的新形势做出相应的调整和创新，高职院校的财务管理活动也不例外。网络经济对高职院校财务管理活动的影响是全方位的，我们应把这种影响及财务管理活动所应进行的创新看作是一项系统工程，从整体和全局上来把握它。

一、网络环境对财务管理的影响

网络经济环境相对于其他形式的经济环境而言，其最大的变化是网络技术的广泛运用，它改变了财务管理的政治环境、法律环境、经济环境和技术环境。从“电子政府”、网络税收征管、家庭办公、网上购物、电子商务的开展、在线管理等无不建立在互联网技术的基础之上。互联网自身的特性使网络经济环境呈现出虚拟性、动态性、知识性、国际性、时效性和直接性等特点，环境条件的改变迫使高职院校财务管理各类业务活动必须进行创新。

二、高职院校财务管理总体现状分析

财务管理具有反映、监督、参与经营决策三大职能。随着经济全球化浪潮的到来，高职院校需要与国际接轨，然而当前在国内高职院校，内部财务管理存在信息标准不统一、信息透明度不高的问题，不少高职院校甚至仍然存在专业重复设置、建设分散的问题。总体而言，由于信息不够统一和及时，以财务信息为主的各种业务数据按横向和纵向分割，形成了诸多信息“孤岛”，造成了信息整合程度和利用率不高，在高职院校内部，有效信息缺乏必要的控制和集中。

三、网络化发展所带来的机遇分析

以新的相关财务和会计法规规范下的高职院校财务网络化，不仅以法律的形式确立了电子单据的地位，使得网络财务结算有法可依，而且还增强了电子交易的内部核算处理控制的制度，如网上结算管理制度等。此外，还加强了会计制度统一，使异地网络财务的协同处理成为了现实。传统的财务报告，目的是为满足会计分析与核算的需求，并不完全基于现实的决策需求。因此，传统的财务管理目标可归结为：财务报告提供管理层受托职责的履行状况，在此基础上关注对债权人、投资者、政府以及其他利益相关者，对其进行相关经济决策信息的汇报。传统的财务管理目标不能满足当下高职院校发展的需要，这一点学术界已多有论证，但受限于当时的通信技术、网络技术水平，无法达到实时提供一切有关的财务信息。因此，在这样的环境下，高职院校财务管理也只能是核算层面的基础财务数据，而不能达到经济决策的程度。

在电子商务逐渐普及的大环境下，实时通信从技术层面上成为可能，提供了一个高效的数据传输平台。财务数据传输平台不仅仅传输的是简单的财务相关数据，更是以数据处理系统进行深度数据挖掘，从而形成一系列高质量决策信息流，以供信息使用者用来科学决策。网络化发展为高职院校财务管理带来了新思路，一改过去只注重财务报告的真实性，使财务报告目标转向侧重于及时性和决策有用性，助力于高职院校把握对经济决策有效的问题。

四、网络条件下高职院校财务管理的缺陷

网络经济是基于互联网为载体而运行的经济形式，也是电子商务充分发展的经济。由于经济活动的数字化、网络化，出现了许多新的媒体空间，如虚拟市场、虚拟银行等。许多传统的商业运作方式将随之消失，取而代之以电子支付、电子采购和电子订单，商业活动将主要以电子商务的形式在互联网上进行，使高职院校经济活动更便捷，费用更低廉，经济事项的量化监控更精确。这种特殊的商业模式，使得高职院校传统的财务管理的缺陷暴露无遗，具体而言有以下几点。

（一）不能满足电子商务需要

在网络环境下，电子商务的贸易双方从贸易谈判、签订合同到货款支付等，无须当面进行，均可以通过计算机和互联网络在最短的时间内来完成，使整个交易远程化、实时化、虚拟化。这些变化，首先对财务管理方法的及时性、适应性、弹性等提出了更高要求，并使得高职院校财务分析的内容和标准发生新的变化。传统财务管理没有实现网络在线办公、电子支付等手段，使得财务预测、计划、决策等各环节工作的时间相对较长，不能适应电子商务发展的需要。其次，分散的财务管理模式不利于电子商务的发展。

（二）不能满足新的管理模式和工作方式的需要

财务管理传统的结算资料主要来自于财务会计的成果，借助经济数学和统计学的一些基本方法，对以财务报表为核心的会计资料进行处理，并据以预测未来经济条件下高职院校可能达到的损益状况。而在网络环境下，电子商务能在世界各地瞬间进行，通过计算机自动处理，高职院校的很多财务活动过程均可通过计算机网络完成。

（三）不能避免财务管理出现的新风险

在网络条件下，传统高职院校财务管理首先遇到的是网络交易安全问

题。由于财务管理中涉及的交易用户由传统的面对面的交易改为了通过互联网进行交易，而互联网体系使用的是开放式的 TCP/IP 协议，并且以广播的形式进行传播，交易用户的信息很容易被窃取和篡改，即使是合法身份的交易人，由于采用无纸交易，交易对方也可能会抵赖交易，从而给网络交易安全带来了极大威胁。传统的财务管理多采用基于内部网的财务软件，没有考虑到来自互联网的安全威胁，而高职院校财务数据库，如遭破坏或泄漏，将造成极大的损失。其次，遇到的是身份确认和文件的管理方式问题。

五、网络条件下高职院校财务管理创新的实施构想

高职院校财务管理创新是网络经济全球化的客观要求，也是高职院校发展的当务之急。在此，笔者提出几点实施财务管理创新的构想。

（一）树立新的理财观念

网络经济的兴起，使创造高职院校财富的核心要素由物质资本转向人力资本和知识资本。因此高职院校理财必须转变观念，不能只盯住物质资本和金融资本。首先，高职院校财务管理只有坚持以人为本的管理，充分调动员工的积极性、主动性和创造性，才能从根本上提升高职院校财务管理的水平。其次，高职院校财务人员必须树立正确的风险观，善于观察和面对复杂的竞争环境，能够科学准确地预测市场环境下的不确定因素。最后，要重视和利用知识资本。高职院校既要为知识创造及其商品化提供相应的经营资产，又要充分利用知识资本使高职院校保持持续的利润增长。

（二）加强财务人员的网络技术培训

在以数字化技术为先导的网络经济下，财务管理创新的关键是对于网络技术的普及与应用。而对财务人员进行网络技术培训，可提高财务人员的适应能力和创新能力。因为，对于已拥有经济和财会理论基础的财务人员学习现代网络技术，就可将经济、财会、网络有机地结合起来，从多角度分析新经济环境的需要，制定合适的财务策略。同时，通过技术培训可使财务人员不断汲取新的知识，开发高职院校信息，并根据变化的理财环境，对高职院校的运行状况和不断扩大的业务范围进行评估和风险分析。只有这样，财务

管理人员才能适应网络经济发展的要求，实现财务管理的创新。

六、网络条件下高职院校财务管理活动创新的内容

网络经济时代，高职院校财务管理活动的创新均源自于网络经济环境的新特点。环境的改变要求高职院校的财务管理活动必须做出相应的调整，否则将会面临被淘汰出局的处境。我们可将高职院校的财务管理活动分成内部和外部两方面来看。外部财务管理活动包括筹资、投资和分配；内部财务管理活动包括对高职院校的现金、应收账款等的管理。

从外部财务管理活动来看，筹资活动的创新主要源自网络经济环境的知识性、国际性和动态性特征，在筹资活动中，适应动态多变的网络经济环境，实行财务柔性管理，使有关高职院校筹资活动的财务信息具有柔性，充分利用网络信息资源，密切关注资本市场的每一微小变化，不断调整高职院校的筹资方案，最大限度地降低高职院校的资金成本。投资活动的创新源自网络经济环境的虚拟性、知识性、时效性。从网络经济环境的虚拟性出发，高职院校的投资活动更多地以产权投资为主；从网络经济环境的知识性出发，投资要素中知识资本发挥重要作用，无形资产的比重提高；从网络经济环境的时效性出发，高职院校需要更加注重利用网络信息资源，及时捕捉投资机会。在整个投资活动的创新中，注意运用网络财务管理技术方法，对跨地区、跨省的投资项目进行远程实时监控，充分发挥网络优势，提高投资效益。分配活动的创新主要源自网络经济环境的知识性、虚拟性。在分配活动的创新中主要表现出财务虚拟管理的特点，针对虚拟高职院校的特殊性，其收益分配政策要改变以往保留盈余的做法，而予以悉数分配。对知识资本之类的“虚拟资本”，高职院校在进行收益分配时要允许其参与分配，且采取版税、专利及专有技术、品牌商标、技术入股等特殊的分配形式，以调动智力劳动者的积极性。

从内部财务管理活动来看，现金管理活动的创新主要在于对高职院校内部的现金实行统筹管理，利用网络银行和电子货币减少现金管理成本及缩短现金预算的编制期。上述活动的创新均依赖于对网络信息资源的充分利用。只有高职院校建立了内部网，并实现与外部网的有效链接，上述管

理工作所需的相关财务信息才能迅速而廉价地获取，管理活动才能在一个新的技术平台上，运用先进的管理技术进行创新，从而大大降低管理成本，提高管理效率。在现金和应收账款管理的创新活动中，高职院校特别应注意体现财务柔性管理的特点，通过网络技术实现财务信息资源优化，同时，使本高职院校信息资源具有柔性，以利于该类财务信息资源以多种方式被使用来全面提高高职院校的经营管理水平。

七、网络条件下高职院校财务管理创新中运用的新技术方法

在高职院校的财务管理活动进行创新的过程中，传统的财务管理手段和方法面临挑战，一些新的财务管理技术方法将应运而生，主要有如下几种。

（一）网络财务管理

网络财务管理是指高职院校运用网络来实现财务管理职能。高职院校将网络技术应用于财务管理中，解决一系列目前的财务活动无法解决的问题，如跨地区财务数据传递、会计报表合并、动态分析财务及资源状况等，可以形成一种全新的财务管理体系。网络财务管理依靠网络财务软件来执行完成，网络财务软件将完成财务与业务的协同管理、在线管理和对电子商务的管理。通过网络财务软件可以实现事中动态会计核算与在线经济资源管理，实现高职院校对分支机构的远程财务管理、物资管理及诸如远程报表、报账、查账、审计等远程控制行为。

（二）财务柔性管理

网络条件下高职院校为了增强在不可预见的、多变的环境中的生存能力，必须实行高职院校柔性管理，以适应动态的、持续创新的网络经济需求。高职院校柔性管理包括建设、人员、信息等各方面的管理，财务的柔性管理是从财务的核算、计划、控制、分析角度，通过网络技术实现财务信息资源优化，核心和目的是使高职院校信息资源具有柔性，以促使高职院校提高各种财务信息资源以多种方式被使用的程度，从而全面提高高职院校的经营管理水平。

最后需要强调的一点是，在网络经济时代，高职院校财务管理活动的

全面创新均依赖于对网络信息资源和网络技术的充分利用，而这又基于高职院校内联网的建立和外联网的有效链接之上，即其创新活动均源自网络经济这一新环境。

第五章　高职院校的财务风险控制

第一节　高职院校财务风险管理体制的现状

随着高职教育改革的不断推进和筹资渠道的多元化，高职院校的财务风险也进一步加剧，现有的财务风险管理水平已经难以适应高职教育发展的需要，高职院校必须提高财务风险管理水平。高职院校面临各种各样的财务风险，有些风险影响很大，如果不加以重视，会给社会带来很大的危害，进而影响社会稳定。

一、高职院校财务管理的现状

（一）高职院校财务管理存在的制度缺陷

目前，我国高职院校制度的突出缺陷是“所有者缺位”。高等教育出资人主要是国家，国家是高职院校净资产的终极所有者，但国家并不要求高职院校偿还其提供的资产，也不要求分享经济上的利益，而是将这些资产交给高职院校自行经营和管理。对于高职院校而言，国家对其投资，但并不对其进行财务管理，造成投资的所有者缺位；高职院校管理者独立行使法人权力，但并不承担具体的受托责任，导致资源缺乏有效的管理和监督。高职院校会计不进行成本核算、不计算损益，财务管理的弹性相当大，在很大程度上弱化了高职院校财务管理的功能。

（二）高职院校财务管理缺乏系统的评价指标

伴随着高等教育的大发展，高职院校的办学规模、可控资源发生了巨大变化。社会主义市场经济的建立和发展，加快了高职院校融入社会的进程，高职院校经济活动内容日益广泛，财务风险也在不断加大，财务分析、财务决策已越来越成为高职院校财务管理的重要内容。尽管高职院校财务会计制度统一了核算口径、提供了财务分析指标，但财务分析指标没有包括事业发展速度、经济效果等方面的内容，财务分析指标不健全；同时，长期以来，高职院校财务管理忽视财务分析，没有研究数据间的内在联系，缺乏经验分析数据。由于高职院校财务管理缺乏评价体系和评价标准，因此在高职院校财务管理实践中，高职院校要么不知道如何评价财务活动而放弃财务管理，要么不知道财务状况的好坏而造成财务控制不力，严重影响了高职院校财务管理水平的提高。

（三）高职院校财务运行机制不健全

高职院校财务管理体制或者是“统一领导，集中管理”，或者是“统一领导，分级管理”，无论采取哪种方式，都不同程度地存在统一领导与财权分配的矛盾。目前，高职院校财务统一领导存在两种极端，一方面财经纪律不严、追求小集体利益，削弱统一领导的效率；另一方面过分强调领导的权力，造成决策不民主、不科学的问题。在校长负责制下，高职院校财权分配是在校长和中层干部之间分块负责掌控的，这种运作制度，虽然强调了财权的运用，但是却没有建立相应的经济责任制，或者虽然已经建立了分级责任制，但是在实际工作中存在“两张皮”，在履行审批支出权力的同时，没有落实组织收入、承担支出效果、促进事业健康发展等方面的义务，最后把开源节流的责任落到财务人员身上，这就与高职院校实际经济活动相背离，不利于高职院校财务运行机制的建立。

（四）高职院校财务管理人员素质有待提高

伴随高等教育的大众化趋势，高职院校财务活动的空间不断拓展，财务活动的内容不断丰富。长期以来，高职院校在强调以教学、科研为中心的同时，忽视了财务管理在高职院校建设和发展中的作用。有的高职院校将一些不具备财务管理知识的人安排在高职院校财务管理领导岗位，而专业财务人员往往只是担任高职院校的记账员、出纳员，往往导致外行领导内行、外行管理内行。同时，高职院校财务人员结构不合理，知识老化，职业判断、沟通协调能力差，更谈不上运用新技术、新方法去分析判断，为领导决策当好参谋、助手和进行财务管理创新。这些现象严重阻碍了高职院校财务管理水平的提高。

二、高职院校财务风险的种类及成因

（一）高职院校财务风险的种类

高职院校财务风险依据其强弱不同，可以分为强财务风险和弱财务风险。前者主要包括经营风险、负债风险、投资风险、流动性风险；后者主要是指财务管理风险。高职院校财务风险包括以下几种。

1. 经营风险

高职院校作为非营利性单位，原则上应该量入为出、收支平衡，不搞赤字。高职院校财务失衡，表明其流动资金枯竭，主要表现为拖欠工资、日常资金运转困难。

2. 负债风险

我国高职院校在前期的扩建、发展过程中投入了大量资金，基本都是通过银行贷款解决，而学校现有财政拨款、事业收入仅能够维持学校的正常办学，不具备偿还巨额贷款本金的能力，产生负债风险。沉重的贷款压力，也使高职院校不得不压缩正常开支，严重影响学校正常发展。

3. 投资风险

高职院校发展涉及的投资活动，主要是兴办高职院校所属的产业。高职院校对高职院校产业负有连带责任，由此产生的财务风险也成为高职院校财务风险的重要组成部分。由于投资过程中可能出现计划、决策、程序、制度失误，造成投资无效益或者项目重复建设，进而形成投资风险。

4. 流动性风险

流动性风险，主要表现为现金流入和流出不平衡，出现资金短缺现象。高职院校收入渠道相对单一，主要是财政拨款，但高职院校财务支出却担负着正常教学、科研等多项经费开支，特别是当前在高职院校快速发展阶段，支出巨大，一旦出现不能应付日常开支的情况，就会出现流动性危机。

5. 财务管理风险

财务管理风险，虽不会短期内对高职院校发展造成严重危害，但长远看其更不利于学校健康发展。主要表现为三个方面：第一，效益观念淡薄。高职院校财务管理未完全适应市场经济环境，存在着严重的“等、靠、要”现象；重大投资决策缺乏科学、真实、可靠的可行性研究报告，盲目性大。第二，资金使用缺乏成本管理意识，不重视资金使用效益。第三，对财务资金实际需求量的预测和控制，不同货币的存放、转换等的管理不科学。

（二）高职院校财务风险的成因

1. 管理理念方面存在的问题及其成因

我国的高职院校中有相当一部分是由原先的中专学校升格而来的，长期存在着“重核算轻管理和风险意识淡薄”的管理思想，管理理念落后，与社会、高职院校之间主动对接的意识不强。高职院校的经费来源主要包括政府拨款的预算内资金和预算外资金（学费收入等）两个部分，其中大部分经费被用来满足日常运转的需求，经费总体上较为紧张。此外，由于高职院校的资金预算管理相对滞后，只注重核算，缺乏财务预算的理念，往往认为财务预算管理只是一种表面的形式工作，没有建立科学有效的财务预算管理及监督机制，未能将财务预算管理的责任真正落实到位，这严重地阻碍了学校的改革与发展。在统筹经费方面，由于从分管财务的领导到基层的办事员，其思想不够重视，并缺乏自主办学的法人意识，而财务部门则缺乏科学理财的观念，其理财的主动性和积极性不足，没有深入地对全校财务活动进行预测和分析，缺乏全局的观念，常因急于满足日常经费的需求，而挤占了教学、实训经费，并因此而影响了学校人才培养工作的有效进行。上述这些问题与传统的财务管理模式中过度的“集权”观念均有很大的关系。可见，由于受制于传统的高职院校财务管理观念以及由其所引致的诸多问题的影响，致使现行的高职院校财务管理模式已经难以适应新形势的要求，所以高职院校亟须树立财务管理的新理念，以提高高职院校的自我发展能力。

2. 预算管理方面存在的问题及其成因

目前，多数高职院校在预算编制过程中，缺乏兼顾长短期目标的整合与协调。在预算编制的过程中，如果缺乏长短期目标的整合思想，仅仅为了维持年度之间的收支平衡，预算目标就可能与学校的长期发展目标相背离。同时，大多数高职院校的预算编制主要以财务人员为主，由于机构设置和人员配备的不合理，财务人员对学校建设发展及管理运行方面与预算的关联缺乏研究，加之编制预算的财务人员对纷繁的教学实训业务活动及变化情况缺乏缜密、科学的论证，从而容易造成年度预算和长期发展目标之间的脱节，导致其预算编制的质量相对较低，缺乏应有的科学性和合理性，其可操作性大大降低，财务预算的局限性较大。加之部分高职院校存在着预算执行和预算监督不严格、预算的考核和奖惩措施落实不到位等方面的问题，致使实际工作中出现预算的控制作用被弱化，预算执行刚性不强等后续问题。再则，由于对预算下达之后的执行情况和进度缺乏有效的监督，使预算运行效果成为盲点，导致监督不力。最后，由于预算管理的考核和激励机制还没有完全地形成，在实际工作中往往没有将预算管理工作与学校的年度考核和奖惩充分地结合起来，奖罚不分明。因此，要构建以全面预算为中心、具有高职特色的分级财务管理模式，就必须尽快建立健全高职院校的财务机构及其内设科室，并注重全面提升财务人员的综合素质。

3. 内部控制方面存在的问题及其成因

随着高职教育改革的推进，各高职院校正处于高速发展阶段，学校的经费来源趋于多元化，如果缺乏系统、有效、全面的财务内控制度，内部监督力量不足，或者其内部会计控制的项目不全，就很可能导致投资风险加大。此外，许多高职院校没有把外延的扩张与内在的人才培养质量的提高有机地结合起来，导致其投资风险与收益之间不配比。部分高职院校虽然注重对财政预算内经费的内部会计控制，却弱化了对预算外经费（特别是创收收入）的内部会计控制，部分采用分级管理模式的高职院校甚至没有将其二级财务纳入内控的范围，使其内部会计控制范围明显狭窄，有着较大的盲点，这些都将大大地增加高职院校的财务风险和财务危机。要合法有效地用好这些资金，需要内控机构发挥其应有的作用。我国传统的高职院校财务管理模式，其核心在于财务集权和财务分权的选择。无论是集权管理模式还是分权管理模式，其财务内控均十分重要，它应该渗透在人才培养和日常管理工作的各个环节。而高职院校内部会计控制的薄弱，实质上是由于其财务管理模式构建中存在的缺陷造成的。一方面，高职院校审计监督等相关控制机构的内部控制力度还有待于进一步加强；另一方面，内部审计工作的开展通常需要由学校的领导层来负责安排，而审计人员则基本上没有选择被审计单位的权力，这往往容易导致那些高风险的领域不能被及时的监督和控制，风险基础审计也很难得到有效的实行。因此，必须通过完善高职院校内部会计控制制度来降低财务风险，这也成为高职院校控制财务风险的有效途径之一，也是重构财务管理模式的重要内容。

4. 绩效评价方面存在的问题及其成因

由于高等教育大众化潮流的推动，以及高职院校社会职能的不断拓展，高职院校也越来越受到更多的公众和社会阶层的关注，对此，高职院校应该有“说明”的需要。高职院校在运行过程中普遍存在着缺乏绩效观念和轻视成本核算等问题，在政府和社会要求高职院校对自身进行效益和效果评估并做出“责任说明”的背景下，为了适应社会问责制度的需要，必须构建科学的财务绩效评价体系，切实地加强内部财务绩效管理。在此背景下，基于绩效评价的分级财务管理模式可以促使高职院校的院系等二级部门注重于资金使用效率的提升，并规避和化解高职院校的财务风险，这对高职院校的可持续发展具有十分重要的作用。

三、加强高职院校财务风险管理的对策

（一）切实转变观念，确立财务管理在高职院校发展建设中的基础地位

首先，要树立群众观念，形成高职院校财务齐抓共管的格局。高职院校财务管理在校长领导下，学校党政各职能部门共同参与，坚持权为民所用，利为民所谋，为教职工的根本利益服务，要充分发挥干部职工在开源

增收、堵漏节支中的积极性，形成财务管理合力，促进教育事业持续、快速、稳定、协调发展。其次，要树立市场经济观念，提高学校财务应对风险的能力。高职院校经济工作要遵循经济规律和高等教育发展规律，既要发挥市场在资源配置中的基础性作用，坚持成本效益观，又要统筹兼顾，加强管理，促进高职院校事业协调发展；既要把握资源的经济属性，充分利用市场机制，多渠道筹措教育资源，又要加强财务分析，加大对经济活动事前、事中控制，提高经济工作的主动性、预见性、效益性。最后，财务管理在高职院校诸多管理中处于基础地位，明确高职院校事业发展与财务管理的关系，把高职院校事业发展与财务管理统一起来。既要量力而行，发挥财务在实现事业发展规划中的保障作用，又要开拓创新，发挥事业发展规划的指导作用，以合理配置高职院校人财物资源，使财务管理在高职院校发展中的基础地位落到实处。

（二）健全高职院校经济责任制，规范高职院校财务运行机制

根据教育部、财政部联合下发的《关于高等学校建立经济责任制加强财务管理的几点意见》的精神，高职院校要建立健全财务工作经济责任制。高职院校经济工作责任制在统一领导下进行适当财权分配，明确各权力主体的责任，把权、责、利结合起来，促进高职院校对资源的二次分配和管理；根据谁使用谁负责的原则，把收入分配与努力创收相结合，把经费使用与办事效益相结合，把落实自主权与履行经济责任相结合，增强责任感，形成良好的财经工作运行机制。根据合法性、实用性、导向性原则，确定高职院校每一层次、每一岗位相互衔接的责任目标体系。责任目标要体现教育事业发展的速度、质量和财务管理的水平、效益，考核指标既要可行，又要有一定的高度，充分调动各方面的主动性、创造性。加大经济责任考核力度，在坚持财务公开、发挥群众监督的前提下，充分利用审计和社会中介组织等专业技术力量，加强对权力主体进行经济责任审计，奖优罚劣，并把审计结果作为干部考核的重要内容，促进学校经济工作良性循环。

（三）深化会计处理方式，改进财务管理方法

随着科学技术的发展，会计电算化、网络化使账务处理、会计报账、

信息查询发生了深刻变化，它们在提高了财务工作效率的同时，也为财务管理从思想观念到方式手段带来了重要变化，把预算编制、执行与会计核算系统结合起来，实现预算的实时控制；在会计核算基础上开发财务管理系统，加强教育直接成本核算、财务指标分析等功能设计，以提高财务分析、决策水平和效率，更好地发挥会计核算的基础性作用，为财务管理服务。在民主管理、目标管理的同时，高职院校要树立以学校发展战略为预算的指导思想，把预算和学校事业发展规划相结合，编制中长期预算，分步落实编制年度预算。年度预算在明确统收统支的前提下，按照积极稳妥的原则，实行零基预算，发挥预算在高职院校经济管理中的指导作用，促进教育事业规划的实现。增强预算的刚性，加强对预算执行情况审计，总结经验，找出不足，不断完善预算管理，促进预算管理水平的提高。

（四）提高资源利用效率，防止国有资产流失

随着办学形式多样化和筹资形式多元化，高职院校财务管理部门要清晰地认识到高等教育发展的新动向。要制定一些激励政策，在分配制度上打破平均主义思想，坚持效益优先，调动广大职工创收的积极性。充分发挥人才、科技、资产的优势，举办多种形式的培训班，开展技术咨询，对外开放实验室，投资见效快、效益好的校办产业，引进社会资金办学，依法多渠道筹集教育资源。重视财务基础性工作，加强对高职院校资产管理，定期进行财产清查，确保国有资产的完整；运用市场机制，对闲置资产进行市场评估，以确定处理价值；防止高职院校无形资产的流失，加大对专利、信誉等无形资产的保护力度；加强对学校资产购入管理，实行招投标制度，工程审计后才付款，减少资金流失。根据有所为、有所不为的原则，严格控制消费性支出，优化财务支出结构；加大二级单位管理日常性支出力度，调动基层控制支出的积极性。

（五）树立责任意识，提高财务人员素质

财务工作者要树立责任意识，以维护财经秩序、严肃财经纪律、提高财务管理水平为己任，激发工作潜力。财务人员要学习新知识、更新观念，提高解决财务问题的能力；财务管理人员要进行会计法及会计报表知识培训，更好地利用会计信息，提高科学决策水平。面对高职院校经济成

分多样化、利益主体多元化的实际情况，高职院校财务活动协调各方面关系日益突出，财务人员必须加强沟通协调能力培养，这对于执行财经纪律、化解矛盾、提高财务管理水平、改善环境具有非常重要的意义。财务人员还要加强对会计要素计量能力的培养，高职院校经济活动日益复杂，技术进步、成果应用的速度日新月异，新材料不断涌现，成本构成要素也在发生变化，如何准确计量高职院校资产，提高资金使用效率，对提高会计信息质量、堵塞漏洞越来越重要。

第二节 高职院校财务风险控制体系的构建

随着高职院校独立法人地位的确立，高职院校必须开始通过各种途径筹集资金自主办学，这样必然产生一定的财务风险。因此，如何预测以及控制高职院校财务风险就成了一个亟须解决的问题。

一、建立高职院校财务风险控制体系的构思

近年来，关于企业财务风险的评价方法与实证研究日趋成熟。在构建高职院校财务风险评价控制体系时，可以借鉴企业财务风险的评价方法。然而，高等教育具有公共产品的性质，这决定了高职院校不同于企业的性质。因此，在对高职院校财务风险进行评价时，又要区别于企业。

（一）高职院校财务风险不同于企业的财务风险，有自己独特的特点

企业一般是从筹资、投资、利润分配等资金流转环节分别考察其财务风险，目的是增值。高职院校的资金流转环节与企业类似，但目的是维持和发展高职院校教学、研究事业。因此，在建立指标体系时，可以考虑从资金流转环节入手，但是具体设定指标时又要反映高职院校财务风险的特点。

（二）高职院校财务风险的来源不同于企业

高职院校财务风险主要有四个方面：一是从总体上看，存在失衡风险，即高职院校的流动资金可能出现短缺现象；二是在资金运作上，存在金融风险；三是在校办产业投资过程中，校办产业自身的财务风险以及学

校的连带责任风险；四是在举债过程中，高职院校因向金融机构进行过度举债或不良举债而带来的过度举债风险。因此，衡量财务风险指标，应从这些财务风险的来源来考察，抓住财务风险的实质。

（三）通过合理选取财务指标评估财务风险

现在各高职院校实行财政部、教育部颁布的《高等学校会计制度》对高职院校会计核算的范围、方法和口径等做了具体规定。所以，选取的财务风险指标要能直接利用这类会计信息，力求简便、快捷和实用。高职院校年度会计报表由资产负债表、收入支出表、专用基金变动情况表和其他有关附表组成。由于没有反映现金流量的报表，因此在构建财务指标时，无法通过现金流量分析评估高职院校发生财务危机的可能性。

导致高职院校财务风险的因素中很多是财务因素，但一些非财务因素，特别是反映高职院校办学社会效益的因素，也要引起注意。因此，需要增加社会效益方面的量化指标。

二、高职院校财务风险控制体系构建

企业财务风险评价指标体系一般包括四个方面：企业偿债能力、盈利能力、资产营运能力和成长能力。由于高职院校并不以营利为目的，也不存在负债经营的条件，因此，笔者从偿债能力、运营效益、成长能力以及非财务因素四个方面构建高职院校财务风险控制体系。

（一）偿债能力

高职院校虽然不太可能出现资不抵债的现象，但是可能出现流动资金短缺、发不出工资、没有资金用于日常开支等现象。因此，针对高职院校可能产生的失衡风险，从偿债能力方面考察高职院校财务风险是很有必要的。偿债能力包括短期偿债能力、变现能力、长期偿债能力以及支付能力。当然，与一般企业的负债不同，高职院校不具备负债经营的条件，因此，高职院校的负债仅仅是高职院校进行财务分析时了解学校财务风险状况的一种工具。对高职院校偿债能力进行考核可以通过以下指标。

1. 流动比率

流动比率是流动资产除以流动负债的比值，是衡量一个组织变现能力最常用的指标之一。它表明高职院校每一元流动负债有多少流动资产作为偿还的保证，反映高职院校用可在短期内转变为现金的流动资产偿还到期流动负债的能力。流动比率高，不仅反映高职院校拥有的营运资金多，而且表明高职院校可变现的资产数额大，短期偿债能力强。一般认为，合理的最低流动比率为2，因为除了日常教学管理的流动资金需要满足外，还要有足够的财力偿付到期短期债务。但是，流动比率也不能过高，不然会占用过多流动资产，影响资金的使用效率。在分析高职院校流动比率时还需注意流动资产的结构和周转情况等。

2. 资产负债率

学校资产负债率是指学校负债总额与全部资产的比率。它用于衡量高职院校利用债权人提供的资金开展业务活动的能力，反映债权人提供资金的安全保障程度，也反映高职院校长期偿债能力。高职院校的资产负债率越高，说明学校的净资产越少，由所有者提供的部分就越小，资产对债权人的保障程度就越低；反之，债权人面临的风险也越低。根据经验，高职院校资产负债率一般在60%以下才能说明高职院校的资产负债情况正常。

3. 现实支付能力

现实支付能力是指高职院校年末货币资金结存数与月均支出额的比值，它用来预测高职院校近期正常的支付能力，反映高职院校货币资金可供正常运行周转所需的周转月份数。该指标值越大，说明高职院校偿还到期债务的能力越强；反之，高职院校偿还到期债务的能力越弱。该指标不能过低。

4. 潜在支付能力

与现实支付能力不同，潜在支付能力分析的是年末速动资产减去流动负债后的资产，是现实支付能力指标的补充。

潜在支付能力＝（年末货币资金＋年末应收票据＋年末借出款＋年末债券投资－年末借入款－年末应缴财政专户－年末应缴税金）/月均支出额。

潜在支付能力反映了高职院校货币资金与所有短期可变现资产扣除短

期应支付款后满足正常运行管理所需的周转月份数。该指标值越大，表明潜在的支付能力越强；反之则越弱。现实支付能力和潜在支付能力两个指标主要是反映从资金周转的角度，将学校作为一个整体，用现有货币资金存量来分析保证正常支付的能力。

（二）运营效益

高职院校办学资金的筹集渠道有很多，如财政拨款、收费收入、产业收益、社会捐助、基金捐赠等。随着教育改革的深入，高职院校对自身的资金运作逐渐拥有一定程度的自主权。但是由于受到各种环境因素的制约，高职院校的资金运作活动也充满风险。因此，我们针对资金分配、资金运用以及隐形连带财务风险，从高职院校运营效益方面，构建财务风险指标。

1. 生均总经费收入

学校总经费收入是高职院校在一年内所获得的全部经费之和，揭示了学校在年度的经济发展中“靠国家、靠自己、靠朋友”等多渠道筹措经费的能力和成果，体现了学校所拥有的综合经济实力，表明学校各项事业发展的能力和后劲。学校总经费收入是个绝对值，应与学校规模、学校学生总数相匹配。因此，用生均总经费收入取代总经费收入，来衡量学校的财务实力。该指标不应过低，否则不利于学校正常工作的开展。

2. 学校自筹收入能力

自筹收入能力是学校自筹收入与学校总收入的比值。其中，自筹收入包括事业收入、经营收入、附属单位缴款以及其他收入。它反映了高职院校对国家和地方的依赖程度，也反映了高职院校自我筹集资金的能力以及努力程度。由于高职院校的财政拨款数额基本上为一个定值，所以该指标值越高，说明高职院校自我发展能力越强；反之，则越弱。该指标值不应过低，否则将影响高职院校的正常运转。

3. 经费总支出收入比

经费总支出收入比是高职院校本年度经费总支出与经费总收入的比值，它反映了高职院校的办学效益以及高职院校对总经费的运作把握度，也反映了经费结余率。若该比值超过 1，反映学校该年度出现负债和赤字，已动用历年财务结余。数额越大，说明学校财务运转越困难。若该比值小于1，说明学校的财务运行处于正常状况。

4. 校产投资收益率

我国大多数高职院校都有校办产业，校办产业收益已成为高职院校筹资的一个重要渠道。然而，校办产业的财务风险也给学校带来隐性连带风险。校产投资收益率是校办企业投资收益与校办企业投资的比值，它反映高职院校对校办产业投资的收益状况，是衡量高职院校经济管理工作中对校办产业投资工作绩效的重要指标，也反映了高职院校利用其自身优势，将其科技成果转化为收益的能力。该指标值越高，说明高职院校校产投资收益效果越好；反之，投资收益效果越差。该指标过低时应引起关注。

5. 基建投资支付能力

近年来，由于高职院校扩张的需要，新校区的建设、旧有基建设施的改造与更新等都需要用到大量资金，再加上基建投资的范围大，时间周期长，将基建投资的支付能力纳入财务风险考核范围尤为必要。基建投资支付能力是基建借款与基建应付账款之和与基建年末货币资金的比值，它是指主管基建投资的部门为保持正常运行和基建项目能顺利完工所拥有的偿债或付款能力。该比值越小，证明支付能力越强。一般情况下，该指标值小于1。

（三）成长能力

与企业一样，在社会主义市场经济体制下，高职院校之间也充满着竞争。高职院校要吸引生源和优秀人才，就需要抓住市场经济提供的有利时机，取得长足发展。因此，高职院校的成长能力以及未来的发展潜力也成为考核高职院校财务状况的重要方面。

1. 货币资金支出比率

货币资金支出比率是年末货币资金与总支出的比值，它反映高职院校每份支出需要多少货币资金作为保障，即高职院校未来货币资金的刚性满足程度。该比率越高，说明高职院校未来的总支出中货币资金支出的保障程度越高；反之则越低。该指标不应过低。

2. 自有资金动用程度

自有资金是指学校可以支配的自有财力，包括事业基金中的一般基金和专用基金。其中，专业基金中的留本基金因不能动用，应剔除。即“自有资金＝年末事业基金＋年末专用基金－留本基金”。自有资金动用程度是应收及预付款、校办企业投资、其他投资、借出款之和与自有资金的比值。该指标越小，表明学校可支配的自有资金动用得越少；反之，该指标值越大，则表明高职院校未来的发展越有可能受到制约。当该指标大到一定程度时，表明学校可支配的自有资金到了警戒线，出现了潜在危险。一般来说，该指标不应超过100%。

3. 净资产增长率

净资产增长率是本年净资产的增长额与上年资产的比值。高职院校的净资产主要包括学校的各项基金（事业基金、固定基金、专用基金）和经营结余，是衡量高职院校发展潜力的一个重要指标。该比率越高，表明高职院校的成长能力越强，面临的财务风险越小；反之，表明高职院校面临的财务风险将会越大。

4. 现金净额增长率

现金净额增长率是本年现金净额的增长额与上年现金净额的比值。它反映高职院校流动资金中现金的运作风险状况，更深刻地反映高职院校的成长能力。该比率越高，表明高职院校的发展潜力越大，面临的财务风险越小；反之，表明高职院校面临的财务风险越大。

（四）非财务因素

高职院校与企业一样，都存在着投入、产出和效益的问题。不同的是，高职院校的产出有其特殊性，人才及科研成果才是高职院校的主要产出。从根本上讲，我国高职院校的目标应是社会效益的最大化和经济效益最大化的统一。高职院校只有为社会培养高质量的人才，才能提高学校的社会地位和知名度，才能受到社会的公认和尊重，这是实现经济利益最大化的坚实基础。因此，需要把一些重要的非财务因素纳入衡量高职院校财务风险的指标体系。

1. 师生比

师生比是全部在编专业教师人数与全部在校生人数折合平均本专科学生人数。这一指标说明高职院校的人力资源的利用效率，间接反映办学效率。师生比越高，说明学校具有较高的管理水平，办学效益越好。

2. 教师人均科研经费

教师人均科研经费是科研活动收入总额除以教学人员与科研人员的总和。它一方面反映学校科研的能力与规模；另一方面也反映学校的财务管理水平，与学校财务的良性循环有较大关联。该指标值越大，说明学校对科研水平重视程度越高，学校科研的规模和能力越强。

3. 教职工人才贡献率

教职工人才贡献率是指每个教职工当年为社会培养毕业生的贡献能力，主要是指科研成果。科研成果水平主要从国家科学技术奖、发表论文数、学术专著数等方面来考核。该指标通过学术界专家打分，对各个方面重要程度赋权来量化。

目前，随着我国高职院校的产业化趋势，高职院校不再单纯是以前的“卖方市场”。高职院校作为独立自主的法人，同样面临着一系列的财务风险。因此，在财务管理过程中，构建一套财务风险控制体系，建立财务危机预警系统非常重要。这套控制体系可以正确评价学校财务状况，为主管部门提供宏观管理的工具，为学校自身加强财务管理提供依据，为关注高职院校的社会各界提供财务分析资料等起到重要作用。

第三节　以财务风险控制为核心的高职院校财务管理体制的构建

高职院校财务风险控制是指高职院校在充分认识财务风险的前提下，运用风险决策、风险防范和风险处理等手段对风险可能产生的损失采取补偿措施，以确保高职院校资金的运转连续、稳定和高效。对高职院校财务风险进行评价的最终目的是为了防范高职院校财务风险，使得高职院校保持良好的财务状况，健康、持续、稳定的发展。高职院校构建以财务风险控制为核心的高职院校财务管理体制是高职院校风险管理的一项重要工作。

一、高职院校财务风险控制的原则

从根本上讲，高职院校财务风险控制仍属于高职院校的一项管理活动，并且越来越成为高职院校整个经营管理系统的核心内容。因此，高职院校在制定和实施财务风险控制策略的过程中必须遵循和利用高职院校管理的基本原则以及风险控制本身所要求的其他原则，这些原则主要包括以下几个方面。

（一）与高职院校总目标匹配的原则

高职院校总目标是高职院校一切经营活动的出发点和归宿。高职院校财务风险控制作为高职院校整体经营管理活动的一部分，其风险控制目标和策略的制定应该而且必须符合高职院校发展总目标的要求。一般来说，若高职院校以稳健经营为目标重心，则高职院校财务风险控制策略的制定和实施应以“保守”和“谨慎”为主；反之，若高职院校总目标强调增长和发展，则高职院校财务风险控制策略应倾向于“积极”和“冒险”。

（二）局部风险与整体风险防范与控制相结合的原则

高职院校经营成果是由多项相互关联的经营活动共同作用的结果。因此，针对高职院校局部或部门经营活动出现的风险制定和实施风险控制策略时，要考虑控制局部风险可能对高职院校整体风险防范与控制目标的影响，不能因片面追求局部利益或部门利益而损害高职院校的整体利益。高职院校局部风险控制策略的制定应以整体风险控制目标为指导思想。

（三）风险防范与风险处理相结合的原则

风险控制与风险处理相结合是高职院校财务风险控制总体目标本身所要求的。高职院校利益主体在认识和掌握财务风险本质的基础上，能够采取一定的策略措施以避免某些风险损失的发生。但由于风险控制主体自身能力的限制和外部环境的复杂多变，高职院校某些风险损失的发生在所难免，这就需要高职院校采取一定的策略措施进行风险损失的处理。只有风险控制策略与风险处理策略相结合，才能达到风险控制的最佳效果。

（四）兼顾其他主体利益的原则

高职院校财务风险控制动力的形成是高职院校多个相关利益主体共同作用的结果，因此，高职院校经营者在制定和实施高职院校财务风险控制策略时，要兼顾高职院校所有者、职工、债权人、政府部门等所有与高职院校经营相关的经济主体的利益需求。任何只考虑某些经济主体的利益而损害其他主体利益的风险控制的行为都将会降低高职院校总体财务风险控制的效果。

（五）长短期利益相结合的原则

根据高职院校财务风险本身的特点，在通常的情况下，以较小的费用支出，采取一定的高职院校财务风险控制措施，便可防止未来较大损失的发生，取得较大的安全保障；反过来，较大损失的出现往往又与高职院校决策主体贪图短期的或暂时的较小利益而放弃实施风险控制措施有关。因此，高职院校财务风险控制主体应认真分析风险的性质及其可能造成损失的严重性，在高职院校因采取风险控制措施致使风险成本增加而减少的近期利益与高职院校长远利益安全保障程度的提高之间做出权衡，以防贪小失大。

（六）成本效益比较的原则

任何预防和治理高职院校财务风险的手段与措施都需要投入一定的成本，以最小的成本获得最大的安全保障是高职院校财务风险控制的内在要求。若规避风险获得的收益未能弥补为防范与控制风险所投入的费用，则高职院校就失去了控制风险的必要。在高职院校风险控制过程中，成本内容往往可以较好地确定，如转嫁风险的费用支出、自担风险的资金成本、控制损失的各种投入等，但效益则有其特殊性，这是因为所获得的安全保障程度究竟有多高是很不确定的，由此体现出的风险防范、控制效果也就难以确定，尤其是短期内更难以得到体现。因此，高职院校经营者必须以科学的态度和战略的眼光开展高职院校的风险控制活动。

二、高职院校财务状况总体失衡风险的应对管理

高职院校财务状况总体失衡风险属于财务风险范畴的问题。高职院校

的发展应当坚持综合平衡。保持事业发展与财力的平衡，是保证高职院校改革、建设和稳定的基本前提。在我国目前的市场经济环境下，在高职院校教育体制改革的今天，高职院校作为独立的借贷主体出现，这是高职院校财务状况可能出现失衡的前提。鉴于此，笔者考虑以下几种方法来防范高职院校财务状况总体失衡风险。

（一）不断拓展筹集高职院校经费的渠道

1. 挖掘传统的资金筹集渠道

传统的经费筹措方式主要是国家和地方政府的拨款，这也是高职院校经费来源的主要组成部分。所以，高职院校应积极挖掘这种筹资方式，在争取生均拨款的同时，积极争取科研、发展等专项经费。

2. 实施向受益者收费的政策

高职院校不仅仅为我们的社会创造了财富，也为受教育者提供了更多的发展机会，所以，向受教育者收取学费和住宿费也是应该的。我们可以在考虑现阶段受教育者的经济承受能力的同时，适当地分担部分教育成本给受教育者，以缓解高职院校的资金压力。

3. 发行债券

对于资金周转不足，不能偿还到期债务，缺少资金投资大型项目等情况，高职院校可以争取政府同意发行债券，以缓解高职院校经费的暂时紧张。

4. 通过贷款渠道

为了满足教学、科研、产业和后勤等方面的需要，高职院校可以从金融机构获得有偿使用的资金。随着我国高等教育事业的不断发展，国家对高职院校的经费拨款已经远远不能满足教学科研事业发展的需要，因此，贷款资金的运用能够对改善学校的办学条件起到重要的作用。

5. 加速科技成果转化

高职院校可以通过科技成果转化取得经济回报。虽然目前此项收入并不高，但它有很大的发展潜力，它不仅可能成为校企合作的一种重要形式，而且还很有可能成为高职院校经费收入中的重要组成部分。

6. 社会资金筹集渠道不断制度化和规范化

社会渠道筹资是指高职院校从海内外友人及社会各界获得的捐赠和赞助收入，它是一种传统的筹资方式。随着国家科教兴国战略的实施，社会各界人士更加注重教育事业。因此，高职院校应该设立专门的社会资金筹集机构，发挥高职院校董事会的作用，扩大社会资金筹集范围。

（二）加强对暂付款项的管理

高职院校要加强对暂付款项的管理，尽可能降低暂付款项比重。缩短现金流出与支出确认的时间差距，弱化暂付款项对现金流量的掩盖程度。建立有效的借还款制度，坚持“前账不清，后账不借”的原则，以使暂付款项控制在一个合理的范围之内。

（三）构筑资金运作新机制，建立资金运作风险责任制

理财是一门综合性的新学科，它所面对的是一个充满风险的资金市场，信息量大，操作专业，交叉程度高。高职院校传统的依靠财务会计人员兼管资金运作的做法，已远远不能满足实际运作管理的需要。因此，构筑一个适应新时期特点的资金运作新机制已经刻不容缓，其目的是使高职院校的资金运作管理从粗放型转为集约型。借鉴国际著名大学的成功经验，高职院校可由金融、法律、财务、审计、计算机等各类专家组成专门从事资金运作管理的组织，构建决策、执行、风险控制、法律、分析研究等多层面的综合管理机制。

高职院校在资金运作中要全面推行“第一责任制”，对每一项目运作中的有关责任人，要实行经济责任制。在运作过程中，由于不规范决策、不按规定程序操作，所造成风险损失的责任人员，要承担经济、行政和法律责任。由此建立起一套完善的第一责任人责、权、利相结合的经济责任制。

（四）切实引入市场机制，推行集中采购制度

集中采购是指单位或机构为了满足开展自身公务活动的需要，通过公开招标、公开竞争的方式，从国内外市场上购买所需商品和劳务的经常性活动。节约资金、杜绝浪费、体现货币效益最大化是集中采购的主要特点，其实质是将市场竞争机制与财务支出管理有机地结合在一起，该项制

度在西方发达国家得到了较为广泛的应用。集中采购制度是政府采购制度在高职院校内部的延伸，这种制度的实施可以提高采购效率，有利于强化财务支出的管理与控制，硬化预算约束，也有利于促进高职院校内部管理功能从管理型向服务型转变。高职院校每年用于设备、仪器采购等公用性支出金额巨大，高职院校实行集中采购，可以把有限的教育经费集中起来，把所有物品通过公开招标，让供应商公平竞争，高职院校可以货比三家，用有限的经费购买到物美价廉的商品。集中采购可以使高职院校对所购物品按轻重缓急、购买量加以区别对待，既避免了重复盲目采购，又杜绝了闲置浪费。集中采购运作公开、透明，有利于减少公款采购过程中的“回扣”、贪污受贿现象，减少腐败，以公开招标方式采购建设中所需的大量的原材料、劳动服务等，使高职院校得到了物美价廉的商品和劳务，节约了资金，提高了支出效益。

三、高职院校资金运作风险的应对管理

（一）构筑资金运作新机制

由国际著名大学的成功经验可知，高职院校成功控制资金运作风险的关键，是要建立一个充满活力、自我约束、自我规范的管理机制。

（二）建立资金运作风险责任负责制

在风险管理过程中，高职院校应建立起一套完善的第一责任人责、权、利相结合的资金运作风险责任负责制。对于在投资过程中造成损失的责任人员，要承担相应的经济、行政和法律责任。

（三）建立风险信息调查和预测系统

高职院校资金运作风险经常是由于对风险的信息不能及时预测，导致防范措施滞后造成的。因而，建立一个市场信息调查和风险分析预测系统，对于有效防范高职院校资金运作风险是非常有必要的。

（四）加快资金管理人员队伍建设

高职院校资金运作中防范风险的重要保证是要有一支积极进取、高效、精干的专业队伍。我国著名的金融家经叔平认为，挑选金融从业人员的标准：一是可靠，二是用功，三是能力。高职院校也不例外，要强化对

资金管理人员的培训，加强职业道德教育，提高其思想品德和业务修养，建立一支思想素质和业务素质都过硬的资金管理队伍。

四、高职院校贷款风险的应对管理

（一）将债务资金纳入预算管理

目前，高职院校的资金来源主要分为非偿还性资金和偿还性资金。非偿还性资金是指财政拨款和事业收入等；偿还性资金是指在未来一定时间内需要用非偿还性资金来偿还，并要负担其资金成本的那部分资金，如银行贷款等。虽然银行贷款与财政拨款和事业收入在资金性质上有着本质的区别，但都属于高职院校资金来源的组成部分，我们有必要也应该将银行贷款的管理纳入高职院校的预算管理体系中。虽然目前高职院校财务制度不允许学校将“负债经营”和“赤字预算”的思想引入高职院校的预算编制和执行之中，但是高职院校自扩招以来，在校学生数量大幅度增加，学校办学条件不能满足教育发展需要的矛盾愈加突出，各高职院校为扩大办学规模，在财政拨款和学校事业收入不能满足学校基本建设对资金需求的情况下，与银行建立“银校合作”关系，从银行获得贷款以解决学校发展中的融资“瓶颈”，已经实实在在地产生了负债。高职院校的做法是将这部分负债所引发的支出挂在应收及暂付款中，虽然从高职院校的账面上来看，遵循了“量入为出、收支平衡”的总原则，但实际上已经出现了赤字，只是该“赤字”隐藏在应收及暂付款中罢了。制度上的规定与实际上发生的结果是有差异的，预算的收支平衡不能保证决算的收支平衡。在预算实际执行过程中，收入绝对等于支出的情况是很罕见的，如果一味地强调不得编制赤字预算，那么目前高职院校的预算是不能真正反映学校事业发展计划的，使预算失去客观性、真实性和严肃性。将银行贷款纳入高职院校预算管理体系，增加透明度，监督也就越有力，这样有利于上级主管部门加强对高职院校银行贷款的监管。

（二）科学合理地确定贷款规模

要制定科学合理的贷款规模，必须考虑以下几个因素。

1. 以可用于还贷的资产衡量贷款的规模

对学校来说，贷款不可能是无限制的。“应该贷多少款和能贷多少款”始终是困扰学校的大问题。学校有多少可用于偿还贷款的资产是衡量贷款规模是否适度的主要财务指标，也是衡量学校偿债能力的重要因素。高职院校资产与企业资产构成不同，分析学校偿债能力不能直接套用衡量企业偿债能力的指标。根据企业资产负债情况建立的一套财务指标体系对学校并不完全适用。例如，企业“应收账款”绝大多数是在销售结算过程中产生的该收但尚未收回的货款，在收回时是可以变成现金的，学校的“应收及暂付款”构成主要是未列支的借出款，本质上是已有特定用途的支出，最终会形成费用或各种设备等资产，不能变为现金，因此不能用来还贷。对学校来说，能直接用于还贷的流动资产只有货币资金（现金和银行存款）。

2. 要以学校筹资能力控制贷款规模

学校贷款规模受到学校筹资能力的制约，学校偿还贷款能力最终取决于学校获取收入和增加净资产的能力。学校能用于还贷的收入只有自筹资金收入，包括教育事业收入、附属单位缴款和其他收入等。考虑到高职院校自筹资金收入和净资产不可能全部用于偿还贷款，因此，各高职院校应根据各自实际情况按一定比例确定可用于偿债的那部分收入和资产，以此来控制贷款规模。

3. 以资金成本的承受能力控制贷款规模

贷款是有成本的，学校财力能承受的资金成本是控制贷款规模的重要依据。由于学校每年都必须支付贷款利息，因此预算中能用于支付利息的资金额度是一个重要的经济指标，它决定了学校贷款规模的极限。如果学校财力连支付利息都困难的话，显然就是贷款规模过大，债务负担过重。

（三）建立健全贷款管理制度

建立贷款管理制度是高职院校防范债务风险的必然措施。高职院校贷款管理制度应主要包括以下内容。

1. 贷款坚持必要性和举债适度的原则

贷款是权宜之计，绝非资金收入的增加。过度举债会影响高职院校的持续发展，因此必须严格控制贷款规模，充分考虑学校的预期偿债能力。况且举债需要支付较高的利息，过度举债必然加重高职院校的利息负担。因此，高职院校必须在进行充分的可行性论证的基础上，视学校实际情况，选定一些关乎学校长远发展，亟须解决的重要基础设施项目进行举债。

2. 坚持正确的贷款投资方向

财政部、教育部〔2004〕18 号文件明确规定了关于贷款资金的使用方向："高职院校贷款资金应用于解决制约高职院校当前和未来事业发展的关键问题以及高职院校事业发展有重大影响的项目"。因此，贷款资金不得用于对外投资（含对校办产业投资）、科技开发、捐赠、支付罚没款以及平衡预算抵补日常经费开支的不足等，不得用于提高或变相提高人员待遇，可用于基本建设、基础设施改造、设备购置等方面。

3. 建立健全贷款资金的管理机构，加强贷款资金管理

高职院校应成立贷款资金管理领导小组，负责组织贷款项目的论证、审批、贷款资金的使用、管理和监督。建立起高职院校内部科学、民主的决策程序，成立贷款建设项目部，负责建设项目的必要性、可行性、效益性论证；建立起贷款项目管理责任制，同时要建立健全内部监控制度，加强贷款资金管理。

4. 建立有效的风险防范机制

高职院校贷款要建立完善的风险防范机制。首先，高职院校贷款要认真研究资金市场的供求情况，根据资金市场利率走势和项目建设进度对资金的需求制订科学、合理的资金使用方案，通过优化贷款资金结构，降低贷款成本，减少财务风险；其次，高职院校贷款应制订切实可行的还款计划，要按照贷款本息归还的时间、额度要求，合理安排调度资金，避免因准备不足、资金周转困难而出现延期还款的损失；最后，高职院校贷款要建立健全内部监控制度，充分发挥审计、监察、工会等部门的监督作用，对贷款项目实施全方位、全过程监控。贷款管理资金领导小组应定期对贷款资金的使用情况进行分析和评价，对使用效益不高的项目应及时改进和纠正，对造成资金浪费和损失的部门或个人应追究责任。

五、建立高职院校财务风险预警系统

财务预警系统是反映高职院校财务运行情况的晴雨表，灵敏性越高，发现问题越早，越有利于高职院校管理者提前防范，避免财务危机的发生。因此，建立和完善高职院校财务预警系统，及时诊断出高职院校财务运行中的问题并预先发出预警信号，采取有效的措施将危机防范在萌芽阶段，对高职院校的生存和发展具有重要的意义。在设计财务风险预警指标体系的时候，应该选择那些能够真正、全面反映高职院校财务风险和灵敏度高的指标。我们可以从偿债能力、营运能力和支付能力三个方面，同时结合高职院校的实际情况，建立一个有效的财务预警系统。合理地利用各项财务指标，可以分析高职院校贷款规模合理与否、风险是否可控，有利于高职院校持续、健康的发展。

第六章　高职院校的预算管理

第一节　高职院校预算管理体系的现状

随着我国高职院校教育体制改革的不断深化，预算管理作为高职院校财务管理的中心内容，引起越来越广泛的关注。高职院校预算贯穿于会计活动的全过程，是学校组织各项财务活动的前提和依据，直接影响高职院校的财务收支和可持续发展能力。然而目前高职院校的预算管理中仍存在预算决算编制不完整，追加调整程序不规范，预算执行中基本支出占用项目资金、挪用项目资金、预算执行进度缓慢等问题。

一、高职院校预算编制及执行的基本情况

（一）预算管理现状

从预算编制来看，各高职院校每年按照财政部和教育部下达的预算编制要求编制预算，在对近年预算编制和执行情况分析研究的基础上，结合学校下年工作计划，初步编制出下年度收支部门预算，然后比照财政、教育部门的具体要求逐条落实。收入预算按照来源分类与相关职能单位沟通，测算收入能力，确定指标；支出预算着重考虑保障学校正常运转和学校年度工作发展计划，同时结合上年实际预算执行情况，按照统筹考虑、合理安排、优先保障、量入为出的原则安排各项事业发展所需的刚性支出和专项支出。一般而言，人事处负责人员经费基础资料，教务处、学生处、继续教育学院、科技处、招就处以及各二级学院负责学校收入预算情况的测算，国有资产管理处负责资产情况的测算，后勤处负责后勤保障情

况的测算，基建处负责基建项目的测算。

（二）预算编制依据

收入预算是由高职院校按照财政拨款、上级补助收入、事业收入、附属单位缴款和其他收入等项目编制。其中，财政拨款的编制依据是学生人数和拨款定额；上级补助收入的编制依据是往年补助收入数；事业收入包括教育事业收入和科研事业收入，教育事业收入的编制依据是学生人数和收费标准，科研事业收入的编制依据是根据往年收入的测算数；附属单位缴款的编制依据是附属单位上报的计划上缴数；其他收入的编制依据是往年收入的测算数。项目支出预算是指高职院校按照教育部门下达的项目编制，该项目是教育部门事先通过教育部门各口申报、审核经过专家论证最后确定的项目，学校按照教育部门批复的项目任务书的要求来执行预算。对个别项目预算的调整，学校按照规定的程序上报教育部门，教育部门以文件形式下达预算调整项目及金额。

（三）预算执行和决算情况

高职院校在预算执行过程中，按照教育部门的要求按时申报基本支出和项目支出计划，基本支出经费按均衡进度拨付到位，项目支出经费根据财政部拨款计划拨付给学校。学校在执行预算过程中做到基本支出预算按月、季度下达，项目支出预算一次性下达。

二、高职院校预算管理体系存在的问题及成因

（一）高职院校项目支出预算编制与学校年度发展计划脱节

由于项目支出预算几乎要提前一年编制，而高职院校下一年度工作计划往往要在年底才会制订，极易造成项目支出预算编制与年度发展计划相脱节，使某些项目支出预算在实际执行过程中必须进行调整，否则就很难实施甚至造成损失浪费，而现行预算调整程序又比较严格、报批时间也较长，为了不影响到学校年度发展计划的执行及落实，有的高职院校常常自行调整项目支出预算或不按财政批复预算执行。

（二）预决算编制缺乏完整性，未能真正实现综合预算

一是从预算管理来看，高职院校预算编制存在一定的随意性，预算批

复缺乏严肃性和合规性。

二是在预算编制过程中，收入支出的预算编制方法简单，预算内容不完整，预算和实际发生数存在很大差异。高职院校在预算编制中往往不以部门或单位的具体人员状况或实际业务发展为基础来确定预算收支总体水平，调整支出结构，而是仍采用“上年基数 + 本年因素”的老办法，使本年度核定的支出指标受原有费用项目和数额限制，与实际情况有一定的差距，在一定程度上固化了高职院校资金在各部门之间的分配格局，不利于高职院校的发展。

三是近年来伴随着高等教育事业的发展，高职院校资金来源已经多元化，大量的银行商业贷款成为保障高职院校各项事业快速发展的重要资金组成部分。但这部分巨大的资金却不能为高职院校预算所涵盖，导致高职院校预算缺乏完整性。

四是按现行通常的财务管理模式，基本建设财务往往单独建账核算管理，年末与财务合并报表。但是在合并决算报表时，有的高职院校没有完全按基本建设核算的内容进行合并。部分自筹经费未经国家批准的基建项目没有纳入本部门决算，部分资金体外循环。

五是项目预算编制缺乏科学合理性。高职院校的部分科研项目，不是一年就能完成的，时间跨度较长。但在编制项目预算时，往往是一次性全额编制预算，资金集中下达，年末形成了大量的项目结转资金。此外，部分项目因前期可研缺乏科学性，项目预算编制不细致，也形成了大量项目结余资金。

（三）预算执行缺乏严肃性，决算不能真实地反映预算执行的实际情况

一是从现行财政预算结构设计看，项目支出预算比例相对比较大，其投入的财政资金也相对比较充裕，而学校在基本支出预算方面就显得比较紧张，常常出现供应不足或无法及时供应的现象，导致某些高职院校挪用项目支出预算经费去弥补基本支出预算经费的缺口。如某高职院校 2009 年预算基本支出资金来源除财政拨款和预算外资金来源外，其他资金来源 27 289 万元，但没有具体的筹资渠道。在 2009 年预算执行过程中，其他资

金仅有附属单位上缴款 1 258 万元，其余款项没有落实，基本支出资金缺口 26 031 万元。2009 年年末项目资金应结余 54 787 万元，但 2009 年年底该校实有资金和财政应返还项目支出额度仅有 22 585 万元，其中有 32 202 万元的项目资金被占用。二是从高职院校预算资金运行看，项目支出预算经费缺乏统一的筹划与控制，其业务运行规律与财政预算完成进度考核指标的要求存在一定程度的矛盾。由于受学期工作计划的影响，学校项目支出、基本支出预算执行进度都无法在年度内均匀推进，特别是年中、年底追加下达预算的项目，当年度更是无法执行。为了完成预算进度考核指标，一些高职院校违反财政预算管理制度和财务会计制度，虚列项目支出，甚至挪用项目经费。

（四）预算执行缺乏科学的分析评价体系

目前，大部分高职院校尚未建立起一套完善的预算执行的分析考核制度，考核意识不强，考核指标不明确，预算执行结果未与经济责任人的经济责任挂钩，未与职工激励机制挂钩。预算下达后，部分高职院校没有对预算执行进度、执行效果、资金需求做出科学的分析、评价和预测，决算与预算不挂钩、不对照，不分析偏离原因。这说明高职院校对于预算的执行并未给予高度的重视，这样不仅架空了预算控制的职能，也严重削弱了预算的激励作用。

三、加强高职院校预算管理的对策和建议

（一）加强预算执行力度，强化预算约束力

学校内部预算管理体系是与学校内部的财务管理体制相适应的。已经审定的财务预算执行得如何关系学校年度工作完成的好坏，影响学校事业发展和规划。为此，必须加强预算执行力度，强化刚性管理。如加大对附属单位的管理力度，将预算执行情况与高职院校内部考核、奖惩挂钩，调动教工参与学校预算管理的积极性，确保预算收入的完成，维护高职院校预算的严肃性和有效性。支出预算必须依章进行，不得随便更改。合理安排本单位的支出，建立“一支笔”制度，严把支出关。对于重大项目经费支出，必须由归口领导审批，严格按照预算项目内容执行。

（二）预算编制要科学化、规范化、精细化

在预算的编制过程中，要按轻重缓急进行排序，优先安排急需可行的项目，实行专项项目滚动预算。可行的项目，当年安排不了的项目自动滚到下一年去。各收支项目必须有合理的编制依据，要有详细甚至统一的定额标准，逐渐做到人员经费按人数，公用经费按定额，专项经费按项目来确定。要建立一套科学的预算申报、批准、执行、考核的工作制度和流程。

（三）要编制综合预算，全面反映收支状况

高职院校预算编制应全面反映学校的各项收支状况，即把一切收支都纳入预算，实行统一管理、统筹安排、合理使用。一是要坚持收入预算完整性原则。收入预算包括财政拨款和学校自筹的各种非税收入等，财政拨款由财政根据学生人数乘以生均定额核拨，是硬性收入。除学费、住宿费外的非税收入是学校的自筹收入。为确保各项非税收入能足额上缴，避免各单位出现隐藏、截留、拖欠等行为，可以通过内部控制制度和激励机制，制定合理的创收分成比例来调动校内各职能部门创收的主动性和积极性。这样既可避免隐藏、截留、拖欠等，又能保证收入预算的完整性。二是坚持支出预算统筹兼顾、保证重点及勤俭节约的原则。根据学校年度工作规划并结合学校财力情况，本着统筹兼顾、保证重点、勤俭节约的原则安排各项支出。将基本支出中的人员经费、公用经费按定员定额核定；将物业管理费、交通费和水电费等公用支出进行项目单列，实行封闭管理。对项目支出预算的可行性进行严谨、科学的论证，建立项目库滚动管理和绩效考评管理。在预算安排上，先保证基本支出，后安排项目支出，从而减少预算分配方面存在的主观随意性。

（四）建立高职院校预算绩效评价体系

预算绩效评价工作是预算管理的重要环节，强调的是责任和绩效。目前，各高职院校在预算执行中缺乏有效的绩效评价体系，也没有相应配套的奖惩措施，高职院校资金的使用效益缺乏应有的考核、监督和评价。对此，应建立高职院校预算绩效评价体系，在执行中将部门经费与工作目标捆绑，与工作绩效挂钩。采取节约有奖励、超支有惩罚的奖惩机制，避免造成各部门争夺资金，加剧资金短缺的矛盾，从而提高资金的使用效益，这样，才能更有利于学校事业的发展。

第二节　高职院校全面预算管理体系的框架设计

高职院校财务预算管理是高职院校进行各项财务活动的前提和依据。是一种“整合性”的管理系统，它可以进一步落实学校制定的目标责任、实施过程控制、改善管理决策，使高职院校内部的工作有机地协调起来，实施资源优化配置，提高资金使用效益。

一、全面预算的概念及其特征

（一）全面预算管理的概念

全面预算管理是指在企业战略目标的指导下，企业为合理利用资源，提高企业经济效益，而对企业的生产、销售和财务等各个环节进行统筹安排。它可以发挥规划、控制、沟通、协调和业绩评价功能。全面预算管理运用于高职院校是指把整个高职院校的财务收支列为预算管理对象，以货币或其他计量形式，对高职院校的业务活动、筹资活动、资金运动进行统筹安排，合理分配高职院校财力、物力及人力资源，以实现高职院校战略目标的一种系统管理方法。全面预算管理是一个经济实体，通过长期决策和短期决策，分别提出长期战略目标和短期经营目标，并将预算指标与战略目标、业务活动有效地结合起来，实现高职院校资源优化配置，提高高职院校资金使用效率。

（二）全面预算管理的特征

全面预算管理是综合财务预算管理的进一步完善，是高职院校财务制度改革后的必然要求。其特征主要表现在以下三个方面。

1. 全员性和全面性

高效的预算工作与高职院校各院系、部、处及每一位教职工息息相关，涉及学校的方方面面和各个环节。虽然从形式上看，预算的结果表现为一系列的财务数据，但这些数据来源于每个部门、每一个人，它是一项全员参与、全面覆盖和全程跟踪控制的系统过程。

2. 导向性和全程性

全面预算管理以市场为导向，根据市场的需求来定位高职院校专业的设置和培养计划，培养社会需要的人才，提高教育资源的利用率。它不仅对高职院校资金运动的全过程进行有效的控制，而且对资金运动的结果进行考核与评价。

3. 目标性和效益性

全面预算管理作为管理的一个重要形式，其出发点就是立足于提高管理水平、提高经济效益、促进高职院校健康发展。全面预算管理将管理职能化整合为管理整体化，其核心内涵是联合管理及联合行动。这就大大地提高了管理的效率，确保管理目标的实现。

二、高职院校全面预算管理体系的框架设计

全面预算管理体系的框架设计，应从预算目标、预算组织、预算编制、预算执行及预算考评等方面展开，不同的内容管理的内容亦存在差异。

（一）预算组织

预算管理组织机构是全面预算管理有序开展的基础环境，高职院校全面预算管理能否正常运行并发挥作用，全面预算管理的组织体系将起到关键性的主导作用。虽然各高职院校的规模、组织结构、内外环境等各不相同，预算管理组织体系的设置上也各不相同，但是都应该遵守几项基本原则。首先，要遵守“科学、规范”原则。全面预算管理组织体系的设置既要符合全面预算管理的内在规律，又要符合《会计法》《预算法》等有关规定。其次，要遵守“高效、有力”原则。预算管理组织体系的设置不仅要能够充分、有效地实施预算管理职能，还要能够确保全面预算管理活动的顺利进行。再次，要使组织体系繁简适度。过于庞大的预算管理机构不仅会增加预算管理的成本，还将降低管理效率。相反，过于简单的组织机构又难以担当全面预算管理的重任，造成顾此失彼、疲于应付，最终导致预算管理的失败。最后，还要遵守“全面、系统”原则。全面预算组织机

构要渗透到高职院校内部各个层面、各项环节，同时还要明确各组织机构的管理权限和责任。

（二）整体预算控制目标

预算目标是预算期内高职院校财务活动所要达到的目标和结果。它是以高职院校目标和战略规划为导向，在高职院校内部各项资源的基础上，经过院校决策层以及内部各个预算执行部门反复协调、测算确定的。高职院校构建的预算指标体系应满足以下几方面的要求。第一，高职院校的战略规划、目标都要在预算指标中得到反映。第二，高职院校各项财务活动的内容都要被预算指标所涵盖。第三，预算指标体系必须与绩效评价指标协调一致。第四，预算指标体系要与高职院校内部各部门的权责相适应，体现各部门的财务活动与工作内容。

（三）责任预算

责任预算是以责任单元为主体，以其可控成本、收入、利润和投资等为对象编制的预算。责任预算是责任单元的奋斗目标，也是对责任单元进行考核的依据。通过编制责任预算可以明确各责任单元的责任，并通过与高职院校总预算的一致性，以确保其实现。责任预算在编制中会产生责任预算指标，这些指标均是各责任单位在其责权范围内可加以控制的，因为各责任单位只对其可控的经济责任指标承担责任。一般来说，责任预算指标是通过编制责任预算来确定的。

（四）预算控制指标体系的核心控制要素

预算控制体系中的核心控制要素主要包括一些具体指标。能否对这些指标进行有效控制决定了高职院校能否达到其战略目标。按照控制要素的观点，高职院校制定的预算就是控制的标准，预算制定后还要根据对内外环境，如包括国家宏观政策、行业发展趋势、竞争对手状况等在内的高职院校所处的生存环境的监测进行动态调整；预算的执行过程也是预算监测系统监测预算执行情况、收集实际运作信息的过程；通过比较、评价系统对实际绩效与预算的差异做出的比较、分析，可以根据差异产生的不同情况及可以接受和容忍的范围，采取不同的措施，如调整预算等。

（五）高职院校各二级单位预算的编制细度与频率

预算编制是全面预算管理的起点，也是全面预算管理的关键环节。高职院校的发展战略能否得到落实，年度目标能否得以实现，预算指标能否顺利执行，控制和考评功能能否有效实施，均取决于预算编制是否恰当。在编制预算时，除了考虑编制预算的内容外，预算编制细度与频率也非常重要。预算编制细度体现预算编制的具体程度，其可具体到某个部门、某个院系、某个专业，甚至某个个人。不同高职院校对预算编制细度有不同要求。另外，预算的频率也非常重要，预算的频率可分别按年度、季度、月，甚至每周来编制预算。预算编制的频率越高，监督性越强。年度预算也可按照滚动预算的编制方法，即按照"近细远粗"的原则，根据上一期的预算指标完成情况，调整编制下一期预算，并对预算期连续滚动向前推移的一种预算编制方法。滚动预算的编制，可采用长计划、短安排的方式进行，即在编制预算时，可先按年度分季，并将其中第一季度按月划分，编制各月的详细预算。其他三个季度的预算可以粗一些，只列各季度总数，到第一季度结束前，再将第二季度的预算按月细分，第三、四季度及下一年第一季度只列各季总数，依此类推，使预算不断地滚动下去。

（六）预算的执行、控制与分析

预算的执行、控制与分析在整个全面预算管理过程中起着非常重要的作用。预算执行是以预算为标准组织实施高职院校生产经营活动的行为；预算控制是以高职院校预算为标准，通过过程监督、信息反馈、预算调整等方法促使预算执行不偏离预算标准的行为。高职院校所制定的预算须有一定的权威性，即预算一经批准下达，各预算责任单位就必须认真组织实施，将预算指标层层分解，落实到各部门、各单位、各环节和各岗位。此外，还要建立事前审批与预警机制，加强事中适时监控，形成全方位的预算执行与控制体系，使预算成为组织、协调各项活动的基本依据。高职院校预算一经批准下达，一般不予调整。但是当高职院校内外环境发生重大变化时，应当通过一定的预算调整制度、流程，对高职院校预算进行必要调整，以保证预算目标的合理性和可执行性。另外，高职院校还需建立预算管理跟踪报告制度，以便分析和监督预算的完成情况。预算管理跟踪报告制度包括定期报告与临时报告两种形式。定期报告包括月报、季报、年报。各归口管理部门对归口预算项目进行定期跟踪分析、控制，预算管理部及预算管理委员会定期组织相关单位检查预算执行情况，发现问题，提出整改措施和建议。对于预算执行过程中出现的异常情况，预算责任单位以临时报告的方式及时上报预算管理部以及预算管理委员会，并提出对策。

（七）预算考核

预算考核是对高职院校全面预算管理实施过程和实施效果的考评和评价，它在全面预算管理体系中起着关键作用，是全面预算管理的一项重要职能。预算考核能够提升预算执行者的积极性和主动性。通过预算考核，既可以确保全面预算管理的各项工作落到实处，又可以及时发现预算执行过程及执行结果与预算标准的偏差，确保预算目标的实现。预算考评包括两层含义：一是对高职院校业绩的考评，二是对预算执行者的考核及其业绩评价。根据考核内容的不同，考核指标可分为定量指标和定性指标两种。另外，预算考核须遵守以下几项原则：一是目标性原则，在预算考核指标的设计中，考核指标应能够引导各部门执行预算，同时避免各部门只顾局部利益不顾全局利益状况的发生。二是可控性原则，凡是该责任单元无法控制的指标就应坚决予以排除。三是分级考评原则，由于预算目标是分级落实的，预算控制也是分级实施的，因此，预算考评也必须层级进行，本级责任单元的预算考评应由所属直接上级来进行，而绝不能自己考评自己，间接上级不能隔级考评间接下级。四是客观公正原则，预算考评指标要以定量指标为主，用数字说话，以减少主观成分。必要时，应聘请其他高职院校或社会中介机构的人士参加，以增强预算考评的客观公正性。五是时效性及利益挂钩原则，即预算考评的时间应与预算周期一致，并且预算考评的结果必须要以相应的物质利益兑现。六是制度化原则，高职院校要建立健全预算考评制度，预算考评的原则、方法、内容、程序、奖惩等规则应条款化、明晰化。

（八）预算授权

预算授权是指高职院校（预算管理委员会）授权各预算执行部门，于预算当期会计年度得为其所管辖的预算行为负责。预算授权管理的方法是通过授权通知书来明确授权事项。授权管理的原则是对在授权范围内的行为给予充分信任，但对授权之外的行为不予认可。授权通知书除授权人持有外，还应下达至高职院校的相关部门，这些部门一律按授权范围严格执行。

（九）响应未来更深入管理要求的信息搜集

我们在设计方案时，应考虑未来可能更加深入的管理要求，充分了解高职院校的组织结构、业务，从而为将来的细化管理做准备。例如，考虑将来可能存在的拓展，预算表格应采取开放性设计，方便在今后能够灵活调整。另外，表格设计细度能支持综合填写并且适应分阶段细化的需要。

全面预算管理体系的框架设计的好坏，将直接影响高职院校全面预算管理的运行，甚至会影响高职院校财务活动的方方面面。因此，全面预算管理体系的框架设计是高职院校财务活动中的重要环节之一。

第三节　高职院校全面预算管理体系的构建

近年来，随着国家不断推进高等教育改革，高职院校的办学活力和发展潜力发生了前所未有的变化。经费来源多元化，特别是随着国家财政大幅度提高生均拨款，高职院校的财政拨款有了成倍增长。如何使投入的资金实现效益最大化，防范高职院校经济活动中的腐败现象发生，加强学校自身的内部控制管理，提高学校竞争力，建立完善的高职院校全面预算管理体系已经势在必行。我们在分析现状的基础上，就新形势下高职院校全面预算管理体系的构建，从组织系统、编制系统、监督系统和评价系统四个方面进行了具体阐述。

全面预算管理是利用预算对本单位各部门的各种财务及非财务资源进行分配、控制、考核、评价，从而有效地组织和协调业务活动，完成既定的目标。对于高职院校来说，全面预算管理就是合理配置资源，有效控制办学成本，在收支平衡的前提下持续改善办学条件，实现学校价值稳步增加。

一、高职院校预算管理现状

长期以来，我国高职院校预算管理并没有将学校的教学、科研、管理等全面纳入预算管理范畴，仅局限于财务预算。而财务预算也是在上年预算和实际运行结果的基础上，简单地增减后编制当年的经费预算，且在执行的过程中缺乏约束，随意性很强。具体表现为以下几点。

（一）预算年度与工作执行年度不一致

以学年度为编制基础，以会计年度为执行期，造成收入与整个预算执行年度的不匹配。

（二）没有专职的组织机构

缺少来自基层的参与，编制人员主要集中于校领导和财务处，对专业性较强的业务活动难有实质性的了解。

（三）预算编制方法不科学

预算编制手段简单。没有一个成熟的编制体系和软件，缺乏计算运行成本的指标体系，按简单的增减量编制预算很难保证预算的科学性和有效性。

（四）监控不够

由于财务预算属集中化预算，缺少了责任制，所以在预算执行过程中监控不够，无法及时有效地制约一些不合理的经济行为。

（五）缺少绩效评价

因绩效目标未进行量化，经费使用效果与任务完成情况无法进行对比分析。

二、高职院校实施全面预算管理的必要性及重要性

（一）有助于学校战略目标的实现

高职院校实施全面预算管理可以将既定战略目标通过预算的形式加以固化和量化，将高职院校战略规划和年度计划分解到各个部门，使各个部门的具体目标与高职院校的最终目标一致，引导各个部门去实现目标以确保最终实现学校的战略目标。

（二）有助于高职院校资源的整合

全面预算把高职院校各方面工作纳入统一计划中，明确了各部门的责任目标以及权责划分，促使高职院校内部各个部门之间能够相互协调，提高资源利用率。通过全面预算的编制和综合平衡，将高职院校的财务资源与非财务资源进行有效整合，实现高职院校资源的合理配置和最优利用。

（三）有助于资源集中管理，减少财务风险

全面预算体系可以初步揭示学校下一年度的预计收支情况，根据所反映出的预算结果，预测其中的风险点所在，并预先采取某些风险控制的防范措施，从而达到规避和化解风险的目的。全面预算管理从根本上提高了资金使用的计划性，使资金管理部门能够统筹安排资金，减少财务风险。同时，它从整体上调度资金，使相对有限的教育资金向教学、科研等方向合理倾斜，确保重点，兼顾全局。

（四）有助于信息沟通的实现

预算管理过程，是全校各部门信息互相传达的过程。全面预算管理为学校内部管理信息的沟通提供了正式而有效的途径，它有助于上下互动、左右协调，提高办学效率和管理水平。

（五）有助于建立动态监控过程

全面预算管理不仅关注预算执行的结果，同时还关注预算执行的过程，把过程控制与结果考核有机结合起来，真正发挥其预算控制考核的作用。通过建立有效的预算预警系统，能够及时地发现偏离既定方向的资金使用情况，及时发现偏离目标的行为，并予以纠正。

（六）有助于绩效考核

预算是绩效考核的基础，科学的预算目标值可以成为各院、系绩效考核指标的比较标杆。预算管理在为绩效考核提供参照值的同时，管理者也可以根据预算的实际执行结果去不断修正和优化绩效考核体系，确保考核结果更加符合实际，从而更好地发挥评价与激励作用。

三、全面预算管理的基本内容

（一）高职院校全面预算管理的机构建设

为了保障预算的有效性，要加强对高职院校预算工作的组织领导。预算工作组织由预算管理委员会、预算管理职能部门和各责任中心构成。

1. 建立党委书记负责的预算管理委员会

预算管理委员会设在党委会，由党委书记或校长担任主任委员，人员由各院系主任及专家教授、各部处负责人及技术人员等组成。其主要职责是：组织有关人员对目标进行预测、审查、研究和协调各种预算事项、主持召开预算会议、确定预算目标、进行预算调整。党委会有权调动、整合高职院校的整个资源，并对每个院系、部处的权、责、利进行有效的控制和分配。

2. 设立预算管理的职能部门

设立预算管理的专门办事机构，以处理与预算相关的日常事务。其主要职责是：对各部门提供的预算草案进行初步审查、协调与综合平衡、汇总全校各部门申报的预算、撰写预算草案并向校长和预算管理委员会提出与预算有关的建议。同时，对预算的执行控制、差异分析、业绩考评进行管理。

3. 建立预算管理责任网络

在高职院校内部以部、处、院、系、科室或个人设立责任中心，每一个责任中心都拥有一定的权力并承担一定的责任。应注意两点：第一，划分责任中心。责任中心是具有一定管理权限并承担相应经济责任的学校内部单位。根据高职院校的组织结构和经济活动特点，高职院校责任中心大致划分为三个层次：一级责任中心，即校部责任中心，它是集投资、收入和费用的控制为一体的责任中心；二级责任中心，是高职院校内部隶属于校部责任中心的次级责任中心；三级责任中心，是从属于二级责任中心的责任单位。高职院校责任预算体系的基础是二级责任中心。高职院校各二级责任中心大致划分为四个模块：一是教学科研型责任中心，包括高职院校的院、系、部，其主要职责是完成日常教学、科研和学生管理等任务；二是职能管理型责任中心，包括学校内设的处、部、室等职能机构和附属单位，其主要职责是进行行政管理和为教学科研以及学生管理提供服务；

三是后勤保障型责任中心，主要是指为高职院校教学科研提供条件和负责后勤保障的单位或部门；四是经营型责任中心，包括高职院校的校办产业、成人教育学院、民办二级学院以及实行独立核算的后勤服务实体。第二，制定责任目标，确定责任指标体系。划分责任中心的目的是为了便于落实各责任中心的责任目标，保证学校总体发展目标的实现。各个责任中心目标的制定就是对各个责任中心的“责任”进行量化，对于各责任中心的责任目标进行层层分解和进一步具体化便形成了责任指标体系。

4. 建立预算的审计机构

为验证各责任单位预算执行的真实效果，应由学校审计处在每年年末就全校的预算目标完成情况，进行预算执行情况审计。它一方面是结合预算目标对各预算责任单位的财务收支进行全方位审计；另一方面也要对各预算管理机构管理效果进行检验，从而实现学校的内控循环，充分发挥内部审计的作用。

（二）全面预算的编制

全面预算的编制过程是一个财务指标与非财务指标汇总、审核、分析的过程。主要包括以下程序。

1. 预算目标的确定与下达

确定预算目标能将学校的努力方向具体化、数量化，从而变成各部门、各层次教职工的行动准则。然后根据高职院校的战略目标和年度计划按教学、科研、管理等责任中心对财务资源进行“切块”，同时对预算总目标根据责任单位的职责范围和工作任务进行层层分解，逐级展开，具体量化，设计绩效预算考核的内容和指标，规定各项指标保质保量完成后的指标值，通过上下协商，制定出学校各部门、各单位直至每个教职工的目标，进而用总目标指导分目标，用分目标保证总目标，从而形成相互促进的责任预算指标。

2. 预算编制

学校将预算编制的方针、政策布置下去，各预算责任单位根据具体的责任预算指标及本部门的年度工作任务，编制收入预算和支出预算，同时生成各部门财务的关键绩效指标上报预算职能部门，预算职能部门根据预算汇总审核制度和流程采取科学的方法审核汇总各部门运作计划和预算。汇总后，由预算管理委员会审定、调整后下发至各部门。各部门根据学校预算调整建议调整本部门预算并上报预算职能部门，汇总结果如果与学校总预算目标有差距，应牵头进行协调并统筹考虑和综合平衡，再汇总后由预算管理委员会审议批准后下发执行，最终形成一个自上而下和自下而上、上下结合的校级全面预算。

3. 全面预算的模式及编制方法

全面预算包括业务预算、资本预算、筹资预算、财务预算。业务预算由招生收入预算、招生费用预算、部门费用支出预算、薪酬预算、采购预算等构成，分别由招生就业处、各处室、人事处、后勤管理处及各处室编制；资本预算由固定资产购置预算和在建工程预算构成，由后勤管理处、基建处编制；筹资预算以及财务预算由财务处编制。高职院校预算编制采用"零基预算""增量预算"和"滚动预算"等方法。"零基预算"主要用于支出预算编制；"增量预算"主要用于收入预算编制；"滚动预算"主要用于专项预算和学校长期发展规划预算的编制。

（三）全面预算的实施与控制

预算指标一经确定，应当作为部门年度业务活动的基本依据，将学校总体预算目标按照预算责任体系逐级分解，分级负责、归口管理，以财务预算为度量加以具体化并加以实施。在学校内部建立起一个从上到下、人人有责的多层责任网络，使学校总体预算目标得以实现。在预算执行过程中，要保证预算组织结构的合理性、责任层次和责任界限的明晰性；要坚持协调合作"以人为本"原则，体现为"人管"而非"管人"，充分调动教职员工参与预算管理的积极性、主动性和创造性。财务部门定期对财务数据进行汇总、分析，并将信息及时地反馈给各业务部门，同时借助计算机网络运用 ERP（企业资源计划）系统、财务管理信息系统、预算执行情况跟踪系统，实施预算适时监控并发出预警提示，提醒有关人员及时发现问题、解决问题，增强预算控制的时效性和准确性，确保预算目标完成。

（四）预算的差异分析与偏差诊治

预算管理的真正目的不仅在于把预算变成现实，而且也在于发现预算指标与实际的差异，从定量和定性两方面分析差异形成的原因。定量方面主要分析收支的进度与结构，得出偏离预算差异大小，可通过会计核算系统加以解决；定性方面主要分析导致偏离预算的主观原因和客观原因，通过分析得出客观、公正的结论。因此，高职院校应加强预算执行的监控，根据具体情况按季度或每半年进行预算差异分析。在预算差异分析会议上，部门要对自己的预算执行情况进行汇报，写出预算差异分析报告，说明预算执行的实际效果以及存在的问题，从而采取有效的措施，进一步挖掘内部潜力，扩大成绩，纠正错误，确保目标的完成。

（五）高职院校全面预算实施的绩效评价与激励机制

预算的绩效评价与激励机制是预算管理的重要环节。预算绩效考核是单位内部各责任中心和个人预算执行情况的考核与评价。以预算目标为考评标准，以预算完成状况的考察为考评核心，通过财务指标、非财务指标的横向、纵向的对比，以定性分析与定量评判为手段，对各责任部门预算执行情况进行考评。通过考评，可以掌握预算执行的效果和存在的问题，查找问题产生的根源，从而为协调矛盾、堵塞漏洞、纠正偏差提供依据；通过评价，也可以确定各部门责任人、责任目标及责任标准的实现程度和对学校整体预算目标的贡献差异，进而为奖惩兑现提供依据。同时建立学校各部门预算执行评比奖励机制，并将考核结果与各预算主体及全体成员的经济利益挂钩，对完成经济指标好的单位及个人，给予物质及精神奖励，从而使得教职工自觉地调整、约束自己的行为，努力工作，提高工作效率，完成单位预算指标；对没有完成经济指标的单位及个人，分析原因，进行惩罚；对发生经济损失的责任人追究其应承担的行政、经济、法律责任。通过预算考评与奖惩，达到鼓励先进、惩治落后的目的。

四、建立高职院校全面预算管理体系

全面预算涉及高职院校的各个部门和各项业务，是由部门预算和业务预算组成的综合性的财务计划。全面预算管理体系是涵盖了全方位、全过程的事先性管理系统，具有全面的控制力和约束力，它不仅是一种管理制度和控制设计，更是一种管理理念。

（一）建立组织系统

预算是学校内部一个非常严肃的制度概念。为确保预算的科学制定、严格控制、公正评价以及合理惩罚，就必须建立一个完善的组织系统。预算管理的组织体系及其运行机制，是执行预算、实现预算目标的组织保障。高职院校应在内部设立预算委员会，负责高职院校各项事务及资金的审查，最终核定各一级单位的预算事项及预算经费。预算委员会下设独立的专职预算机构，负责对学校的日常运行成本和专项发展规划进行全面研究，成立学校发展性项目预算小组，组织基层具有专业知识的人员参与预算的编制，并对已通过的预算进行全程跟踪监督。二级单位均有预算员，负责编报测算运行成本的基础预算，执行通过的年度预算，并随时上报监控情况。在预算的测算编制过程中，各二级单位都从各自专业的角度全程参与，使其更切合实际，更有说服性，既能充分体现预算编制的全面性、民主性和科学性，又能有效地分散经费的执掌权，建立经费反集中化管理制度，最大限度地消除高职院校经济活动中的违法乱纪现象。

（二）建立科学的编制系统

首先，预算年度和执行年度要统一，鉴于我国的学费、住宿费均按学年收取。建议采用学年为预算的编制和执行年度，使经费收入和支出能较为平衡的运行。其次，除编制定期的一年预算，还应编制与学校中长期发展规划相适应的被动性发展预算，完善高职院校预算管理的内容体系，扩大高职院校预算编制的内容范畴，从过去的仅仅局限于经费预算扩大到学校的整个事业活动的方方面面；建立借鉴机关高职院校现在执行的预算经费定员定额标准体系，建立适用于高职院校的日常性运行成本的基本支出标准指标体系，采用滚动预算管理模式，使之符合学校的中长期发展规划，以零总预算法、滚动预算法等复合型的计算方法和方便使用的计算机软件，尽量及时、准确、真实地反映办学成本。由于预算编制是财政资金管理的源头，因此要推进基本支出和项目支出改革，必须提高部门预算编制科学化、精细化水平，各部门的每一项支出都要分解落实到基层单位和具体用途。

（三）建立执行和监督系统

当预算核定下来后，校二级单位可以进行二次再分配，行使自主支配权，但前提是实行部门负责人责任制，各二级单位负责人要对本部门的预算执行情况负总责，保证预算支出额度不突破。专职预算机构在预算的执行过程中承担监控任务，要充分利用计算机软件的信息技术，设置预警信标，对预算执行数据进行实时监控，随时上报预算执行情况和经费使用情况，在确保预算平稳进行的同时要发扬民主监督，定期向本部门通报预算的执行情况，接受广大教职员工的监督，保证学校预算执行过程的公正透明；除了进行内部监督还应建立外部监督制度，预算年度结束时应有审计部门进行独立审计。

（四）建立绩效评价系统

将预算经费分配到二级单位，扩大了其自主权，提高了其工作的积极性和资金的效益性，但同时也将预算管理的责任下放到了二级单位，形成了二级单位的预算责任，故此建立高职院校的全面预算的绩效评价体系就非常有必要了。预算绩效评价体系应该是一个多层次的绩效评价体系，既有预算管理委员会的总体控制，确保预算管理的合理性与有效性，又有预算管理机构对各部门履行相应责任的情况进行目标考核，同时审计部门对各学院的财务预算状况进行较为详细的绩效评价。预算绩效评价体系严格对照预算中所定项标和指标进行评价，对项目概况、项目绩效目标和指标设定情况、项目实施绩效管理情况、项目评价结果情况等进行详细的说明，根据绩效评价中发现的问题，可以及时调整和优化本单位以后年度预算支出的方向和结构，将评价结果与下一年度项目预算安排挂钩，建立"优胜劣汰"的激励约束机制以保证绩效好的项目需要继续安排的可以优先安排预算资金，而绩效差的将被削减预算甚至取消同类项目。

在新形势下，一方面财政投入机制改革力度加大，而高职院校资金管理权限逐步上移，政府严格控制学校对资金的自主使用权，经费预算要更加的具有科学性和合理性；另一方面教育成本核算和办学绩效评价理念增强，绩效考核制度的建立，有利于高职院校明确经济责任，提高资金使用效率。为了适应管理新形势的需要，推进学校内部体制改革，加强学校内部控制，提高学校的管理效益，高职院校有必要建立全面预算管理体系。

第七章　高职院校内部会计控制

第一节　高职院校内部会计控制的原则和内容

多年以来，我国高职院校的内部会计控制管理对科教兴国战略的实施和促进高等教育的改革和发展等都起到了非常重要的作用。随着国家各项改革的不断深入及高职院校各项改革的不断深化，高职院校内部会计控制面临新的形势。如何有效地解决当前高职院校内部会计控制中存在的问题，进一步充分发挥内部会计控制对高等教育的促进作用，是当前高职院校面临的一个迫切而重要的课题。

一、内部会计控制的含义和原则

（一）内部会计控制的含义

内部会计控制由组织的计划和主要或直接与保障资产和财务记录的可靠性相关的所有方法和程序组成，一般来说包括批准和授权系统、实物保管与会计记录相分离、资产经营与资产决策相分离、对资产的实物控制和内部审计等控制手段。内部会计控制包括资产保护、保证账目和财务报告真实性和完整性的有关方法、程序和组织规划。一个有效的内部会计控制制度应具有按管理部门需要来保证执行经济业务和完成工作的职责，以及保证制度正确实施的有效程序。内部会计控制，是指与保护财产物资的安全性，会计信息的客观性、真实性和完整性以及财务活动的合法性和有效性有关的控制。它是内部控制的重要组成部分，对加强会计监督、提高会计信息质量，提高管理效率具有重要作用，也是衡量企业经营管理水平的重要标志。

（二）内部会计控制应当遵循的基本原则

第一，内部会计控制应当符合国家有关法律法规和《内部会计控制规范》，以及单位的实际情况。

第二，内部会计控制应当约束单位内部涉及会计工作的所有人员，任何个人都不得拥有超越内部会计控制的权力。

第三，内部会计控制应当涵盖单位内部涉及会计工作的各项经济业务及相关岗位，并应针对业务处理过程中的关键控制点，落实到决策、执行、监督、反馈等各个环节。

第四，内部会计控制应当保证单位内部涉及会计工作的机构、岗位的合理设置及其职责权限的合理划分，坚持不相容职务相互分离，确保不同机构和岗位之间权责分明、相互制约、相互监督。

第五，内部会计控制应当遵循成本效益原则，以合理的控制成本达到最佳的控制效果。

第六，内部会计控制应随着外部环境的变化、单位业务职能的调整和管理要求的提高而不断修订和完善。

二、内部会计控制的基本内容

（一）内部会计控制体系

单位内部会计控制体系，主要是指一个单位的会计工作组织体系。

（二）会计人员岗位责任制度

会计人员岗位责任制度是单位内部会计人员管理的一项重要制度，主要内容包括：第一，会计人员工作岗位的设置，各个会计工作岗位的职责和工作标准。第二，各会计工作岗位的人员和具体分工。第三，会计工作岗位轮换办法。第四，对各会计工作岗位的考核办法等。

（三）账务处理程序制度

账务处理程序制度主要是对会计凭证、账簿、报表等会计核算流程和基本方法的规定。其主要内容包括：第一，根据国家统一会计制度的规定，确定单位会计科目和明细科目的设置和使用范围。第二，根据《规范》的规定和单位会计核算的要求，确定本单位的会计凭证格式、填制要求、审核要求、传递程序、保管要求等。第三，根据《规范》的规定和单位会计核算的要求，确定本单位总账、明细账、现金日记账、银行存款日记账、各种辅助账等的设置、格式、登记、对账、结算、改错等要求。第四，根据国家统一会计制度的要求，确定对外财务报告的种类和编制要求，同时根据单位内部管理需要确定单位内部会计指标体系和考核要求。

（四）内部牵制制度

内部牵制制度是内部会计控制制度的重要内容之一。制定内部牵制制度时，应当与会计人员岗位责任制度结合起来考虑。其主要内容包括：内部牵制制度的原则，包括机构分离、职务分离、钱账分离、账物分离等；对出纳等岗位的职责和限制性规定；有关部门或领导对限制性岗位的定期检查办法。

（五）稽核制度

稽核制度是指在会计机构内部指定专人对有关会计账证进行审核、复查的一种制度。该项制度的建立也应当结合会计人员岗位责任制度一并进行考虑。其主要内容包括稽核工作的组织形式和具体分工；稽核工作的职责、权限；稽核工作的程序和基本方法等。

（六）原始记录管理制度

原始记录是会计核算工作的基础环节，建立规范的原始记录管理制度，对会计核算工作的正常进行能够起到重要保证作用。其主要内容包括：原始记录的格式、内容和填制方法，包括填制、签署、传递、汇集、反馈要求等；原始记录的审核要求；有关人员对原始记录管理的责任等。

（七）定额管理制度

定额管理制度是指确定单位定额制定依据、制定程序、考核方法、奖惩措施的制度。其主要内容包括：定额管理的范围，如劳动定额、物资定额、成本费用定额、人员定额、工时定额等；制定和修订定额的依据、方法、程序；定额的执行、考核、奖惩的具体办法等。

（八）计量验收制度

计量验收制度是财务会计管理工作的基础。其主要内容包括：计量检测手段和方法；计量验收管理的要求；计量验收人员的责任和奖惩办法等。

（九）财产保护制度

高职院校应建立财产日常管理制度和定期清查制度，明确财务财产记录、实物保管、定期盘点、账实核对等措施，确保财产安全。高职院校应当严格限制未经授权的人员接触和处置财产。

（十）预算控制制度

高职院校应实施全面预算管理制度，明确各责任单位在预算管理中的职责权限，规范预算的编制、审定、下达和执行程序，强化预算约束。

（十一）财务收支审批制度

财务收支审批制度是指确定财务收支审批范围、审批人员、审批权限、审批程序及其责任的制度。建立健全财务收支审批制度，是财务会计工作的关键环节。

三、高职院校内部会计控制存在的主要问题

（一）内部会计控制的法律法规不健全

虽然我国从20世纪90年代起开始就加大了对内部控制理论建设的力度，但限于我国法制建设的实际情况，已发布实施的有关内部会计控制的法律法规还比较少，一直未能形成一个相对完整的内部会计控制理论体系，如《独立审计具体准则第9号——内部控制和审计风险》和《加强金融机构内部控制的指导原则》等内部会计控制法律法规主要是从行业的角度予以规定，相互之间缺乏联系。由于没有专门针对高职院校内部会计控制的法律法规指导，高职院校结合自身情况制定的内部会计控制制度也不健全，从而妨碍了高职院校内部会计控制规范作用的发挥。

（二）对内部会计控制的定位不够准确、全面，在具体执行内部会计控制时出现偏差

在实施内部会计控制时，高职院校主要存在以下几个方面问题。①内部会计控制的内容不全面。如有些高职院校未建立对外投资等内部会计控制制度，导致对外投资决策程序不合规范，风险增大。②内部会计控制约

束的对象不全面，在实施内部会计控制时，有些高职院校约束的主要是对财政经费进行会计处理的人员，而对各校办产业及后勤实体等进行会计处理的人员约束得很少。③内部会计控制的范围不全面，如高职院校往往强调对财政性经费的内部会计控制，而弱化对预算外经费特别是创收经费等的内部会计控制；有些高职院校未将二级财务纳入内部会计控制的范围，或控制不严，或监督不力；对各项收支账款有较明确的内部控制措施，并严格执行，而对各项往来款项的审批手续却不全，控制也不严格；由于基建账务的处理是以其行业会计制度为依据，很多会计人员对基建的情况又不够熟悉，导致难以对基建进行有效的内部会计控制。

（三）内部会计控制意识有待转变

由于经费来源以财政拨款为主，很多高职院校长期以来重计划而轻执行和考核，并衍生了重财轻物的观念，对我国教育资源的优化配置，以及教育资源的充分利用带来了不利的影响。另外，高职院校在后勤社会化改革、校办产业发展中，在重大支出项目安排中，缺乏相关的决策程序及责任制度，少有专家进行科学、谨慎的论证，也没有相关的风险防范和控制措施。

（四）对内部会计控制的监控力度需要加强

有些高职院校未设置专门的机构或人员对内部会计控制执行情况进行监督检查，而由内部会计控制执行部门自己进行监督检查，各级财政部门对高职院校内部会计控制的建立及执行情况的监督检查力度不够等，导致了监控力度的欠缺，影响了内部会计控制在高等教育发展中作用的发挥。

四、有效进行内部会计控制的应对措施

（一）建立健全内部会计控制制度，逐步建立一个符合国情的内部会计控制规范体系

随着社会主义现代化建设的不断深入、高职院校改革的不断深化以及我国加入世界贸易组织后面临的新形势、新情况，不仅要求我们对国内已有的内部会计控制理论进行总结，还要求我们学习和理解国际上包括CO-

SO 报告①在内的内部控制先进理论，汲取其精华。同时，对国内外内部会计控制的实际执行情况进行调研，广泛征求意见，在已发布的《内部会计控制规范——基本规范（试行）》和《内部会计控制规范——货币资金（试行）》的基础上，进一步建立健全其他具体内部会计控制规范及相关操作规范，从而逐步形成一个较完整的内部会计控制规范体系，对我国包括高职院校在内的所有单位的内部会计控制制度建设起指导和规范作用。

（二）准确理解内部会计控制的定位及内涵，确保内部会计控制有效实施

财政部发布的《内部会计控制规范——基本规范（试行）》《内部会计控制规范——货币资金（试行）》对内部控制进行了明确的定位，即“以单位内部会计控制为主，同时兼顾与会计相关的控制”，同时，也对内部会计控制的内容进行了概括的说明，这有利于我们准确理解和具体把握内部会计控制的定位及内涵。针对目前内部会计控制中存在的主要问题，高职院校在具体实施内部会计控制中应坚持以下几个原则。第一，全面性原则。内部会计控制应约束单位内部涉及会计工作的所有部门及人员，即对一级财务部门（含预算内账务、预算外账务）、二级财务部门、校办产业及后勤实体等部门及其会计人员都按照统一的内部会计控制标准进行控制。第二，合理性原则。高职院校应将财政性经费和包括创收经费在内的预算外经费都统一纳入内部会计控制的范畴中来，摒弃按经费来源的不同而采用不同的内部会计控制制度及标准的做法。第三，高职院校负责人负责制原则。《会计法》规定，“单位负责人对本单位会计工作和会计资料的真实性、完整性负责”，《内部会计控制规范》则进一步规定，“单位负责人对本单位内部会计控制的建立健全及有效实施负责”，因此，高职院校负责人是内部会计控制中的一个重要主体，不能也不应该独立于内部会计

① COSO 是全国反虚假财务报告委员会下属的发起人委员会（The Committee of Sponsoring Organizations of the Treadway Commission）的英文缩写。1985 年，由美国注册会计师协会、美国会计协会、财务经理人协会、内部审计师协会、管理会计师协会联合创建了反虚假财务报告委员会，旨在探讨财务报告中的舞弊产生的原因，并寻找解决之道。两年后，基于该委员会的建议，其赞助机构成立 COSO 委员会，专门研究内部控制问题。1992 年 9 月，COSO 委员会发布《内部控制整合框架》，简称 COSO 报告，1994 年进行了增补。

控制之外，应将对内部会计控制的领导真正落到实处。第四，内部牵制原则。控制论指出，有效的牵制、制衡能保证决策程序的公开、公平、公正，保证决策内容的准确。因此，高职院校应通过建立重大投资决策的集体审议联签及工程项目投资决策的责任制度、对预算内限额以上资金实行集体审批的内部牵制方法等，对内部会计控制的主体及内容进行有效的内部牵制，保证内部会计控制作用的有效发挥。

为保证对各项经济业务及相关岗位的有效控制，高职院校应坚持业务控制与业务循环控制相结合的原则，既有对具体业务的控制，也有针对业务循环及关键控制点的控制。为此，高职院校应及时进行内部会计控制的"流程再造"，设置切合自身实际的会计业务处理流程，并对流程中各关键控制点的控制落实到决策、执行、监督、反馈等各个环节。

（三）转变观念，确立正确的内部会计控制意识

高职院校内部会计控制弱化的一个重要原因就是没有正确的内部会计控制意识。结合已发布的《内部会计控制规范》，高职院校应着重确立两种意识，即预算控制意识和风险意识。首先，应树立正确的预算控制意识。预算控制不是简单的对预算编制的控制，而是包括预算编制、执行、分析及考核等在内的整体的、动态的控制。因此，除在编制部门预算时，高职院校要结合单位实际情况按规定的标准编列到具体项目外，还应运用一系列财务综合分析指标，如支出预算完成率、设备利用率等，对工资总额及定员定额情况、资产、资金和效益状况等进行分析，对各项资产的保管、使用等情况进行考核，切实管好、用好国有资产，提高资产使用效益。其次，应树立正确的风险意识。高等教育作为国家的一项产业，虽然以国家财政拨款为主要经费来源，但在其发展中也存在着教育培养成本提高或教育资源浪费等风险，特别是在后勤社会化及校办产业发展中，存在着经营亏损甚至经营实体破产等风险。因此，高职院校应将风险意识作为内部会计控制的一项重要内容予以规范，设立人员及公用经费支出、基建项目招投标等风险控制点，并相应采取风险预警、风险识别、风险评估、风险分析及风险报告等措施。

（四）加强对高职院校内部会计控制的监督检查

监督是会计的基本职能之一，其执行与否及执行的有效程度都对内部会计控制作用的发挥有着重大的影响。因此，高职院校及相关部门应努力建立健全监督检查制度，并使之成为自我约束、自我完善的机制，主要包括以下两个方面。

第一，高职院校应设立专门的机构或指定专门人员对内部会计控制制度执行情况进行监督检查，建立健全监督检查制度。内部会计控制是一项长期的、涉及诸多经济内容的系统工程，而相对独立的专门机构或专门人员、可行的监督检查制度能较好地保证内部会计控制系统正常、有序的运行。

第二，各级财政部门应加强对高职院校内部会计控制的指导和检查。财政部门制定的有关内部会计控制的法律法规对高职院校内部会计控制有着规范和指导作用，同时，财政部门就有关内部会计控制而进行的各项检查及验收等，又能从外部有效地促进高职院校内部会计控制规范的实施。如深圳市财政局通过颁布《深圳市会计基础工作规范化管理办法》，在全市范围内开展会计基础工作规范化及《会计法》执法情况大检查等，加强了对高职院校内部会计控制的监督检查，促进了高职院校内部会计控制作用的发挥。

第二节　高职院校内部会计控制的框架设计

保证高职院校持续稳定发展的重要途径之一就是加强高职院校的内部会计控制。目前，我国通过大力发展职业教育为高职院校提供了新的发展机遇，高职院校已进入建设的重要时期，要树立科学发展观，更新管理观念，提高院校的管理水平。高职院校内部会计控制作为加强高职院校财务管理的基础，主要包括货币资金、实物资产等几方面，并且始终贯穿于经济活动的每一个环节。通过建立内部控制体系，科学合理地进行责任职责划分，建立起完善的管理机制，才能保证财务工作的落实。通过强化内部会计控制，保证资金的筹措和运用等活动的开展，规范高职院校经济行为，有效地预防高职院校违规、违纪事件的发生。真实准确的会计信息为管理者的决策提供重要的依据，真实高效的内部会计控制在规范会计行为的同时能够保证业务活动的有序进行以及各事项在财务管理中的真实反映，从而提高会计信息质量。

一、高职院校内部会计控制要求

高职院校内部会计控制是高职院校整体内部控制的重要组成部分。我国高职院校内部控制不仅要满足高职院校内部控制的一些共同目标，同时也要适合我国高职院校内部管理的特点，还要符合高职院校教学和行政管理的目标，为教学科研服务。高职院校内部会计控制是指高职院校为了提高经营管理效率、保证会计信息质量真实可靠、保护高职院校资产安全完整、促进法律有效遵循和发展战略得以实现，高职院校行政管理层及其教职员工共同实施的一个权责分明、制衡有力、动态改进的管理过程。具体控制要求为：

第一，确保国家有关法律、法规和高职院校内部规章制度的贯彻执行，保证学校各项经济活动在合法、合理范围内健康进行。

第二，通过实施内部会计控制，形成科学的决策机制、执行机制和监督机制，保证学校教学和行政管理目标的实现。高职院校是知识密集型组织，高职院校管理是以知识为中介的活动过程，大学已成为培养人才、科学研究和社会服务的综合体。高职院校的内部会计控制应使该系统的运行更加有效率。

第三，通过实施高职院校内部会计控制，堵塞漏洞、消除隐患，防止并及时发现和纠正各种欺诈、舞弊行为，保护学校各项资产的安全和完整。

第四，通过实施高职院校内部会计控制，规范高职院校会计行为、保证会计资料真实、完整，确保会计信息记录的真实性、可靠性和及时性，提高会计信息质量。

第五，科学配置学校资源，提高资金使用效率，保证高职院校在资金使用方面除了为教学科研活动提供经济支持外，还开展对外投资、合资、租赁、创办校办企业等经济活动。资金使用已经涉及教学科研、物资采购、基本建设、保障、产品生产等方方面面。高职院校应结合自身所处教育行业和经济环境，通过建立健全有效的内部控制，不断提高管理效率。

第六，及时发现财务风险，并采取措施使风险降到最低。高职院校的资金除每年的国家正常财政预算拨款外，还有国内外的各种贷款、贷款贴息和捐赠款等多种渠道的资金来源。高职院校应结合我国市场经济的发展和外部会计环境的变化，及时合理筹划，有效预见和规避财务风险。

二、高职院校内部会计控制要素

控制要素是高职院校内部会计控制系统理论框架最重要的部分。借鉴美国 COSO 会财务报告委员会提出的《内部控制整体框架》基本理论和企业内控的成功实践，我们结合我国的实际情况构建适合我国国情的高职院校内部会计控制制度的框架。

（一）控制环境建设

COSO 会指出，“控制环境决定了组织的基调，设定了人们的控制知识”。控制环境是所有其他风险管理要素的基础，为其他要素提供规则和结构。高职院校控制环境建设包括高职院校的道德价值观，高职院校教职员工的能力，领导哲学和风格，管理授权和责任，组织开发教职员工工作和教学的方法等。高职院校管理也是一种文化管理。高职院校文化包括学校教学、科研所需的物质设施和物理环境在内的物质文化，包括学校各种规范性、系统性的规章制度在内的制度文化，包括学校成员共有的价值追求、理想信念、心理状态、道德情感、思维方式、行为规范、人际关系等在内的精神文化。这三个层面的文化融为一体、互为影响，对外形成高职院校的社会影响力、吸引力，对内则影响学校成员形成共同的信念、和谐的氛围，产生凝聚力。

（二）组织规划控制

高职院校内设许多行政部门和院系，其组织机构的设置和职责分工应体现相互控制的要求，具体要求是各组织机构的职责权限必须得到授权，并保证在授权范围内的职权不受外界干预；每类经济业务在运行中必须经过不同的部门并保证对有关部门进行相互检查；在对每项经济业务的检查中，检查者不应从属于被检查者，以保证被检查出的问题得以迅速解决。

（三）授权批准控制

授权批准控制是指高职院校内部各级人员必须经过授权和批准才能对有关经济业务进行处理，如签发一定数额以上的现金支票须经财务处长同意等。授权批准分为一般授权和特定授权两种形式，如当某项经济业务的数额超过某部门的批准权限时，只有经过特定授权批准才能处理。在特殊授权中要注意做好记录，形成证明文件，严格管理。

（四）业务控制过程的控制

高职院校的业务活动过程控制包括业务流程制度控制和内部会计控制。业务流程控制是从业务流程的角度按内部控制的原理进行控制，各部门根据自身的业务流程特点按照内部控制的要求设计控制制度，并与相关的会计控制制度相配合。会计系统控制从资金流的角度，对高职院校内所发生的各项能用货币计量的经济业务进行记录、归集、分类、编报的控制。

高职院校内部会计控制主要包括货币资金的控制、收费项目的控制、经费支出的控制、采购与付款的控制、实物资产的控制和工程项目的控制等经济活动的会计控制。

（五）财产物资控制

由于高职院校的财产物资维护及管理比较松散，资产被私自变卖、挪作己用等行为在高职院校较为常见，因此高职院校必须加强对财产物资的控制，防止国有资产的流失和保证资产的安全。高职院校要建立国有资产的统一管理机构，即在高职院校财务部门下单设国有资产管理科室。财产物资控制主要包括限制接近控制、定期清查控制和资产管理人员的责任制度三方面。

（六）预算控制

高职院校预算控制不是简单地对预算编制的控制，而是通过经营预算、资本预算、财务预算来发现学校预算运行过程中所出现的问题，并及时解决和纠正以保证各种目标的顺利实现。加强预算管理控制要把部门预算和校内综合预算合二为一，部门预算就是学校每年执行的预算。预算编制要科学化、规范化；加强预算的执行力度；建立预算的跟踪、分析和评价制度。

（七）风险控制

高职院校风险控制就是及时地对高职院校经营中可能发生的风险进行预测、识别，并采取措施使风险降低。随着高职院校体制的转变，资金来源的多元化，财政资金只是其中的一部分，高职院校在市场竞争的压力下，开始大规模建设硬件设施、扩大规模、大肆负债。高职院校的管理者要树立高职院校风险管理理念，应借鉴国外高职院校的做法，风险管理部门直接对校长及党委负责，在高职院校内部设立专门的风险管理部门识别、评估风险，并采取防范措施把风险降到最低。

三、高职院校内部会计控制的设计原则

（一）合法性原则

高职院校内部会计控制必须符合《会计法》等有关法律和财政部内部会计控制规范等有关行政法规的规定，并以此为前提建立内部控制框架。

（二）有效性原则

高职院校目前实行的领导管理模式是党委在方向上进行引导，校长负责高教日常经营管理，实行党、政联合管理的行政管理体制。同时由于高职院校的特殊性，“教学、科研”是高职院校的中心和重心，行政权力和学术权力的平衡成为高职院校管理的一大特色。高职院校内部控制必须适应高职院校治理结构的框架以及内部各部门的特点，能有效地控制各项业务活动，达到实行内部控制的目标。

（三）全面性原则

高职院校内部控制必须渗透到高职院校管理的各个环节，涵盖高职院校涉及会计工作的各项经济业务、部门和岗位。高职院校内部会计控制应与高职院校的规模大小相适应，突出高职院校自身特点，依据高职院校资金运动和管理规律具体适用。

（四）不相容职务分离原则

高职院校在设计内部会计控制系统时，必须遵循不相容职务分离原则，合理设计会计及相关工作岗位，用规范文件的方式加以明确，使不相容岗位和职务之间能够相互制约，减少舞弊现象的发生。

（五）成本效益原则

内部会计控制体系构建和运行是会发生成本的，内部会计控制的环节越多，控制措施越复杂，控制效果越好，但相应的控制成本也可能越高。因此，建立内部控制框架既要考虑成本与效益的关系，又要注意具有一定的先进性，以最小的控制成本取得最大的控制效果。

（六）责、权、利相结合原则

高职院校应根据各部门和各岗位的职能与性质，明确各部门及人员应承担的控制责任范围，同时授予其与履行控制责任相适应的权力，并根据其履行控制责任的情况进行奖惩，做到责、权、利相结合。

（七）动态性原则

高职院校规模的显著扩大冲击了原有的管理理念和管理方式，合并后高职院校服务领域由单一走向综合，各院校普遍采用了校、院、系三级管理体制，因此高职院校内部会计控制必须根据高职院校控制环境的变化，及时进行修订和完善，使之与变化后的控制环境相适应，以保证内部会计控制的适应力和活力。

四、高职院校内部会计控制的设计程序

（一）对高职院校的内部结构和外部环境进行深入细致的分析调查，明确高职院校内部会计控制目标

高职院校管理受到社会环境的影响和制约。一方面，高职院校不断地为社会培养人才，并且为经济社会发展提供服务；另一方面，政治、经济、文化等因素影响学校教育。高职院校与社会的这种密切关系，决定了它在管理上的开放性。高职院校应重点对高职院校的组织体系、机构设置、教育经费来源、信息沟通方式和管理过程、方式等进行调查，对高职院校所处的外部政治、经济、法律环境等进行调查，充分利用社会环境中

的一切积极因素，促进实现学校的教育目的和发挥对社会服务的作用。这样制定出的内部会计控制制度才能实现高职院校内部会计控制目标。

（二）按照系统理论和方法的要求划分高职院校内部结构

高职院校内部结构通常包括行政领导体系、构成要素体系、经营系统、管理系统、信息沟通系统等。

（三）确定所属高职院校系统活动过程中的关键环节

根据划分的各个所属控制系统，确定系统运行中的关键环节和风险控制点，同时制定高职院校中每一个关键环节控制要点的有效方法和操作规范。然后把各个环节按照先后活动的过程次序进行编排，予以连接起来。这样就可制定出一个完整的高职院校内部会计控制程序。

（四）形成高职院校内部控制制度的文本规定

把高职院校内部控制的各项原则贯彻到各个有关控制系统的程序、方法和规范中，用文字、流程图等形式分别在有关的内部控制制度中予以说明。

第三节　高职院校内部会计控制的实证设计

针对高职院校在内部会计控制上存在薄弱环节和近年来经常发生经济舞弊等现象，我们对经济犯罪的投资、工程项目、实物资产三个业务进行具体的高职院校内部会计控制实证设计。实证设计主要以高职院校内部会计控制系统框架设计原则为基础，按照“明确控制目标—确定关键控制点—制定控制标准—进行业务流程控制—监督与评价”这一运行模式进行设计。

一、高职院校对外投资内部会计控制系统的设计

（一）高职院校对外投资内部会计控制的控制目标

对外投资是高职院校为获取利润、利息或者其他利益，而将资产让渡给其他单位所获得的另一项资产。其基本控制目标为保证对外投资的合法性、确保投资资产的安全性、提高投资业务的效益性。

（二）高职院校对外投资内部会计控制的关键控制点及控制标准

针对不相容岗位，制定不相容职务分离制度；针对投资业务追踪分析，制定财务可行性分析制度；针对投资对象的选择，制定投资的选择和审批制度；针对投资的授权批准，制定投资项目审批的联签制度；针对投资取得及处置，制定投资资产取得和处置的控制制度；针对投资资产保管，制定投资资产的保管制度；等等。

（三）高职院校对外投资决策流程控制

（1）投资申请。投资管理部门在投资分析报告的基础上提出投资申请，提交投资委员会。

（2）初审。投资委员会将投资计划转给投资评审小组，投资评审组对投资计划进行初审，并签署书面意见，提交投资委员会。

（3）论证。投资委员会对投资评审小组的提案和投资计划进行讨论，聘请咨询公司对投资计划发表意见，进行投资考查、评估和论证，并反馈给投资评审小组。

（4）审议。投资评审小组将复审的审查报告送投资委员会，投资委员会形成明确意见后报校长办公会。

（5）审批。召开校长办公会，审查批准投资计划，形成投资决议。

（6）执行。投资管理部门组织财务、法律等部门及相关专家拟定项目合同等法律文件，经有关部门会签，报高职院校法人签字安排执行。

（四）高职院校对外投资执行控制

（1）投资管理部门根据批准的投资计划编制投资实施方案，安排相关单位进行方案实施。

（2）相关单位将有价证券、投资成交书和投贸协议转交投资管理部门。

（3）投资管理部门将投资成交书和投资协议转交会计部门，会计部门进行相关账务处理。

（4）投资管理部门将有价证券转交保管部门进行审核、登记和保管。

（5）独立于保管部门的机构和人员定期或不定期对投资资产进行盘点。

（6）投资部门及时追踪分析投资情况，定期出具投资分析报告，报送投资委员会。

（五）建立对外投资内部会计控制的监督检查控制制度

（1）重点监督检查岗位设置是否科学、合理，是否存在不相容职务混岗的现象。

（2）重点监督检查分级授权是否合理、批准手续是否齐全、是否存在越权审批等行为。

（3）重点监督检查对外投资决策过程是否符合规定的程序。

（4）重点监督检查各项资产是否按照投资方案投出、投资期间获得的投资收益是否按时进行会计处理，以及对外投资收益证书和有关凭证的保管与记录情况。

（5）重点监督检查投资资产的处置是否经过集体决策并符合授权批准程序，资产的回收是否完整、及时，资产的作价是否合理。

二、高职院校工程项目内部会计控制系统的设计

高职院校的工程项目具有规模大、投资多、工期长等特点。工程项目在整个项目建设过程中，最容易产生贪污、受贿等经济犯罪，严重威胁高职院校资产的安全。

（一）高职院校工程项目内部会计控制的控制目标

（1）保证工程项目的质量。

（2）防止工程项目建设中的各种舞弊行为，确保各项资产的安全。

（3）严格控制工程支出。

（二）高职院校工程项目内部会计控制的关键控制点及控制制度

高职院校工程项目的关键控制点，主要有工程项目的岗位分离、工程决策、工程设计与概预算、工程招投标与合同、工程施工与支付进度款、工程项目中变更、工程竣工验收与决算等环节。高职院校工程项目应建立的内部控制制度主要有不相容岗位分离制度、授权批准制度、资本预算控制制度、决策控制制度、工程项目投标控制制度、工程项目勘察设计控制制度、工程项目施工控制制度、工程项目价款支付控制制度、工程项目竣

工决算控制制度、工程物资定期盘点制度等。

（三）高职院校工程项目决策流程控制

（1）工程项目投资必要性研究。形成工程建议书，并将其提交高职院校投资委员会。

（2）工程项目投资的可行性研究。

（3）工程项目投资评估。投资委员会聘请专家或委托有资格的咨询公司对工程项目的建议书和可行性研究报告进行评估，出具项目评估报告，提交投资委员会。投资委员会形成统一意见并连同建议书、可行性研究报告和评估报告提交给校长办公会。

（4）工程项目投资决策。投资决策由校长办公会出具书面批准。

（5）投资或基建部门收到书面批准后执行工程项目。

（四）高职院校工程项目执行控制

（1）工程项目设计控制。

（2）工程项目招标、评标、定标和商签合同控制。

（3）工程施工与监理。施工阶段，高职院校可以成立监理小组或委托专门的监理机构进行工程质量监督。

（4）工程项目的成本控制。

（5）工程项目竣工验收。

（6）工程项目竣工决算的内容和审查。

（7）决算审计。会计部门组织或聘请审计部门进行项目决算审计。

（8）工程项目评价。按照设计的要求与规定，由投资委员会组织会计部门、基建部门等从技术、财务和经济三个方面，对工程项目的执行情况进行分析，对项目完工后的成本收益情况进行评估。

（五）工程项目的内部会计控制的监督与评价

（1）检查控制是否存在不相容职务混岗的现象。

（2）检查控制重要业务的授权批准手续是否齐全，是否存在越权审批行为。

（3）检查控制责任制度是否健全，奖惩措施是否落实到位。

（4）检查概预算编制的依据是否真实，是否按规定概预算进行审核。

（5）检查工程款、材料设备款及其他费用的支付是否符合相关法规、制度和合同的要求。

（6）检查竣工决算制度的执行，是否按规定办理竣工决算、实施决算审计。

三、高职院校实物资产内部会计控制系统的设计

实物资产是指存货和固定资产。实物资产的控制是高职院校内部会计控制的薄弱环节，实物资产的大量流失和浪费给高职院校造成了巨大的经济损失。

（一）高职院校实物资产内部会计控制的控制目标

（1）保证实物资产取得和处置的合理性。

（2）保障实物资产的安全与完整。

（二）高职院校实物资产内部会计控制的关键控制点及控制制度

高职院校实物资产内部会计控制的关键控制点主要有不相容岗位分离、经费预算、验收取得、仓库管理、报废清理等。需要制定的控制制度有职务分离制度、实物资产预算制度、授权批准制度、实物资产取得控制制度、实物资产仓库管理制度、实物资产定期盘点制度、实物资产维护和保养制度、实物资产处置制度等。

（三）高职院校实物资产购置业务控制流程

（1）实物资产使用部门制订实物资产购置计划。

（2）国资处聘请咨询公司对采购计划进行论证，并出具意见书。

（3）重大实物资产购置计划和论证意见书，报校长办公会审批并给出书面批准。国资处依据书面批准进行实物资产购置招标和签订合同。

（4）实物资产使用部门对购入实物资产验收和使用。

（5）会计部门依据发票、使用部门转来的验收单和购置合同等付款入账，建立实物资产总账、明细账。

（6）国资处依据验收单建立实物资产明细账，对实物资产定期盘点与定期检修。

（四）高职院校实物资产处置业务控制流程

（1）实物资产使用部门编制实物资产处置计划并报国资处。

（2）国资处根据处置计划初步审查，聘请专业公司对处置实物资产进行鉴定，专业公司对处置实物资产进行鉴定并出具书面结果。

（3）处置计划和鉴定书报校长办公会审批并给出书面批准。

（4）国资处进行实物资产清理，向会计部门报销或上缴清理费用，注销实物账和实物资产卡片。

（5）会计部门收、付实物资产清理费用，注销该实物资产账目。

（五）实物资产的内部会计控制的监督与评价

由内部审计部门或聘请外部审计部门对高职院校实物资产的内部会计控制系统进行审计与评价，监督与评价主要从三方面进行：一是内部会计控制设计是否严密有效；二是内部会计控制措施是否一贯有效实施；三是对内部会计控制做出评价。监督与评价的作用是找出薄弱环节和问题，及时加以修正和调整，并提出健全和完善内部会计控制的意见和建议，及时修改和完善内部会计控制系统。

第四节　高职院校内部会计控制的保障措施

随着国家科教兴国战略的实施和国家对高职院校管理体制的改革，各高职院校抓住机遇，加快发展，高职院校对资产的分配自主权也随之进一步扩大，致使各高职院校的资产和负债总量大幅度增加，办学过程中的经济行为趋于多元化，其财务工作也面临着更为复杂的局面。为此，进一步健全和完善高职院校内部会计控制已成为学校财经工作的当务之急。

一、高职院校实施内部会计控制的必要性

（一）加强高职院校内部会计控制是市场经济发展的要求

高职院校在市场经济不断发展的大潮中，面临激烈的竞争和复杂的局面，而要在激烈的市场竞争中立于不败之地，只有建立完善的内部会计控制制度和有效的运行机制，才能保证目标的实现，从容面对未来的挑战。

近些年来，出现腐败现象的高职院校往往缺乏最基本的内部会计控制制度。内部会计控制在国际上特别是市场经济国家有了很大发展，从理论到实务，其内容不断丰富，有许多成功的经验值得我们借鉴。我国的《会计法》从法律的角度对内部控制做出了规定。在新的形势下，高职院校高度重视内部会计控制建设问题，是有效堵塞漏洞、消除隐患，保护财产安全、防止舞弊，遏制和打击经济犯罪行为，促进社会主义市场经济健康发展的必然要求。

(二) 加强高职院校内部会计控制是高职院校健康发展的需要

近年来，高职院校规模日益扩大，教学科研业务量大大增加。要想使高职院校各业务部门有秩序和有效率地进行教学科研等活动，必须依靠科学、严密的内控技术来协调、组织、控制各部门的活动，调整处理各部门和管理人员的关系。随着教育体制改革的深入，高等院校已经脱离了单一依靠国家财政拨款的办学状况，步入了多渠道筹资的办学模式，资金使用已经涉及教学科研、物资采购、基本建设等方方面面。要使大量的资金筹集和使用活动健康有序地进行，就需要建立完善的内部会计控制制度。

(三) 加强高职院校内部会计控制是保证教育管理信息和财务资料真实、完整的需要

高职院校的管理层需要及时获得和占有准确的资料和信息，以便做出正确的判断和决策。这些资料和信息主要包括两大类：一类是教育管理及业务活动方面的信息；另一类是财务会计方面的信息。这些信息是管理者进行判断和决策的依据，同时财务会计信息也是国家制定宏观经济政策或决策的依据。只有通过制定和执行恰当的业务控制程序，科学合理地划分职责范围，建立相互协调、相互制约的机制，才能确保国家相关法律在高职院校的有效执行，从而规范高职院校的经济工作秩序，保证教育管理信息和财务资料的真实、完整。

二、高职院校内部会计控制的现状及问题

《高等学校财务制度》第四十七条规定：“高等学校必须接受国家有关部门的财务监督，并建立严密的内部监督制度。”《会计法》第二十七条规

定："各单位应当建立、健全本单位内部会计监督制度。"这些法律法规进一步从法律法规的角度强调了高职院校须建立内部会计控制制度。目前，各高职院校大都建立了内部会计控制体系，但具体实施情况却不尽如人意，主要表现在以下几个方面。

（一）内部会计控制意识淡薄

长期以来，由于受传统教育管理思想和模式惯性的影响，部分高职院校在思想上、观念上、管理上尚未完全适应市场经济的新情况，没有完全认识到高职院校是独立法人的含义，"高职院校经营"对许多人而言还是陌生概念。许多高职院校管理者只注重教学、科研等工作，缺乏内部会计控制管理理念，对学校内部会计控制建设认识不足、重视不够，忽视内部控制制度的建立和实施，有的学校即使制定了内部控制制度也难以落实，使内部会计控制制度失去了应有的刚性和严肃性，形成内部会计控制制度，在设计上脱节、执行中有漏洞的现状。

（二）内控制度存在薄弱环节

长期以来，高职院校经费的来源渠道比较单一，主要是依靠财政拨款，这就使得部分高职院校产生了重计划轻考核、重钱轻物的思想，对存货、固定资产和工程物资没有进行严格管理，对存货、固定资产和工程物资的采购、验收保管、付款等职责未严格分离，其出入库未按规定程序办理，未定期进行固定资产盘点，也未及时与会计记录相核对，造成资产不清、账账不符、账实不符。目前，随着高职院校办学规模的扩大，各高职院校都在加大投资、扩大规模以加速发展，有些高职院校缺乏风险防范意识，对建设项目没有进行科学论证，盲目扩张，存在投资无法收回的情况，决策缺乏有效的监督、控制机制。

（三）预算的功能作用尚未充分发挥

预算作为高职院校财务管理的主要手段，对规范高职院校财务管理、调节高职院校财务收支具有重要作用，但这种作用在现实中未能充分发挥，具体体现在以下方面。第一，部门预算不能对单位的财务收支有硬性约束，预算执行失控：①部门预算尚未涵盖单位全部财务收支事项（如横向科研经费）；②各高职院校一般在每年的七八月份上报下年度的部门预算，此时招生计划、支出项目等均不能落实，而学校预算编制一般是在当年的三四月份，与当年的实际情况基本吻合，所以，部门预算和学校预算之间存在着“两张皮”问题。第二，许多高职院校在编制预算时，定额测定不合理，没有充分的基础资料，无严格的测定方法，采用简单的“基数＋增长”的编制方法，使得高职院校经费预算只能增加、不能减少，“赤字预算”现象普遍，而且还会出现校内各部门互相争经费的问题，不能达到合理配置高职院校资源的目的。

（四）内部会计控制的监控力度不够

在高职院校内部会计控制体系构建中，内部审计控制的作用在于监督学校内部经济活动是否符合国家法律、法规和内部会计控制制度的要求，检查评价内部会计控制制度的有效性，提供完善内部会计控制制度和纠错防弊的建议。目前，在高职院校中普遍存在内部审计力量远远不能适应高职院校内部审计需要的现象，内部审计的监督效果不尽如人意，未能有效地履行其再监督的职能。一些单位经常是事后审计，使审计工作陷于被动，一方面难以做出准确的审计评价；另一方面审计结论难以落实，不能起到审计应有的威慑作用，致使内部会计控制的监控力度薄弱。

三、高职院校内部会计控制的保障措施

（一）增强内部会计控制的意识

内部会计控制是高职院校管理的重要组成部分，是一项系统工程。实施内部会计控制需要单位各管理部门之间的通力协作和组织上强有力的领导，需要全校教职员工注意控制好每一个环节，不能流于形式。

（二）营造良好的内部会计控制环境

所谓控制环境，是指对建立、加强或削弱特定政策、程序和效率产生影响的各种因素。影响控制环境建设的因素包括诚信的原则和道德价值观、评定员工的能力、董事会和审计委员会、管理哲学和经营风格、组织结构、责任的分配和授权、人力资源政策等。对高职院校而言，控制环境构成高职院校的控制氛围，影响高职院校教职工的控制意识和实施控制的自觉性。提高高职院校纪律，塑造高职院校文化，是高职院校内部会计控制的基础和保

证，直接关系高职院校内部会计控制制度的贯彻及整体战略目标的实现。因此，高职院校管理层应营造有效而合理的控制环境，使全校教职工认识到内部会计控制的重要性，以提高内部会计控制的自觉性。

（三）强化高职院校预算管理

高职院校预算是学校年度内要完成的事业计划和工作任务的货币表现，是学校日常组织收入、控制支出的依据。强化预算管理，第一，要把部门预算和校内综合预算合二为一，部门预算就是学校每年执行的预算，这需要各有关部门的协作、配合。第二，高职院校在编制预算时应改进预算编制办法，尽量采取零基预算的编制方法，细化项目预算，制定科学合理的定额。控制各种随意性开支，增强预算编制的严肃性、合理性和有效性。第三，在预算执行中要严格控制各项收支，并且要严格执行国家有关部门财务规章规定的开支范围和开支标准，不得随意改变资金用途和支出规模。第四，建立预算的跟踪、分析和评价制度，完善预算控制制度，把责任落实到人、到事，并对各项事项预算执行情况进行考核，提高资金的使用效益。

（四）充分重视内部会计控制中“人”的因素

“人”是实施高职院校财务内部控制的关键因素，内部会计控制是由人去履行的，并受人的制约。高职院校内部会计控制的失效、财务风险的产生，其行为主体都是人（指高职院校从管理层到有关业务经办人员），因此要充分重视内部会计控制中“人”的因素，把内部控制工作落到实处。为此，高职院校应加强以下几个方面的工作：第一，对重要岗位人员的配备和选拔，应全面考察其德、能、才、绩等综合素质，确保各岗位人员的素质要求。第二，积极组织有关人员认真学习国家和地方政府颁发的财政政策法规、制度、守则和财政纪律，增强其贯彻执行的自觉性，提高法治意识。第三，加强会计人员的职业道德教育，树立爱岗敬业、廉洁奉公的精神，教育会计人员自觉遵守和执行各项内部会计控制制度，形成以自我控制为主、自检自律为主要手段的内部控制制约机制。第四，加强对会计人员的业务培训，提高财务人员的实际业务能力和水平。会计人员不仅要具备专业知识，还要熟悉与财务相关的业务。第五，健全对会计人员的考核和评估办法。促进会计人员自觉地接受约束，保证会计信息的质量。

（五）完善内部会计控制体系

高职院校内部会计控制制度是为了控制学校内部的一切经济业务，使之都能严格按照计划规定的预期目标进行，以保证学校计划任务的完成，最直接的目标是防止差错和舞弊行为。内部会计控制应渗透到高职院校内部管理的各个层次，覆盖所有的部门，涉及经济活动的全过程。内部会计控制制度是一个有机整体，既要求覆盖全面，又需要突出重点。在制定财务内部会计控制时，要把握三个方面：第一，注重责任牵制。在机构设置与岗位分工时，一定要明确各部门组织及上岗个人应承担的责任范围，并要规定追究、查处责任的措施与奖惩办法。第二，以预防控制为主，事后控制为辅，防止学校的管理发生无效率或不法行为，如许多高职院校纷纷利用银行贷款进行建设，过度举债就会为高职院校带来财务风险，因此，高职院校就要建立筹资风险评估制度，对筹资方向、渠道、规模、用途、偿还来源、存在的风险等诸方面实施全面控制，建立完善的投资分析控制制度。第三，注重程序制约和对主要业务的控制。特别是对实物资产、物资设备采购、基建项目招投标等内部会计控制中的薄弱环节，必须经过授权、批准、执行、记录、检查等控制程序。

（六）加大内部会计控制的监控力度

单位内部财务控制、政府监督和社会审计监督组成的“三位一体”的会计监督体系要求高职院校健全内部审计机构，加强内部审计工作，针对高职院校中存在的内部会计控制监控力度不够的问题，笔者认为，应做好以下几点：第一，加强审计队伍建设，提高审计人员的政治素质和业务能力。第二，审计内部会计控制设计是否严密有效，能否防止、发现和更正可能出现的差错和舞弊。第三，审计内部会计控制措施是否一贯有效实施，还要对学校投资项目的可行性研究报告、审批程序以及投资项目时会计核算、投资收益、投资管理等情况进行定期审计或审计抽查。第四，对内部会计控制做出评价，并提出完善的意见和建议。另外，各级行政主管部门应定期加强对高职院校内部会计控制的指导和检查，通过检查来确保单位内部会计控制制度的有效实施。

第八章　高职院校财务绩效评价

第一节　高职院校财务绩效与财务管理制度的优化

随着我国高等教育的改革与推进，将市场观念融入高职院校的办学中已经逐步成为高职院校的发展趋势。高职院校要在竞争激烈的教育市场中立于不败之地，必须改变财务管理理念，重视绩效管理在财务管理中的作用及地位。

一、高职院校财务绩效管理的概念

（一）绩　效

绩效从管理学的角度看，是组织期望的结果，是组织为实现其目标而展现在不同层面的有效输出，它包括个人绩效和组织绩效两个方面。如果组织的绩效按一定的逻辑关系被层层分解到每一个工作岗位及每一个人，那么只要每一个人都达到了组织的要求，组织的绩效就实现了。从经济学的角度来看，绩效与薪酬是个人与组织之间对等承诺关系，绩效是个人对组织的承诺，而薪酬是组织对个人所做的承诺。当员工完成了对组织的承诺时，组织就兑现对员工的承诺，这种对等承诺关系的本质，体现了等价交换的原则。从社会学的角度看，对等承诺意味着每个社会成员按照社会分工所确定的角色承担他的那一份职责。他的生存权利是由其他人的绩效保证的，而他的绩效又保证着其他人的生存权利。因此，出色地完成他的绩效是他作为社会一员的义务，他受惠于社会就必须回馈于社会。我们把绩效的定义界定为：绩效是人们在特定场所完成任务的成就或成果。

（二）绩效管理

绩效管理就是力求打破现状，实现管理突破，挑战更高前景目标的过程，通过指导、奖励与发展、诊断与协调来发现管理的不足及影响工作绩效的组织系统因素和个人因素，有利于提高管理者与全体员工的综合能力，有利于协调员工及部门关系，从而提升组织团队精神。绩效管理是一个完整的系统，包括绩效计划、绩效沟通、绩效考评、绩效反馈四个环节。我们不应该孤立和偏废绩效管理系统中的任何一个环节，因为它们是互相影响、互相制约的有机整体。

二、高职院校财务绩效管理的内容

高职院校财务绩效管理是指在财务预算的编制、审批、执行、调整以及执行结果的分析报告中，树立以绩效为目标的思想，实现预算和绩效的匹配。只有如此，财务绩效管理才能真正发挥目标控制和资源配置的功能。为加强绩效管理，应注意以下事项。

第一，在财务预算编制中应开展摸底调查，掌握基础资料。通过对各院系、部门人员的编制与结构、院系学生数量和分类、部门科室设置、材料消耗、资源配备等基本情况摸底调查，核实和掌握基础数据，为细化收支预算编制奠定基础。同时应合理测算各项可能收入，不仅应测算高职院校可控制财力，还应将院系的创收、横向科研收入等不可控收入纳入预算中。

第二，在财务预算执行中，应加强支出过程监控，尤其是要注重对基本建设经费、实验室经费、基础设施改革经费以及大宗设备购置、图书资料采购等的管理。

第三，在财务绩效考核中，应建立一套科学、合理并行之有效的评价指标体系，使其呈现多层次、多因素的立体结构。针对教学单位、行政管理单位的不同，设立生均事业费、生均教学科研仪器设备值等经济指标，设立师生比、校友捐赠率等社会效益指标等。同时，应重视支出绩效考核评价结果的应用，扩大评价结果对往年的影响，将绩效评价结果与高职院校总体发展规划、经费投入方向、资金支持重点、责任人的业绩考核相联系，真正实施对资金的追踪问效，以实现高职院校资源的合理、有效的使用。

三、高职院校财务绩效管理优化的路径

（一）统一并提高各级领导的认识

要提高我国高职院校财务绩效管理，高职院校各级领导必须以全局的高度，认识到高职院校财务绩效管理的重要性，向管理要经费、要效益、把财务绩效最大化作为高职院校财务活动的根本目的。同时树立起高等教育成本意识，以现代的成本会计和管理会计为基础，建立起全校教育成本与控制评价制度。

（二）健全高职院校经济责任制，完善高职院校财务管理体制

高职院校财务管理最根本的就是体制问题，随着我国高职院校教育体制改革的不断深化，教育投资主体多元化已经逐步形成，学校正从单一的事业型管理逐步向多元化管理过渡，各类经济活动复杂，财务管理也日益复杂，学校应建立起健全的经济责任制，建立起“统一领导、集中管理与分级管理相结合”的财务管理体制。

（三）改革预算管理模式

预算管理是学校经济活动的前提与依据，预算资金的筹集、分配和使用关系学校财务状况与发展能力，因此，预算管理应作为高职院校财务制度改革的重点内容。为此，可以通过强化责任机制，建立激励机制，将校内的经费预算与工作绩效挂钩、预算的执行随工作绩效浮动的预算管理模式。

（四）探索建立高职院校仪器设备共享模式

学校内部应建立仪器设备等资源的共享模式，打破原有的仪器设备的封闭式管理模式。首先，高职院校仪器设备属于国有资产，学校只有管理权与使用权，在共享模式下，仪器设备统一管理、统一分配、统一使用；其次，高职院校应建立统一管理、统一分配、统一使用的共享管理平台，将分散的仪器设备组织起来，形成功能齐全的开放系统，在学校内部跨学科、跨学院、跨单位使用。

（五）建立高职院校财务绩效评价和问责制度

目前，我国大多数高职院校对财务部门预算资金使用的评价仅仅考察资金是否按照预算规定进行使用与执行，至于预算资金使用的效率与效果如何往往无人关心。因此，应根据高职院校的发展目标，采取科学的评价指标与方法对高职院校预算支出的效率与效果进行客观公正的评价。对于明显使用不当、评价效率与效果低下的，应根据具体情况对部门责任人进行问责，给予一定的行政处罚。

（六）加强财务管理队伍建设

高职院校财务管理者的素质与财务管理的效率与效果紧密相关，应对财务管理人员进行培训，转换“重核算、轻管理”的思想，不断提高财务管理人员的知识水平与能力，以适应新形势下高职院校财务管理工作的要求，保证高职院校财务管理目标的实现。

第二节　高职院校财务绩效评价体系的构建

随着高职院校的快速发展，特别是国家提出“大力发展职业教育”后，我国的高等职业教育进入了新的阶段，高职院校的资源投入也随着规模的扩大而逐年递增，特别是在绩效工资改革的背景下，经费需求和资源供给相互间的矛盾越来越突出。因此，在高职院校建立科学合理的财务绩效评价体系，既符合财务管理工作的新要求，也是实现高职院校可持续性发展的必要手段。

一、高职院校财务绩效评价体系的基本概念

高职院校财务绩效是指投入一定的教育资金而产生的能用数据表示的效果、效率和效益。它包含以下内容：效果，即高职院校最终有用成果的数量和质量的总和，如人才培养、科技成果等；效率，是高职院校投入与产出之间的比例，综合反映资金潜力的发挥程度；效益，反映预定目标的实现程度和经济利益的实现情况。由于高职院校财务管理上的独特性带来高职院校的经济效益考核的特殊性。学校人才培养质量的难以量化和产出

考核的模糊性等困难，使得我们只能通过一些可以定量反映高职院校工作成绩的指标来进行考核，在现实情况中常以绩效来代替效益，以成绩和效益的内容来综合说明学校产出的效益状况。

高职院校的有效管理依赖于对自身资源尤其是财务状况的了解和把握程度，因此需要进行准确、高质的财务绩效评价。高职院校的财务绩效评价，既不能凭主观印象，也不能仅注重单一指标的反映，而应根据实际绩效，进行全面的综合考核和定量评价，在会计核算数据和财务资料的基础上，设置一套科学、严密、完整的评价指标，利用一定的方法手段对高职院校财务状况进行分析、排序比较和评价。评价指标直接关系绩效评价活动的公正与客观，关系评价活动能否实质性展开，关系高职院校财务绩效能否得到改进和提高。

二、高职院校实行财务绩效评价的意义

（一）有利于高职院校制定合理的发展目标和规划

根据资源有限理论，高职院校发展必然受有限资源的制约。在市场经济条件下，整个社会资源配置是通过市场和政府两大系统进行的。市场在资源配置中起基础性作用，而公共领域的资源配置只有通过政府才能完成。政府对高职院校资源的配置提出高效、优化的要求。因此，必须对高职院校开展财务绩效评价，并在此基础上对未来财务状况做出理性判断，才有可能使高职院校的规划科学合理，有轻有重，有缓有急，从而积极稳妥地实现既定目标，从容地应对各种考验和挑战。

（二）有利于提高教育经费的使用效率

高等教育的产出与效果主要从高校毕业生质量、科研成果、社会效果等方面来评价。通过科学有效的绩效评价，可以发现哪些投入是必要的，哪些是不必要的，哪些投入是高效的，哪些是低效甚至无效的。这样可以不断提升高职院校的管理水平，降低成本，提高办学效益。

（三）有利于提高学校财务管理水平

科学的财务综合评价是财务管理达到较高水准的象征，高职院校依据财务综合情况制定的发展规划，根据发展规划制订的预算方案及按照预算

方案做出的收支计划便能环环相扣，即使调整也能做到持之有据。

另外，随着财政体制改革不断深化，收支两条线、部门预算、国库集中收付等方案的执行，学校资金使用的自由度大大减少，客观要求我们务必尽快改变粗放的预算管理模式，也就是说务必使学校明了综合财力的实际水平，从而制定出与财政体制改革相适应的预算方案。同时，通过正确评价高职院校财务运行和管理状况，可以帮助高职院校总结经验，找准不足，为改善管理、提高效益提供依据。

（四）有利于增强高职院校自我发展能力

高职院校的发展能力主要反映在办学条件、人力资源、资产利用率、专业教育能力、财务能力等方面。这些指标，不仅是对高职院校管理的评价，同时也是一种诊断，可以对高职院校战略规划实施过程和状态采取必要的调整。绩效评价制度的实施，能够引导高职院校科学制定事业规划，促进高职院校发展能力的增强。

三、高职院校现行财务绩效评价存在的问题

高职院校财务评价经历了单一的教育经费拨款支出分析阶段，综合财务指标的探索阶段，相对统一规范的指标体系阶段，各阶段的发展和改革都有其相应的历史背景，但总的来说，目前我国高职院校财务绩效评价机制尚未健全，高等教育投入、财政性资金和非税收入资金的使用效益缺乏应有的考核、监督和评价机制，财务绩效评价体系未能跟上财政体制改革和高等教育改革发展的步伐，存在如下问题。

（一）相关法律和制度保障的缺乏

目前，高职院校财务绩效评价的制度环境处于较缺失的阶段。由于隶属不同的主管单位，因此高职院校财务绩效评价体系缺乏制度和法制建设，无法可依。财务绩效评价体系、标准，相关政策、制度、规定、措施以及相关联的报告制度和评价结果监督制度等还在摸索阶段，在很大程度上影响了绩效评价工作的深层次开展和整体成效。另外又缺乏监督机制，导致了高职院校资金错位、机构臃肿、资产设备闲置浪费等。而高职院校财务绩效评价指标体系要取得实效，就必须健全相关法律来保障其规范

化、制度化。

（二）缺乏科学、合理、规范的评价体系

虽然目前执行的财务评价体系中包含了较多的具体指标项目，但是存在着比较单一的评价范围和对财务数据的过分依赖化的现象，指标评价过于追求量化，对和学校相关的信息评价比较欠缺。利用这些指标项目进行评价的范围也很单一，缺乏完整性、相关性，有以偏概全的现象存在，且没有进行深入研究如何准确地运用这些财务评价指标进行整体的绩效评价。高职院校缺乏科学、合理、规范的财务绩效评价体系，主要体现在以下几个方面。

第一，指标体系不能科学合理地反映绩效。现行的财务评价指标虽然能涵盖高职院校财务评价的各个方面，但在实际工作中如何操作，各个指标对评价的影响程度仍然没有结论。

第二，评价指标的设计缺乏系统性。反映在财务教育支出绩效评价领域，财政部门采用的指标主要有财政教育支出总量及所占比重、公共财政教育支出结构等量化指标。这些指标单纯追求定量化，过于简单，而且客观性不够，对公共财政教育支出的根本使命和目标实现绩效反映不明显，且存在以偏概全的现象。

第三，未能考虑到非财务指标因素。高职院校经费的投入产出，既有经济方面的因素，也有社会文化方面的因素。因此，将非财务指标因素列入财务绩效评价体系中的问题需进一步解决。

（三）对财务绩效评价的重要性认识不足

目前，很多高职院校领导认为财务绩效评价是财务人员的工作，是上级主管部门了解学院财务状况的一个依据，不是学院管理所必需的。认识只停留在单一看待，以规模为基本目标作为价值取向，不注重效益或成果，特别是在财政专项资金使用上，存在“不用白不用”的思维，只考虑如何向财政争取专项资金，而不注重专项资金使用的绩效。一方面，错误的认识使得对资金的使用效果不重视；另一方面，缺失正确的绩效管理和评价。一直以来，高职院校“重改革，轻管理”“重投入，轻产出”“重教研，轻管理”“重使用，轻跟踪”“重分配，轻监督”，只是追求所谓的教学规模扩大和科研资金投入等，往往造成政府经费投入不足和资源的严重浪费、教育资源不合理的配置和有效使用率的偏低、教育资金困难和教育支出效益低下等不良后果。

（四）绩效考核依据尚未完善，评价标准未能统一

评价标准是对评价对象进行分析评判和考核的依据，与评价指标一起构成了整个财政教育支出绩效评价的核心内容。在我国目前的评价工作中，高职院校财务绩效指标基础数据比较缺乏，评价标准值的确定存在很大的困难。一些评价标准的确定，依据的是评价人员的经验和判断，因而具有较强的主观性和随意性。而评价数据基本上是从相关部门搜集、逐级汇总上报得到的，各高职院校根据自己学校的情况选择指标进行列示，水分和误差较多。最终导致评价结果的可比性较差，客观性也有待商榷。

因此，我们需要在现行财务评价指标基础上，建立财务绩效评价的综合指标体系，以全面、科学、合理地反映高职院校财务综合实力和运行效率。

四、构建高职院校财务绩效评价指标体系的思路

（一）高职院校财务绩效评价原则

高职院校财务管理的特殊性和复杂性决定了在评价指标构建过程中既要考虑财务管理的共性特征，也要考虑高职院校的个性特征，应严格坚持如下原则。

1. 科学和全面性原则

体系的指标选取要具有全面性和代表性，不能重复和遗漏，能反映财务核算和绩效评价的主要目的。财务评价设计的指标既要考虑评价研究的目的，还应该符合客观现象的特点、运动规律及其性质，要按照“实事求是”的原则，能基本反映财务核算和绩效评价的主要特点。通过全方位评价，使评价的结果更加科学合理。

2. 可比和一致性原则

各指标之间相互独立又互为补充并且具有可比性，必须反映不同评价对象共同的属性，同时尽量做到前后各期保持一致。

3. 客观和可操作性原则

体系设计要从实际情况出发，注意在实践中的实用性和可操作性，使得指标里使用的数据都能从现成的财务资料和数据中获得。因此，体系指标要按照合理规范、易明白理解，并且容易获得，便于测算，与有关的其他统计口径相统一的要求来设计。

4. 动态和完善性原则

体系设计要有前瞻性，要剔除偶然性因素对体系的影响，注重反映国家发展和高职院校改革发展的趋势。要按照国家教育管理的新规定、新标准和高职院校新会计制度的要求，不断地修订指标项目、内容和权重系数，使之能更科学、合理地反映出各高职院校财务绩效的水平，并在实际操作中不断地进行完善。高职院校财务绩效评估是一项需要长期不断完善的动态工作。财务绩效的评价应充分考虑评价的趋势性，从时间上说，考核评价的时间越长，具有趋势性的事实也就反映得越明显。如果仅关注某一年份的评价结果，就无法排除偶然性的影响，其结果也就不能正确反映应有的评价效果，失去了评价的意义。因此，坚持动态完善原则，根据教育管理的新要求和会计核算的变化，每年修订指标和权重系数，才能更准确地反映出各高职院校财务绩效的总体水平。

5. 定量和定性相结合原则

由于指标构成的要素多样化，评价方法也多样化，要较准确地反映出高职院校财务绩效，就要在管理学、经济学等理论的指导下，采用定量指标与定性指标相结合的方法，以一目了然、简明扼要的重要数据及内在联系来组建指标体系。

（二）高职院校财务绩效评价指标体系的内容

高职院校财务绩效评价体系是一个多目标的系统，它应能正确地反映高职院校在运行过程中，以效益为核心的管理要求，从财务指标上全面提示高校财务绩效综合水平。该体系主要包括财务综合实力指标、财务运行绩效指标和财务发展潜力指标。

1. 财务综合实力指标

高职院校财务综合实力是高职院校经济规模和办学实力的重要体现，

综合反映了高职院校资产、负债和净资产的结构、财务状况及其变化趋势、多渠道筹集资金的能力，以及各项收入的构成和各类支出的投向。通过对财务综合实力的考核，可以反映学校的综合财务状况和办学条件。

反映财务综合实力绩效的指标由以下两部分构成。

（1）反映学校经费来源及规模指标。学校经费来源主要有国家（加地方）拨款和学校自筹经费两部分，反映学校各项事业发展的能力和后劲。国家拨款主要包括主管部门拨付的教育事业费、科学事业费、科技三项费用、基建经费等各项资金。学校自筹经费，包括学校教学、科技、后勤、对外服务、开办校办产业以及从社会各界获取的各类赞助与奖学金等款项。学校经费来源及规模指标包括学校总经费收入、学校自筹经费收入、科研服务收入等。

（2）反映学校办学条件指标。主要有学校年末固定资产总额、生均教学行政用房、生均生活用房、生均教学仪器设备、生均图书册数、生均体育设施，以及专任教师中博士、硕士比率等基本办学条件指标。

2. 财务运行绩效指标

所谓财务运行绩效，就是按照投入与产出相比的社会经济效益原理，对高职院校财务运行效能、效率、效益等多种产出形式进行综合评价。财务运行绩效指标主要包括师生比、教师占学校教职工的比重、人员支出与公用支出各占事业支出的比重、教职工人均获取经费额、教师人均教育事业收入、教师人均科研服务收入、经费自给率、学校自筹经费增长率、科研服务收入增长率、教育事业收入增长率、总资产报酬率、基建投资竣工率、固定资产年增长率、教学仪器设备利用率、预算收支完成率、万元财政投入培养学生数、学位获得率、毕业生就业率、科研成果应用转化率、重点学科增长数、国家或省（部）级教学成果增长数、省（部）级重点实验室增长数、省（部）级重点课程增长数等。

3. 财务发展潜力指标

财务发展潜力反映了高职院校负债状况和对财务风险的承受能力及其事业发展能力。随着社会主义市场经济体制的确立，高职院校多元化筹资渠道已形成，因此，全面考核和评价高职院校发展潜力，衡量高职院校在负债和风险方面的承受能力就成了高职院校财务绩效考核的重要内容。反映财务发展潜力的指标主要有资产负债率、年度收支比、借入款占学校总经费比重、暂付款占全部流动资金比重等。

（三）构建高职院校财务绩效评价体系的主要手段

1. 提升对高职院校财务绩效评价体系的认识

高职院校的财务管理工作涉及学校的各方面和各部门，要很好地开展财务绩效评价工作需要各职能部门的支持和配合。因此，学校领导必须提升认识、树立先进的管理理念，领导的重视和支持是优化财务绩效评价体系的重要保证。

2. 建立完整科学的高职院校会计系统

完整、科学的高职院校会计系统的建立，有利于了解、分析高职院校财务绩效评价资料，及时反馈评估结果，而且还可以为财务绩效评价工作的持续、有效开展提供有力的技术支撑。现有的高职院校会计系统，应进一步完善现有的会计核算和财务报告制度，在高职院校会计系统管理中全面改革，引入绩效管理思想，优化财政资金分配，增加绩效评价内容，促进财力资源的优化配置和有效使用。

3. 形成高职院校财务绩效评价的有效机制

高职院校的成本意识不强、办学效益不高，导致教育资源的过度使用和浪费。因此，高职院校财务绩效评价机制必须以绩效为中心，强化激励机制和约束机制，实现对高职院校管理者的有效约束。通过形成财务绩效评价激励机制和约束机制，引导和规范高职院校的办学行为，促进高职院校的可持续发展，全面调动学院管理者和员工创造良好绩效的积极性，真正形成激励先进、约束弊端的财务绩效评价机制。

第三节　高职院校内部财务绩效管理与控制

高职院校内部的财务管理是高职院校经费收支活动的基本依据，它与我国高职院校的发展与改革紧密相连。内部财务绩效管理与控制，是确保高职院校内部的财务管理活动高效、有序运行的重要手段。高职院校外部与之相关的环境条件的变化及高职院校内部组织环境出现的规模与结构的变动，要求高职院校必须加强内部财务绩效管理与控制。

一、高职院校内部财务绩效管理现状

（一）内部收入分配功能弱化

目前，大多数高职院校根据内部收入制定办法，允许创收单位在规定的范围内自主管理、自行安排创收所得。这种财务管理方式高效发挥的前提条件是合理规定创收单位与校内津贴的份额。然而，我国高职院校大都通过变相提高创收单位的所得，减少学校所得，导致高职院校提供资金的能力与职责处于一种失调的状态，无力兼顾创收能力弱的单位。这种追求局部利益的做法弱化了校内分配功能的发挥，降低了高职院校财务管理的绩效。

（二）固定资产投资效益较低

近年来，高职院校添加了大量的教学楼、食堂、图书等固定资产设备，但是在高职院校的内部并没有形成良好的共享与管理机制，各部门配置“小而全”的固定资产设备，甚至为引进人才单独配置实验室，这种不良的做法导致高职院校固定资产长期处于一种积压状态，利用率极低。

（三）财务预算效率低

一是预算提前期限短，影响了预算的执行。财政部推进部门预算改革十年过程中，预算编制时间不断提前，预算编制周期从 6 个月延长到 9 个月。高职院校预算下达时间太晚，严重影响学校当年的预算的执行情况。二是预算存在多级分配，分配率较低。多级预算分配主要有两种形式：其一是学校将经费分配给学院，学院再根据自身情况自行细分分配；其二是学校将经费分配给职能部门，再由职能部门将经费分配给使用单位。这种多级预算分配容易导致二级分配的部门和学院为了加强自己的权利，不将预算经费一次性分配，不容易达到责、权、利对等的效果，因此，这种多级、多层次的预算分配方式，不断加大了工作量，而且加长了预算下达的时间，预算效率极其低下。

二、高职院校内部财务绩效管理的作用

（一）提高资源配置效率

高职院校的地位与影响，不仅取决于其所拥有的资源的数量与质量，而且取决于其对资源的利用效率。这是维持高职院校持久竞争优势的关键，也是学校管理机构管理效率的集中体现。预算作为高职院校预先设定的目标、策略和行动方案的数量化表达，在实际工作中如果能够按照预算所描述的模式进行，就能达到预期的结果。对于财务管理本身来说，资源的合理安排是必不可少的，往往在下达财务指标的同时就对资源的配置提出了要求。高职院校必须按照预算的要求合理配置资源，才能保证财务管理的有效性，优化资源配置是财务管理追求的目标之一。

（二）有效控制各部门活动

从控制论的角度分析，财务绩效管理是一个控制系统，这一控制系统首先表现为员工、部门、组织绩效因果链中前一环节对后环节的控制。

就员工而言，绩效管理也是一个因果链控制系统。财务绩效管理首先有预期的结果——财务绩效管理的目的，要达到财务绩效管理的目的，就必须有财务绩效评估，进行绩效评估的前提是必须对财务绩效进行沟通，财务绩效沟通的基础是财务绩效评估指标体系。这样财务绩效评估指标体系作为财务绩效沟通的因，财务绩效沟通是财务绩效评估的因，财务绩效评估是财务绩效反馈的因，财务绩效反馈是下一轮财务绩效指标体系的因，于是不断循环往复直至达到提高员工和组织绩效的目的。财务绩效管理体系是一个动态的控制过程，反馈和前馈存在于财务绩效管理的整个过程中。财务绩效评估指标体系的建立就是对员工绩效的前馈控制。财务绩效沟通中既包括前馈控制又包括反馈控制，财务绩效沟通通过分阶段检查员工的工作绩效，提供反馈意见，同时将总结的意见用于下一阶段的前馈控制。财务绩效评估反馈的信息则用于下一轮的绩效改进。控制是财务管理所具有的基本职能，财务绩效管理系统的控制作用贯穿于整个管理的过程，财务编制是一种事前控制，财务执行是一种事中控制，财务的差异分析与考评是一种事后控制。控制作用体现在为了使被评估者达到提高绩效

水平的目的而展开的活动中。财务评估者作为施控主体，被评估者作为受控客体，评估者通过与被评估者共同建立绩效评估指标体系、保持绩效沟通、进行绩效评估与反馈来控制被评估者的工作行为或工作结果，提示实际工作与财务预算存在的偏差，能够及时采取措施予以改进，以保证预算的完成，达到提高绩效的目的。财务管理和绩效管理的有机结合对高职院校各部门及其员工的日常活动进行了规范，做到有章可循、有制度可依，从而加强和完善高职院校财务控制工作。

（三）合理控制财务风险

高职院校为了保证教学活动的正常进行，需要对所耗费的物化劳动和活劳动的价值进行核算，计算高等教育成本，并作为价值补偿的依据。

高职院校成为独立的主体的同时，也同样面临着诸多风险，其中对高职院校影响最大的是财务风险，如负债风险。高职院校为谋求自身发展，适度举债可以更好地用活资金，解决资金临时周转的困难，使学校能抓住机遇获得超前发展。但举债在带来效益的同时，也给高职院校带来了一定的财务风险。因为负债的资金不是收入，负债首先要考虑偿还的问题，权衡得失，关键在于举债规模应适度，负债的规模以不影响高职院校正常教学科研及维持费用的开支，不影响高职院校的正常发展为宜。因此，必要的财务评价指标，就可以考核和评价高职院校的财务发展潜力，衡量高职院校在负债和风险承受的能力，在真实、可靠核算的基础上对高职院校的财务运行边界进行预报，从而避免或降低财务风险损失。评价指标应具有科学性、准确性、实用性和代表性。同时，为了防范财务风险应对形势的变化，高职院校制定的财务指标值应留有一定的弹性，为财务工作的顺利开展留有余地，减少过大的财务预算刚性给财务管理工作带来的风险。因此，以绩效管理作为实现财务的约束激励手段，能促使高职院校的各责任单位提前制订计划，避免高职院校盲目发展，遭受不必要的经营风险和财务风险，而且财务管理的基础是计划。二者的结合就是促进高职院校用量化、非量化的工具使自身的经营环境、自己拥有的经济资源和高职院校的发展目标保持动态平衡。

（四）促进校内部门间的合作

高职院校财务部门与各学院及其他职能部门之间的工作关系是通过经费的统筹安排、预算分配、投入使用而形成的，财务部门与各学院及职能部门的关系状况会影响到学校办学经费的使用效果和效益。所以，协调是学校财务管理的重要环节和任务，它不仅是领导者应有的管理职能，而且也是解决矛盾的一种方法，是增强学校凝聚力必不可少的手段，是使学校财务预算管理取得组合效益的关键前提。财务绩效管理可以使高职院校的高层管理者全盘考虑高职院校整个价值链之间的相互关系，明确各部门的责任，便于各部门之间的协调，避免由于责任不清造成相互推诿的事件发生。

三、加强高职院校内部财务绩效管理与控制的对策

（一）做好宣传工作，更新财务管理理念

内部财务绩效管理与控制，不只是财务部门的工作，仅靠财务部门的财务人员来实现，效果是有限的，它需要各业务部门领导及教职工的配合，财务绩效的好坏，直接关系学校的发展前途。财务部门要利用现代先进的校园网络渠道，把国家的财经法规、会计制度进行广泛宣传，取得各级领导和职工的支持，开通网上查询系统，使各经费负责人随时可查询其各项经费的收支情况，以便预先安排工作，减少盲目开支。在各部门的共同努力下，树立全员成本管理观念，合理测算成本与效益，减少不必要的投入，提高资金的利用效率。

（二）充分利用科技信息，提高财务分析水平

目前，各高职院校已普遍实行会计电算化代替手工记账，降低了会计人员的劳动强度，而且财务收支可以实时监控，大大提高了会计核算效率。财务人员应充分利用先进的科技，开发出适合本校的财务管理系统，如学费收费各项目分析、经费收支子系统分析等，便于财务人员从多渠道获取数据，提高财务分析的精确度，对教育投入与成本进行细化核算，更好地实现财务管理的目标。

（三）建立符合财务绩效评价的标准

在国家规定法律法规允许的范围内，建立符合高职院校长远发展目标的财务绩效的评价标准。财务人员应深入各二级学院进行调研，了解各专业的性质、文理科学生的教学流程、实验课时间长短、耗材类型等，结合各部门上报的年度预算科学计算生均培养成本，而不是按总额一律“砍”多少比例。这样做有利于加强预算计划编制的科学性，监督预算运行的过程，便于分析预算计划与实际数据形成的差异，使绩效考评预算更合理。以学校的可持续发展目标为导向，建立有效的会计内部控制制度，使学校的各项财务收支有章可循，确定绩效目标要兼顾学校、教职工的利益。要细化预算单位，建立起预算项目负责制，使预算中每项支出有人负责，建立起预算编制、执行和监督相分离的管理机制。

（四）提高财务管理人员素质

高职院校财务管理人员不但要具有爱岗敬业、诚实守信、廉洁自律、客观公正、坚持准则、提高技能、参与管理、强化服务等会计职业道德的要求，还要有开拓的视野，学习国家最新出台的财经法律法规、会计准则、税收政策等，并能运用到实际工作中。引进高素质的综合型会计人才，任用德才兼备、不断进取的财务人员。采取激励机制，鼓励财务人员在工作中提出好点子、改进措施等，对提出好建议的人员实行奖励，以达到整体管理水平的提高。学校应安排一定的培训资金，让财务人员实行不定期的业务培训，如脱产进修等不同形式的学习，在巩固现有的知识同时掌握新的业务知识，开阔视野，提高财务管理水平。财务人员要与时俱进，转变观念，由“报账型”会计向“管理型”会计转变。在处理经济业务时，从财务管理的角度考虑，准确地应用会计科目、项目，为学校管理层提供有用的资料。

实行内部财务绩效管理与控制，需要学校各部门的密切配合。高职院校要建立完善的规章制度和建立健全有效的财务分析系统，合理核算成本、节约开支，使有限的资源发挥最大限度的经济效益和社会效益，提高学校发展的潜力和竞争力。

下篇　实践探索

第九章　美国高校财务管理的经验和启示

第一节　美国高校财务管理的特点

美国各州高校的财务管理体制各具特色，其共同点是都能围绕各自的办学需求设计最适合的管理体制。在此，我们结合国内近年来比较关注的一些财务问题，重点梳理和分析了美国高校财务管理的六个特点，以期引起相关人员的关注，有所启迪。

一、权责明晰的财务管理决策机制

在美国高校，不管是公立学校还是私立学校，一般都设有学校董事会。董事会是学校最高决策机构或治理机构，也是一个民主管理的共同体。各校董事会人数及其构成不尽相同。一般主要包括校友、企业家、学校管理者、专业人士、本校教师和学生等。公立高校董事会成员中还有代表政府利益的州政府任命的人员。

当然，私立高校与公立高校有所不同，私立高校是高度自治的，公立高校的决策会受到政府的影响，其影响主要是通过任命学校董事会成员来实现。

例如，加州大学是公立高校，董事会为学校最高权力机关。董事会下与财务管理相关的委员会有财务委员会、投资委员会、监察与审计委员会、学术评议会等。在管理机构方面，校长为学校最高行政长官，另设有具体负责财务、后勤、设备等整个事业运营事务的常务副校长。校长、常务副校长代表董事会行使财务管理权力。在操作层面上，常务副校长下又设两名副校长，分别负责资本管理和预算制定，前者分管若干财务管理业务处室，后者分管预算办公室，这种设置使预算制定与执行在具体操作层分开，但在学校领导决策层又集中起来。

二、以院系为重心、事权财权相匹配的财务管理体制

美国高校不管规模大小、公立还是私立，大多倾向于较为分散的财务管理模式。

哈佛大学的做法具有一定的代表性。大学和院系各有各的事权、也各有各相应的财权。大学集中收取的学费、科研经费等会相应拨给院系，院系还设有自己的捐赠基金，其收益也是院系收入的重要构成部分。院系设有财务总监和财务人员，与大学财务机构配合，处理院系的财务事项。院系预算不能出现赤字，出现赤字就停止使用经费，或者院系用自己的捐赠基金进行补足。

哈佛大学的分权体制并不意味着大学一级什么都不管。大学设有管理机构为各院系提供财务服务，统一管理的事项主要有两个：一是资金集中管理，二是对外举债集中管理。大学一级的财政收入主要有两个方面：一是大学一级财政持有的校长基金（在大学捐赠基金中的一部分）的收益，另一个是按照所管理各院系资金的一定比例收取各院系的管理费。学校有完善的内部控制体系，保障学校正常运转。

三、资源配置与事业规划紧密结合的预算管理

美国公立高校与私立高校的预算管理既有不同点，也有相同点。不同点主要表现在预算程序方面：私立高校校内完成即可；公立高校则须再报州政府审批。相同点主要表现在预算目标方面，学校预算编制必须结合学校长期规划来完成，事业发展规划是预算编制的依据。这样做的目的是要保证资源配置目标与学校事业发展目标的高度一致，经费分配与学校运行发展的优先顺序的高度一致，保障资源配置不偏离学校的基本宗旨和目标，服务于学校的重点工作和任务。

加州大学发展目标包括：第一，降低生师比；第二，为新教师提供启动资金；第三，缩小教师和职员的工薪差距；第四，增加研究生的经济资助；第五，加强本科生的教学指导。为了实现这些目标，在编制预算时做了以下努力：第一，争取州政府的拨款趋于稳定和可以预期；第二，尽可能推动收入来源的多元化，以保持主动；第三，实现管理效率的提升，减支增效；第四，实行稳健的学费调整计划，回应社会期望。

四、规范公开、公私分明的经费使用及管理

美国高校有着较为完善的决策、执行和监督程序。

在经费报销方面，财务部门的严格管理往往令教师“紧张”。如罗格斯大学，会计审核人员在经费报销方面的询问往往是刨根问底的，甚至让个别教授感觉有损尊严。一般情况下，教师若要报销，首先要将准备好的发票，交院系行政秘书整理和审核；系主任签字后，再到学校财务部门办理支付。报销经费时，教师必须能够说明发票的真实性、相关性。比如请人吃饭，在不超标的情况下，证明这顿饭与研究相关；如果开自己的车远途开会，可以按照公里数领取折旧补贴，报销汽油费，但票据必须与参加的会议细节对得上，也要其他人证明；如果请求报销通信费，要出具话费清单，剔除非公务部分并证明确属因公通信。

在经费使用中一个很重要的方面就是设备、基建等采购。其前期论证非常严肃，要经过多个环节的反复论证。考虑的重点是学校的长期发展规划、学科方向的需求以及避免重复购置。一般来说，公立大学采购活动受州政府关于采购程序和经费使用程序的影响；私立高校的采购会更市场化，可以招标采购，也可以由学校直接确定采购对象。但不论采用哪种采购方式，其公开程度都很高。

五、富有弹性、充满理性的债务与风险管理

在美国，不管是公立高校还是私立高校，一般都有权利举债。美国高等教育举债有两种方式：一种是由州政府举债，募集资金后拨付给高校专项使用，还本付息的责任由州政府承担；另一种形式是学校举债，还本付

息的责任在学校。学校举债也有两种方式：一是由学校直接找券商发行债券，二是由州政府代为发行债券。

以哈佛大学为例，2003 年至 2013 年间，其所发行债券呈持续增加的趋势，2013 年达到 57 亿美元。为什么哈佛大学拥有 330 亿美元捐赠基金，却还要举债 60 亿美元呢？哈佛大学财务主管认为，学校发行债券或申请贷款，能够获得低利率或政策补贴，而学校的捐赠基金可以通过多种形式组合投资获得高额回报，综合比较对于学校是有利的。同时，学校必须将债务规模控制在合理范围内，并保证学校有足够的流动性资金，满足日常开支。

举债必然存在风险，对于一些学校来说，债务的还本付息会成为负担，还有一些学校陷入财政困境，甚至破产，特别是一些四年制小型私立高校。对于公立高校来说，由于破产会带来巨大的政治影响，州政府一般不愿意高校破产，而采取院校合并等方式解决。如果州政府发现学校财务出现问题，也会提前进行干预。如康狄涅格州的高校在发行债券时，州议会都会质询州长和校长，要求他们给出充足的理由。

六、自主决策、操作规范的资金和投资管理

美国高校的资金（现金）管理值得关注。学校有权利对自己拥有的资金进行安排，对闲置或沉淀的资金进行投资增值。

美国高校普遍存在对外投资管理，其具体方式因校而异。有的学校自身设立部门专门从事投资活动，有的学校只保留投资委员会之类的决策机构，而聘请专业投资公司进行操作。如私立的哈特福德大学本身就是注册的非营利组织，不需要通过另一个企业募集捐赠和管理投资。学校成立了投资咨询委员会，聘请了专业的投资人员，对学校资金进行投资筹划和操作。投资政策主要有以下几点：采取多元化策略以分散风险；收益要高过通货膨胀率以保值增值；要在风险与收益之间做好平衡；对各类投资资产分类设定收益标准以便进行考评。

哈佛大学对于投资的管理较为独特。哈佛管理公司是一个独立的企业，哈佛大学也是一个独立的非营利组织。两者之间从法律关系上，是相

互独立的。但是，哈佛管理公司存在的目的就是为哈佛大学管理捐赠基金，该公司有专业人员策划、操作和管理资金运作。哈佛管理公司总裁与哈佛大学首席财务官并无上下级关系，其总裁直接向学校董事会汇报和负责。哈佛大学设有财政委员会，财政委员会有 10 ~ 12 名成员，其中哈佛管理公司总裁和哈佛大学首席财务官都是财政委员会的成员，两者有很多沟通和配合，特别是涉及资金管理和投资事项时必须紧密协调。

第二节　美国高校科研经费管理的基本经验

近年来，我国高校科研经费管理成为社会关注的热点之一，各方面对于科研经费管理责任归属莫衷一是。我们在了解美国高校科研经费管理有关情况的前提下，进行分析梳理，以期能对加强我国高校科研经费管理有所借鉴。

一、美国高校科研经费管理的基本做法

（一）科研经费管理工作

1. 政府层面

美国研究型高校承担着重要的科学研究职能。联邦政府为高校科学研究提供了重要的经费资助，州政府也会根据本州社会经济发展的需要安排科研资助。联邦政府能源部、国防部、卫生部、教育部、国家科学基金会等部门是科研经费资助较多的部门。联邦政府对科研经费的使用管理有着较为严格的规定，要求申请人逐项编制费用预算，交由政府资助部门审核。

2. 学校层面

高校通常设有科研资助管理部门，有的隶属于财务部门，有的属于单设机构。科研资助管理职能与财务管理职能往往存在着密切的合作关系，共同为教师的科研活动提供服务。美国高校在科研经费管理方面，责任是很清晰的。如果审计时发现不正确地使用经费，项目负责人须负主要责任。由于高校是受资助单位，项目负责人是学校的一员，经费也是委托学

校管理，出了问题，学校必须负最终责任，严重的会停止对学校的资助。因此，学校既要求教师自律，又严格执行经费监督审核程序。

（二）科研间接费用的资助

1. 政府对科研的资助方式

美国政府对科研的资助方式分为对项目的直接费用资助和对科研机构（包括高校）的间接费用资助。

2. 对高校科研间接费用的资助

间接费用是以项目直接费用为依据，以一定的比例计算而得的，主要是对学校运行费用的补偿。资助部门除了向学校核拨项目直接费用外，还要向学校核拨间接费用。一般而言，间接费用是由高校与资助部门一对一进行谈判而确定的。一旦确定，一般会维持 3 年。决定科研间接费用的因素很多，其中学校科研水平和科研设施先进程度是很重要的因素。但是，不同的资助部门的间接费用比例可能不同，如国防部为50%、能源部30%等。各高校科研项目间接费用比例各不相同。哈佛大学对联邦政府科研项目间接费用为直接费用的69%，这在全美国可能是最高的，但该校依然认为无法补偿管理成本。高校对非联邦的科研项目间接费用的比例要低得多，其间接费用一般不超过20%。对于有些很希望争取到的非联邦科研项目，经学校同意，也可以减少和免除间接费用。

3. 间接费用资助的使用

间接费用资助的使用也与各高校的财务管理体制密切相关。通常来讲，科研间接费用资助到学校以后，由各个学校决定经费使用的具体方式和方向，资助部门不再进行干预。间接费用主要用于学校人员费用、院系的维持运行费用、学术支撑费用、水电费用等。

（三）教师的薪酬与研究者的工薪补助

1. 教师的薪酬

美国高校教师工资水平是由多方面因素决定的，不同专业、不同学校之间的教师收入也存在差别。但是，确定教师工薪水平的一个很重要的因素是市场因素，是以一个专业某个职称的教师通常的工薪水平作为参考，由学校或学校的院系与所拟聘任的教师商谈一致后进行确定。

2. 研究者的工薪补助

对于联邦政府资助的科研经费是否能够发放研究者的工薪，要看情况而定。很多高校对于教师在科研经费中开支人员经费有政策上限。比如，康理锹格州大学对于职员发放12个月工薪，对于教师发放9个月工薪，教师的剩余3个月工薪可以用研究经费进行弥补。但是，教师做科研或讲课取得的收入，加上学校支付的工薪最多不能超过12个月（年薪制）。如果研究工作需要占用超过3个月时间或者需要占用教学时间，教师可以与学校协商，相应的工薪由学校扣减，可以用研究经费来发放。

3. 科研经费开支工薪的管理

对于在科研经费预算中发放个人收入的数量，由学校科研资助管理办公室进行审核和管理，不可能出现多头管理的问题，也不可能出现超发。

二、美国高校科研经费管理值得借鉴的地方

（一）违规责任的界定

美国高校对科研经费使用不规范问题的责任划分是十分明确的，经费使用人和项目负责人承担直接责任，学校作为依托单位承担管理责任。如果经费使用人和项目负责人不能合规、合理地使用经费，学校有责任进行处理，个人也要承担后果。一所学校如果不能让资助部门相信学校能够尽到管理责任，科研资助资金就不会那么容易流入学校，学校就要承担疏于管理的后果。

（二）人事和工薪政策

美国高校的教师系列与职员系列分开管理。教师实行年薪制，同时允许教师从科研和社会服务中取得收入，但设有上限。这个制度设计可以达到两个目的，一方面以其他活动补偿学校对教师队伍的成本投入，另一方面弱化教师过分热心教学之外活动的动机。这一点，对于我国财政科研经费的管理具有借鉴意义。

（三）政府对高校承担科研项目进行间接费用资助的方式

科研项目在研究过程中，不可避免地会使用学校的公共条件、基础设施、科研人员队伍等资源，对这些费用的补偿是推动学校科研可持续发展

的基本条件。尽管从美国高校的角度看，间接经费补偿力度与需要之间仍然存在一定缺口，但总的来说还是比较实事求是的。我国科研经费间接费补偿制度刚刚开始，美国在补偿内容、力度、方式等方面的做法可以为我们提供一定的参考和借鉴。

三、加强我国高校科研经费管理的几点建议

（一）认真研究参与各方的行为动机，查找科研经费管理问题的根源

目前，我国高校科研经费使用和管理的状况不够理想。科研人员尽可能花掉每一分钱，而不管是否低效、是否浪费，甚至不管是否合法，原因是结余经费要上缴，不规范使用经费被查处的可能性和代价很小；学校对此也没有积极性严格管理，甚至无能为力、无所作为，因为科研经费的管理实行的是课题负责制，同时科研经费越多，学校向科研活动的补贴就越多。在这种情况下，政府和资助者、监管者难以信任科研人员和高校，就不断地加大审计，以期能够发现问题。在这个过程中，客观情况是科研过程具有高度的不确定性，核心问题是信息不对称。要改变这种恶性循环，能否借鉴美国科研经费管理的做法，尽可能做到各方权利与责任的平衡，既避免无权之责也避免无责之权。换而言之，从“动机—行为—结果”这一逻辑出发，首先研究各方面的“动机”，发挥资助部门、高校、项目等多个方面的积极性，相互配合、相互支持、相互监督，特别是课题负责制与学校法人责任制各有分工，不能相互替代，不能混淆。只有经费负责人和经办人员负有首要责任，学校负有监督管理责任，这样才能落实责任制。

（二）合理补偿高校科研间接费用，推动学校管理责任的落实

“十二五”期间，中央财政科技经费已开始安排间接费用，但间接费用的力度与实际情况差距很大。逐步提高间接费用的力度，可以逐步改变高校科研活动越多，财政补贴越大，财务状况越紧张的状况，使严格管理科研经费的学校受益，而使疏于管理科研经费的学校可能造成损失。同时，高校也应加强对间接费用的核算，建立一套间接费用的分配、使用、管理和效益评价制度，做到“管得清楚、说得明白”，增强科研资助部门

的投入信心，增强监督管理部门的基本信任。

（三）把握经济业务真实性、合法性尺度，加大经费使用人的直接责任

科研过程存在高度不确定性，科研活动的行为者、资助者和监督者之间存在严重的信息不对称，使得外部监管很难有效实施。因此，科研经费监管应从两个方向发展：一是内部控制体系中管理责任向接近业务源头的环节下移，通过院系负责人审核签字制度加大“同事”监督力度；二是监督体系更加开放和多元，通过科研项目财务公开制度增加“同行”监督的可能性，使监督更加常态化、更具严密性、更加全方位，惩戒刻意造假者，落实经费使用者的直接责任。

（四）稳步推进高校教师薪酬体系改革，允许科研人员在项目中开支薪酬并设置合理限度

高校应该结合人才培养和科学研究的规律，考虑市场因素和人才流动机制，推动学校人事制度改革，形成较为规范的教师薪酬体系。在这种情况下，对科研人员科研活动的取酬进行合理管控，既要承认科研人员付出的劳动，也要兼顾教学科研的关系；既要调动教师职工的工作积极性，也要抑制过分的个人收入驱动，缩小个人收入间的不合理差距。

第三节　美国高校经费监管的做法与启示

中美两国高校所处的制度环境差异较大，经费监管的思路和方法不尽相同。我们把了解到的美国高校经费监管的情况陈述出来，期望教育部门和广大教育财务工作者能从美方做法中得到启迪，进一步规范和加强我国高校经费监管工作。

一、美国高校经费监管的基本做法

总的来说，美国高校在经费使用上更强调和重视经费使用者的自律，同时也有外部监督的机制。美国高校的自律、他律与法律是一个较为完整的体系，而贯穿这个体系的一个基本做法就是财务信息的公开透明。

（一）内部治理：利益均衡

美国高校的治理机构一般是学校董事会。外部的力量，不管是社会的还是政府的，都是通过董事会来进行体现的，政府和社会对高校的影响是间接的。董事会成员不全是学校内部成员，有的甚至大多是外部成员，这些外部成员通常包括校友、政府代表、社区代表、专业人员、著名人士等等。

从表面上看，这是一种典型的“外行领导内行”机制。实质上，这一机制是典型的“利益制衡”机制，目的是试图实现“外行”与“内行”的平衡、公共利益与内部利益的平衡、常识良知与专业知识的平衡。这种机制在一定程度上可以消除“内部人控制”的问题，矫正专业人员的知识狭隘和某种偏向，其最大优点是学校自身责任意识和责任归属很清楚。当然，这种机制未必能够保证自身行为与社会整体目标的一致性。

（二）外部监督：财务公开

1. 对私立高校的监督

美国私立高校接受外部监督的主要方式是财务公开。学校董事会每年聘请第三方（会计师事务所）对学校年度财务报告进行审计，甚至对学校内部控制体系的健全性和有效性进行审计，再将这些经审计的财务报告提供给学校董事会，并向社会公开。

2. 对公立高校的监督

美国公立高校的外部监督则是在财务公开的基础上，还须接受来自政府的审计，接受议会的质询。高校每年将财务报告提供给州政府财务办公室，财务办公室在分析高校财务情况时如有异议，也会委托第三方进行审计，并根据独立审计的结论进行规范管理，并追究相关人员责任。政府审计力度很大，频次不一。比如，2012 年康涅狄格州大学先后接待 7 次来自联邦政府和州政府委托的审计。

3. 政府对建设经费的监督

政府对拨给公立大学的建设经费有更为严格的监督。学校对于大型基建投资每半年要提交进度报告，大型修缮需经批准才可执行并需随时报告进程，如果建设项目的投资数额发生增加和其他变更，都要通过州议会讨论。

4. 审计差异及处理

对公立高校的审计过程中可能会发现与预期不同的问题，这就是审计差异。学校管理当局可以回应审计差异，提出自己的意见。但是审计报告是提供给受托人的，并不是给管理当局的。审计中经费使用方面的问题一旦被发现和曝光，就会有严重的后果，甚至涉事人会遭到起诉。

需要特别说明的是，在美国，不同高校财务公开的程度有所不同。公立高校必须公开，这是法律要求。一般对于大多数高校来说，在其网站上可以看到公开的财务报告。

二、美国高校经费监管值得借鉴的地方

对于经费管理，很多人习惯于从学校办学自主权的角度对中美做法进行描述和比较，但往往忽略了经费监管的核心“责任”二字，即“谁负责任、负什么责任、怎么负责任”。中美高校经费监管的最大不同就在于学校关于“责任”的自我意识差异，在于最终责任归属的不同，在于问责体系的健全性和有效性以及执行效果。美国高校经费监管模式是其国情下的选择，不一定都适用于我国，简单的移植未必能够“成活”。为此，应以一种开放的心态，深入分析研究。我们认为，有以下两点值得借鉴。

（一）外部利益相关者参与学校治理结构的方式

“外行领导内行”的利益制衡机制是美国教育管理体制的一个特点，这种治理结构既实现了外部利益相关者对学校发展的参与，包括政府意志对高校的影响，同时又在一定程度上避免了政府对具体事务的直接干预和陷入具体事务与矛盾之中。

（二）以自律为基础的财务问责体系

美国高校经费监管更着重于学校内部控制体系的健全性和有效性，将学校内部的决策、执行和监督的完善作为基础，同时聘请第三方审计鉴证，并面向社会进行财务信息公开。这种他律与自律结合、以自律为基础的问责体系，社会公众、政府、教师员工、学生等内部和外部利益相关者共同来进行监督，使监督的过程更为广泛、深入、密集、持续，监督的角度更为全方位。对于希望监督公立学校的政府来说，既避免了多头监管、

无人牵头的局面，也使监督责任更为明确、监督成本更小。

三、加强我国高校经费监管的几点建议

（一）加快推进高校章程的科学制定

积极推动高校经费监管制度的制定，理顺高校与政府、社会、教职工、学生等利益相关者的关系，改善高校治理结构，释放办学活力的同时加大学校办学责任和管理责任。

（二）推动高校财务问责制度的建立

建立健全学校内部控制体系实行“以自律为基础、他律与自律相结合”的问责制度，推进第三方审计监督，增强监督的独立性和有效性，避免“九龙治水”“多头管理”的问题和“有人检查、无人负责”的局面。

（三）推动社会监督制度的建立

社会监督的前提是信息公开。应逐步规范财务信息发布的内容、方式，提高财务信息的有用性和可读性，满足公众信息需要，既要有效地促进利益相关者的监督，也要保护学校合法权益，保障学校教学科研秩序正常运行。

（四）持续推进高校内部控制体系建设

经费使用规范化涉及一系列工作环节，但最根本环节在于经费使用者的动机和行为，自律是第一道“关卡”。高校的内部审计机构应将内部控制审计作为重要的工作内容，高校也可以聘请会计师事务所对学校内部控制进行审计，以持续推进内部控制体系建设。因此，学校对于经费使用的监管也要层层落实责任，形成一个环环相扣、相互配合的监督体系。

（五）探索建立高校财务报告审计鉴证和公开制度

高校应当将财务年报作为财务主动公开的一项重要内容。每年聘请第三方（会计师事务所）对学校年度财务报告进行审计，甚至对学校内部控制体系的健全性和有效性进行鉴证。在公开财务年报时，应同时将审计意见向社会公开，接受社会监督。教育经费监管部门应逐步建立健全异常名录和黑名单制，改革创新监管方式。教育主管部门分析学校财务情况时，如有异议，可以再次进行审计，并根据独立审计的结论，进行科学规范管理。

第十章　国内高职院校财务管理的经验和启示

第一节　云南省省外高职院校财务管理概述

据统计，截至2015年，全国高职院校共有2 845所，其中独立设置的高职院校达1 341所，占据了半壁江山。但是，我国的高职院校大部分是由普通本科院校设置的二级学院、传统的普通专科学校、省部级以上的普通中专学校或独立设置的成人专科学校合并组建而成的，除少数重点高职院校外，大多数高职院校在基本建设、教学设施、师资力量、办学规模、教学管理、教育经费等条件上都远远比不上普通本科学校，特别是近几年，教育部门对高职院校进行办学水平评估，使得还不达标的高职院校不得不投入大量的资金用于再建设。由于基础建设规模大，资金投入多，再加上财务制度的不完善，使高职院校职务犯罪一半以上出现在与财务有关的领域。由此可见，财务管理在高职院校发展中的地位越来越重要。要想扭转这种不良局面，就要对传统财务管理的理念进行重新审视，发挥创新的财务管理的理念，为高职院校的发展提供可靠的保障。

一、云南省省外高职院校财务管理的发展历程及现状

（一）发展历程及现状

进步是社会之必然，中国有五千多年的历史，源远流长，人才辈出，谁能否定这不是教育的力量。从古至今，国家对教育都很重视，古代的学院私塾比比皆是，现在的学校大学城更是高楼林立，从近十年来看，随着

经济的不断发展，我国的综合国力的大大增强，高职院校的发展犹如雨后春笋，纷纷进入快车道。要想维持这么多的高职院校的快速发展，没有必要的经济支持是不可能的。目前，我国学术界对高职院校财务方面的研究，取得了很大的进展，研究的层次由浅到深，研究思路是通过分析了解目前高职院校财务上有什么问题，导致这些问题的主要原因是什么，找到重点，对每个问题提出建议性的解决方法。笔者最近一段时间大量阅读相关资料，发现高职学校发展在很大程度上依赖于负债办学，由单一的负债风险引发财务风险的加剧。由此可知道，对我们国家的高职院校财务风险管理问题进行系统和深入的研究具有非常重要的意义，负债办学的兴起一时成为普遍的方式，但是一般非财务人员不会知道，这种办学模式的兴起，无形中增加了高职院校在财务方面的风险。在最近的几年里，一些学者和社会各界专业人员重视高职院校财务风险问题。在很长的一段时间里，大部分的研究学者把负债风险和财务风险等同，如果片面、简单地将高职院校财务方面的风险仅仅认同为负债风险，而对其他风险因素的影响却忽略不计，以偏概全，以这样的态度去处理问题，必然对高职院校财务风险的全面控制和管理不利。

（二）高职院校财务管理的内容

财务管理（Financial Management）是企业管理的一个组成部分，它是根据财经法规制度，按照财务管理的原则，组织企业财务活动，处理财务关系的一项经济管理工作。简单地说，企业财务管理是组织财务活动，处理财务关系的一项经济管理工作，也许有人会说高职院校财务管理基本的内容与企业也没什么太大区别，大同小异，这有什么好研究的，说这话你就大错特错了。企业发展的目的是盈利，高职院校教育发展的目的也是盈利吗？不是这样的。高职院校与企业的目的不一样，其财务管理的内容也就会有很多差异，我们要学会辩证地去分析和研究。

（三）高职院校财务问题的特点

与企业财务风险相比，高职院校财务风险有其不同于企业的特点。作为一所非营利性的高职院校，高职院校财务风险不同于广义和狭义的企业财务风险，但是如果从概念的性质和风险成因上综合来看，高职院校财务管理上的风险更接近于我们日常所说的广义的企业财务风险，其特点主要体现在以下几个方面。

1. 隐蔽性

随着经济社会的不断进步，国家的教育模式已经由精英化教育向大众化教育转变。笔者最近阅读相关文献了解到高职院校财务风险其隐蔽性体现在许多或有负债方面，由于或有负债的存在，使得我国各大高职院校中工程的应付账款或其他应付账款等都无法进行准确的监控。

2. 难评价性

高等教育学校是一所不以盈利为目的的组织，因此，高职院校的偿债能力，就不能用企业通常用的盈利能力来评价，用支付能力来进行评价都显得有点太过牵强。

3. 潜伏性

高职院校财务在目前的这种采用收付实现制的模式情况下，导致高职院校在运营过程中所形成的负债不能完全在财务报表中反映，对于这种没有进入账簿财务体系的负债很容易隐藏一些财务问题，此种模式使得国内普遍的高职院校的财务风险具有一定的潜伏期，并且其时间持续性还会很长，在看不见的情况下，财务风险就隐藏得越深，就更难被发现。

二、云南省省外高职院校在财务管理方面存在的问题

（一）高职院校财务管理工作未受到足够的重视，内部管理的规章制度不健全

目前，许多学校在思想观念上仍未完全适应当前高职院校改革创新的形势与要求，认为财务管理仅仅是为其服务的辅助部门，只需提供一些简单的报账核算就可以，因此对财务管理部门的建设和管理重视不足，导致其内部管理的规章制度不健全，以至于在实际执行或操作中出现与制度背离的现象。同时，长期以来，对财务分析的不够重视，高职院校财务管理经验缺乏，这些都严重影响了高职院校财务管理水平的提高。

（二）高职院校财务预算管理制度不完善，资金使用效率低下

一是有些高职院校的财务预算管理制度不完善，不从学校的实际情况

出发，各种经费均采取“基数法”原则进行编制，甚至有些学校为了一些不为人知的目的夸大或缩小预算申报数，这样就导致了预算管理制度的虚化。二是由于许多高职院校的部分资金来自政府的无偿拨款，这部分资金不用付出任何代价，由此，高职院校的工作人员在这些资金的使用上，缺乏资金的使用效益观念和意识，不根据高职院校的实际需求，没有做到把资金用到刀刃上，不注重资金的使用效率，从而导致了资金的使用成本居高不下。另外，一些高职院校只看到眼前的利益，不从长远出发，随意、不科学地安排资金的使用，使学校的整体利益受到损害，也是其中一个原因。这些都极大地影响了高等教育的可持续发展，导致高职院校本身不能健康、有序的发展。

（三）高职院校财务管理的分析评价指标不健全，缺乏财务管理经验分析数据

改革开放以来，我国教育、经济实现了持续快速发展。同时，随着社会主义市场经济的不断深入，我国高职院校的经济活动日益广泛，但是随之而来的高职院校财务风险也在加大。为了减小财务方面的风险，好的财务分析和决策就显得尤为重要。然而，现在的许多高职院校财务管理的分析评价指标不健全，又缺乏财务管理经验分析数据，特别是缺乏对事业发展速度、经济效果等方面的评价指标分析。与此同时，对财务分析不重视，没有去深入地研究财务管理经验分析数据之间的内在联系，这些都严重影响了高职院校财务管理水平的提高。

（四）高职院校财务管理人员素质不高，对财务的基础工作不规范

过去，高职院校的财务工作相对简单，对工作人员的素质要求也不高。然而，随着时代的发展，教育体制改革不断深入，我国高职院校教育进入一个新的发展阶段，对高职院校的财务工作的要求也由此变得相对复杂。因此，现有的财务管理人员与财务管理制度跟不上学校的发展与要求，高职院校财务人员的学历不高，人员老龄化程度偏高，财务管理观念陈旧，财务管理能力也相对不强。这些“老一辈”的财务人员在实际工作中财务基础工作不规范，甚至错误地使用会计科目，造成了财务管理中的信息失真，进而导致高职院校的管理层做出不切合实际的相关决策。

（五）内部控制制度设置不完善，执行力较差

高职院校本身的内部控制制度仍然存在漏洞，高职院校财务管理在其发展过程中虽已有很大改进，但其内部控制制度仍存在着许多薄弱环节。主要表现在以下方面。

1. 内部控制的内容不全面

如今，很多的高职院校虽然设立了一些监管财务的机构，但是其内部控制所涉及的内容还是不全面，使得高职院校财务部门的监督管理不能发挥其最合理的作用。例如，有些高职院校未建立重大建设和投资项目论证、决策机制等内部控制制度，造成决策失误、财务损失；有些高职院校财务人员不能参与其他单位签订涉及财务问题的协议、合同等，使其监督的效果大打折扣。

2. 内部控制范围不够广泛

目前，高职院校普遍存在着“只重视财政性资金的内部控制，而忽视了预算外资金的内部控制”的现象，未将预算外资金纳入学校的内部控制范畴，由此产生了一系列不规范的行为。如有些学校内设机构或部门利用学校的品牌、设备与人力资源创收，而收入不上缴；截留预算外资金，用作其他用途；一些高职院校收费没有经过教育、财政、物价部门批准，擅自制定收费项目和标准，违反规定乱收费等，这些行为严重危害并影响到了高职院校的发展。

3. 内部控制执行不严格

目前，按照上级有关要求，一般高职院校都制定了内部控制制度，但却没有严格执行，使内部控制制度流于形式，形同摆设，失去了其应有的刚性和严肃性。一些学校的领导每天只是工作在自己的圈子里，对外界的消息关注得太少，导致消息有些闭塞，跟不上这个高速发展的社会的步伐，使得学校的一些内部控制制度落后于别的学校，没有抢占先机。虽然说学校不是以盈利为目的的，但是如果学校失去了大家的认可，谁还会愿意把孩子送到这样的学校里。所以说，学校内部的制度要时时刻刻跟得上国家大政方针的前进脚步，狠抓落实，强力执行，使学校的发展都在一个同等的平台。

第二节　云南省省外高职院校财务管理的基本经验

在社会主义市场经济条件下，事业单位的经济活动形式、资金来源渠道以及事业发展的需求都发生了很大的变化。随着教育事业的发展和教育改革的进一步深化，国家提出将高等教育作为一种产业来发展。高等教育产业化是适应社会主义市场经济发展需要，转换现行高等教育办学体制，适度引入市场机制，按市场经济规律运作，形成政府宏观调控、市场微观引导、高等院校自主办学的一种新体制。身为高等院校一分子，高职院校作为产业就要同其他产业一样，有投入、有产出、有效益，这就要求高职院校必须通过加强管理、努力降低办学成本等措施，在保证取得社会效益的前提下提高经济效益，在不断激烈的竞争中谋求更好的生存和发展空间。而这一切，关键是加强财务管理。通过多年的探索，云南省省外很多高职院校已经有了一些成熟的经验和做法。

一、改变传统理念

（一）落实高职院校的自主权

高职院校应该逐渐将党、政、学分离，转变传统的政府控制型，提高政府的监督能力，这是现代化大学制度及财务制度建立的前提。

（二）改革高职院校的经费管理办法

让高职院校掌握一定程度的定价自主权，改变原来的针对高职院校学生学费收取方面的收支两条线的财务制度。

（三）转变教育资源的使用观念

我们要深刻认识到，进行高等教育的最终目的是培育符合社会需要的合格的人才。教育资源都是为了我国的教育事业服务的，高职院校要以努力提高教育教学质量，完成教学任务为根本出发点，在实际的教学工作中，应该摒弃以自我为中心的错误认识，做到互相帮助、互相学习、共同进步。

（四）明确高职院校的产权

可以建立由社会出资者构成的董事会，在高职院校相关的重大政策方面提供决策权，校长及其相应的领导团队负责校务，针对高职院校的日常事务进行管理，这就构成政府、出资者及学校三部门各自负责自己的事务，提高高职院校的管理效率。

（五）树立经营化的理念

大学并不是营利机构，但是又需要运用营利的手段去“营利”，将这种观念融入财务管理制度，才能提高财务管理效果。

二、理顺高校财务管理的体制

《高等学校财务制度》规定：高等学校应实行“统一领导，集中管理”的财务管理体制；规模较大的高校可以实行“统一领导，分级管理”的财务管理体制。首先，不管执行哪一种财务管理体制，各个高校都要结合本校的实际情况，在不违反国家和主管部门有关规定的前提下，经校领导集体研究确定并明文颁布，一经确立，不得随意变更。其次，明确高校财务处作为学校一级财务机构财务管理制度，在校长或主管副校长的直接领导下，统一管理学校的各项财务工作，其主要职能是负责全校范围内的财务管理和确定范围内的会计核算，任何单位和部门的财务活动都不能游离于学校财务处的管理监督之外，财务处要参与学校经济活动方面的决策，凡学校的重大开支、校内有关部门代表学校签署涉及学校经济活动方面的协议、合同和其他文件，均应征求财务处的意见，学校所有涉及收费的业务均应由财务处负责组织实施，任何单位或个人没有财务处的委托或同意均不能向学生收费。

三、建立健全科学有效的财务管理机制

（一）要有一支政治素质高、业务精良的财务管理队伍

财务管理队伍是提高财务管理水平、增强办学效益的基础。学校的教学、科研、后勤服务工作部离不开财务的保障，财务又涉及每个教职员工和学生的切身利益。建立科学有效、符合学校改革和发展需要的财务管理

机构，是学校有效开展财务活动，有效处理各种财务关系的基础，有利于维护学校正常的财经秩序，对加强学校宏观控制能力、增强办学实力，促进学校全面发展具有十分重要的作用。

（二）要有健全的管理制度

财务规章制度是学校各项财经活动的基本行为规范，高职院校必须在遵循国家有关财经法规规章的基础上，制定一套科学合理、符合学校实际的内部财务管理制度，以确保学校的各项经济活动有法可依、有章可循。加强高职院校财务管理工作，还要建立健全各部门经济责任制。必须按照“统一领导、分级管理”的原则，按校内管理机构分别建立起校长、总会计师或主管财务工作的副校长、财务处长、二级单位财务负责人和基层财务人员等若干管理层次的各级经济责任制，做到一级管好一级，一级带动一级，把经济责任制贯穿于学校管理和财务工作的全过程，使各级领导、各有关部门在学校经济活动中既要按规定行使权利，又必须按规定履行职责，既增强了自主学习贯彻国家各项财经法规、制度的积极性，又提高了财务管理、监督的质量与水平。

（三）制定相关的监管制度，对教育资源的使用情况进行监督

对于个别部门出现教育资源浪费的情况要进行严肃处理。制订科学合理的教学资源使用方案，加大预算管理力度，严禁浪费现象的发生。同时，在学校内部充分利用各专业各学科的优质教育教学设施设备实现跨专业共享，充分发掘利用高职院校内部隐性的教学资源；高职院校之间可以通过加强合作与交流的形式，包括对各个学校在教学、科研方面取得的成果的分享，建立起一套以实现教育资源共享为动机的有效机制，以对外开放、与外分享为出发点，发挥各自的优势，形成一致的目标，最终实现共同发展。

（四）建立健全国有资产管理制度，防止国有资产流失

第一，高职院校应设置专门的国有资产管理机构，配备专职干部和人员，加大归口管理和管理力度，建立统一规划、统一制度、统一采购、统一调拨的完整管理体系。

第二，建立完善资产购置制度。对需要购置的设备，在校内无法调配

的情况下，从技术性、经济性、实用性等方面进行科学论证，做出详细预算申请，避免重复采购。

第三，建立、健全物资收发保管制度，本着谁使用谁管理的原则，责任落实到各单位和个人。

第四，建立、完善资产配置制度以保证教学、科研等工作的正常开展。通过调拨、出借、出租、投资等方式，盘活学校闲置资产，提高资产的有效利用率。

第五，建立、完善资产清理清查制度。检查资产的使用和保管情况，及时发现和解决管理中出现的问题，有效杜绝无形资产的流失。

四、完善高职院校财务管理制度的实施机制

（一）强调制度设计的整体性和关联性

在制定制度的时候要从高职院校的整体出发，院校的财务管理制度应该由校务委员会主持各项财务制度的制定、运行及监督，其他的部门应该配合财务部门，做好资金运转计划，提高经费收支预算及核算效果，建立起一套完善的财务制度。

（二）责任精确

财务制度最讲究精确性，要做到涉及任何问题都能够找到相应的负责人，各项财务制度必须明确，尤其是涉及财、物方面的管理，各项财务制度必须精确到最小单位，将能够量化的指标尽可能量化，这样便于执行者及遵守者更加明确指标。

（三）建立和业绩挂钩的分配制度

高职院校可以根据国家的人才战略方案，完善本校的教学绩效考核制度，重视教学的业绩及教师的科研成就，避免教师待遇“一刀切”或者“齐步走”的模式，还可以废除“铁饭碗”形式的聘任制度，这样教师的个人成绩可以和相应的分配制度挂钩，有助于提高教职员工的积极性。

五、完善高职院校财务可持续能力的制度保障

（一）完善成本核算制度

高职院校应该了解教育成本的相应概念，高职院校的会计核算制度应该朝着权责发生制转变，完善会计核算体系，在使用教育资源的时候，应提高其有偿性，不能过于仓促追求一步成功，应将在教学过程中产生的直接成本核算转变为分摊成本核算，实现最终的完全成本核算。

（二）完善高职院校教育成本控制机制

首先，创新高职院校财务部门的预算制度，提高预算制度的刚性及约束力。其次，在对教学及教师科研方面投资的时候，要进行相应的决策决策是否正确通常影响着成本控制。再次，完善支出的定额标准。在预算方面，要尽可能的精细化，实现有限的定额经费的最大化利用。最后，运用绩效考核制度，做到奖罚分明。在各项项目完成后，财务部门要根据相应的预算文件核算实际的支出及收效，根据相应的经济责任奖罚分明。

（三）加强预算控制和执行能力，提高预算管理水平

高职院校预算既要充分合理地利用现有高职院校的资源，又要节约支出，避免在经费使用上的浪费，应尽量优化经费使用的支出结构。高职院校在制定年度经费预算时，必须坚持量入为出、以收定支、收支平衡的原则，制定科学合理的日常公用经费定额标准。收入预算必须做到既要积极又要稳妥。支出预算要坚持统筹兼顾、保证重点、勤俭节约的原则。对经常性支出要适度从紧，建设性专项支出的预算要量力而行，高职院校要集中财力优先保障发展目标中亟待解决的问题。注重预算执行过程中的严肃性和强化监督职能，对经学校审定的预算，原则上不予调整，强调预算管理从“重分配”到“重管理”过渡。

（四）建立财务管理绩效全面评价体系

高职院校要制定和完善财务评价制度，建立财务管理体系，提高财务分析（信息处理）能力。财务分析评价是运用事业计划、会计报表及其他有关资料对高职院校一定时期内的财务收支状况进行系统剖析、比较和评价。我们通过对高职院校财务收支情况的分析，掌握学校的收入构成、支

出结构及各项收支的增减变化情况；通过对预算执行情况的分析，促进和引导学校的各项工作，起到“晴雨表”的作用；通过财务状况的分析，利于科学决策，统筹调度，合理运用资金；通过办学效益比较分析，为主管部门正确把握高等教育发展现状和未来趋势，为制定决策提供依据。

（五）拓宽高职院校的筹资渠道

首先，完善融资制度，可以运用民间资本开展教育融资，缓解财务制度的压力。其次，建立高职院校的基金会，捐赠者可以获得一定的收益。再次，完善高职院校的捐赠制度，不断增加创收，通过各种手段筹集的经费要充分得到利用，并对使用情况进行监督。

六、合理配置学校财力资源，提高资金使用效益

学校的各项财力，是保障学校正常教学、科研以及广大师生正常工作、学习和生活的基本条件。在市场经济前提下，高职院校应根据市场结构来调整自身结构，加强管理，减少浪费，通过财力资源优化配置，提高资金使用效益。

（一）根据学校的发展规划合理分配资金

高职院校应站在长远的战略高度，用发展的眼光，正确处理长远规划与短期计划的关系，为发展合理配置有限的资金。发挥最大的效益应本着实事求是、量力而行的原则，充分利用好有限的资源，集中力量保障对学校发展至关重要的项目，发扬艰苦奋斗的优良传统。坚持勤俭办事的原则，合理安排，有效利用，尽可能做到少花钱多办事。

（二）年度资金的安排

高职院校应坚持“量入为出、收支平衡”的原则，按照学校的发展计划，参考以前年度预算执行情况及效益评估分析，根据本年度工作任务和财力状况，以及本年度收支增减变化因素，准确计算各项基础数据，不断开辟财源，本着积极稳妥的原则，科学预测单位收入，坚持统筹兼顾，保证重点，坚持勤俭办学的方针，把支出打紧、打实、打细。根据财务及主管部门的要求，制定科学合理的年度收支预算，使编制的年度预算准确、可靠、合理、高效，做到总体控制、保证重点，讲求效益。

（三）建立严格的年度资金使用效益考核制度

通过对年度资金使用效益的考核，认真分析资金使用中存在的问题，找出影响资金使用效益的原因和因素，为下年度预算的编制和资金使用方向提供基本数据和参考。

第三节　云南省省外高职院校财务管理的启示

在经济市场环境下，伴随着我国高职院校不断地扩大招生规模，各专业的人才培养规模迅速扩大，使得高职院校的教室、校舍、教学设备等教学科研基础设施变得紧张，对此，高职院校不得不通过扩大教学规模来增加各类教育教学资源，然而过快的建设速度导致了所需资金投入急剧增加，固定资产规模大幅度增长。教育经费总体不足且增长缓慢使高职院校办学条件保障的压力逐渐增大，为了适应这种现状，各个高职院校都在努力尝试打破原来单一的教育性财政拨款模式，将办学资金来源从单纯地依靠财政投入转变为政府拨款、学费收入、科研经费、社会捐助以及向银行融资等多种渠道筹集资金的新格局。这对于我国高职院校来讲，既是机遇也是挑战。面对多样化的资金来源，如果出现财务管理不善、内部控制不严等问题，就可能会造成举债规模过大、资金使用混乱等局面，甚至使学校陷入严重的财务危机。因此，及时地找出存在的问题并不断完善，对于我国高等教育事业的健康发展具有十分重要的意义。

通过认真研究云南省省外高职院校财务管理的内容、目标、现状、存在问题及基本经验，我们可以得到如下启示。

一、针对高职院校外部的矛盾

（一）理清观念重视财务问题

在不一样的情况下，我国高职院校是否也应该在财务管理方面施行一些新的政策？对这一问题，首先，我们想到的就是要重新理清观念重视财务问题，提高财务在管理上的地位，要得到足够的重视是每项制度能够根本实施的保证，财务管理制度的改进同样需要得到高层管理的支持和高职院校其他各部门的积极配合，再完美的想法也要有发挥它作用的一个场合，就像是千里马如果遇不到伯乐，那么它一辈子也就是拉车种地，此时就需要一个好的“领导”去发现它，它才有驰骋千里的机会，如果想要解决财务问题，就要真正地认识这个问题，并且把它当作一回事，列为重点，这样才能够更好地针对目前高职院校的财务问题去解决它。其次，我们都在不断地适应这个社会，与时俱进，教育行业也应该这样，树立科学发展观。虽然负债办学是一种趋势，但是要学会适度举债，缩小举债办学风险，对学校的发展规模做到准确定位，就像是近年来，一些高职院校规模急剧膨胀，而相应的举债数额也动辄上亿元甚至数十亿元，利息费用负担沉重，控制负债在一个合理的比重之内，降低高职院校的利息负担，势在必行。

（二）明确高职院校资产

由于目前我国高职院校拥有的财务风险大都与高职院校资产权不清楚直接相关。所以，建立一个大学现代制度，明确大学的资产权不仅仅是新时代教育改革的一种发展趋势，更是优化高职院校财务风险管理的必然要求。针对高职院校的固定资产管理来说，虽然我们都知道高职院校是不以营利为目的机构，但是它和企业一样，都有自己的资产，有很多的固定的、不固定的资产，就需要成本，就是钱，由于高职院校资产管理与企业不同，无论什么样的仪器设备都不需要计提资产折旧，资产设备也没有一个明细账可供查询，固定资产在使用管理上浪费很是严重。所以说，高职院校应该对固定资产实行双重管理，也就是学校财务会计可以按照目前的制度进行总括记账管理，对固定资产的责任部门实行责任管理，责任部门设置台账，记载使用、维修、保养情况，并确定责任期固定资产完好率、利用率的考核指标。推行固定资产部门责任制，即在固定资产的购买、使用、调拨、报损、报废各个环节进行严格的管理控制。领导也要重视财务管理的设置和组织人员培训，积极支持并且指导其工作。要统一安排固定资产的购置，防止重复购买置办，防止各部门从平均主义出发，搞“特别全”的盲目购买。固定资产要充分利用现有设备，提高目前在用设备的利用率，财务部门要定期核对账目，做到账实相符。这样一来，可以对学校的固定资产相应控制一些，有效地解决高职院校资产方面的问题。

（三）严格执行项目审批制度

还有一点就是高职院校所承担的科研活动都必须签订科研合同，并通过高职院校有关部门的审批，因此就很有必要加强对科研项目经费预算审批制度的管理，让预算支出有一个明确的管理方式。在此方式下负责此项目的负责人要根据项目研究工作申请经费，并且要以预算项目的实际内容同科研部门、财务部门相沟通，并且让他们也参与制订项目预算的实施工作，防止因为财务人员在财经法规上的偏差，而造成不合理的预算编制；在执行项目的过程中必须严格地按照事先的预算执行，因为只有实行强制性的政策去施行预算，才能使预算所具有的严肃性与权威性得以树立威信；预算项目验收结束后，科研人员应该按照有关规定去完成科研项目，科研财务以及项目负责人都应该完成他们自己所负责的项目，准确及时地清理相关的账目，检查拨款数目与支出款数目，准确地计算实施的课题所耗用的实际成本，根据事实计算编制科研经费决算表，并且他们对经费的使用情况的真实性、有效性负责，还要自觉接受相关部门的核查。

二、针对高职院校发展的内部矛盾

（一）建立成本核算控制制度

想要更好地保护高职院校财产，减少财务问题，就必须建立和完善一整套成本核算制度，用这项制度来保证科研经费支出处于一个合理的水平。像我们所知道的科研经费主要包括与课题研究相关的直接和间接的费用支出和协作研究性的支出，直接费用就是指在课题研究过程中花费的可以直接计入课题成本的一些费用，可能是人员费用、购买和维修设备的费用、耗用的材料费用，以及所用的燃料及动力费、测试化验与成品加工费、知识产权费、召开的会议费、国际合作的交流费、设备修缮费及其他直接费用等，对于相同的一个课题组的不同课题之间一些费用应该划分明确，各相关的研究人员也应提高认识，在报账的时候要根据实际情况划分，以此来确保教育科研支出的真实准确性；一般都知道项目的管理费用是高职院校组织一些科研活动时需要的一些费用，但目前谁也无法准确地核算管理成本，其中的各项费用，如房屋占地使用用费、仪器使用的费用，还有其中的管理人员工资薪酬等，项目管理费用的计提应该按照国家和有关部门的规定来计提，计提的管理费用也要纳入相关的收支。协作研究支出就是研究工作委托给其他相关的研究机构时所花费的费用，经费转拨业务应该按照规定向高职院校科研机构、财务等部门申请批复，项目合同协议书和别的资料，也都要经过高职院校各部门的严格审批，最后由财务相关部门统一处理，避免一些部门假借协作之名，将申请的科研经费挪作他用，致使财务上出现更多的问题。

（二）完善制度建设，实施内部控制

结合高职院校实际情况，全面梳理原有管理制度，在符合内部控制要求的前提下，着眼于管理创新，建立适合高职院校的内部控制管理体系，明确相关部门人员的职责和权限，推行全面管理，提倡全员参与，建立彼此牵制、彼此连接、彼此制约的内控制度。

（三）明确控制目标，优化内部控制环境

内部控制制度的重点是围绕会计核算和会计监督环节来设置的。一般说来，健全的内部控制制度应能有效预防错误和舞弊的发生。即使发生了，也容易及时发觉和纠正。因此，在设计时必须明确控制目标，充分考虑各项内部控制制度是否符合内部控制基本原则，认真检查对关键控制点是否进行了控制，所有的控制目标是否已达到。控制环境是指对建立或实施某项政策发生影响的各种因素，主要反映单位管理者和其他人员对控制的态度、认识和行动。

（四）加强内部监督

高职院校监督是一个过程，要纳入内部管理制度及活动来实现。因此，要确保内部控制制度被切实执行，且执行效果良好，其必须被监督。高职院校应设置内部审计机构或建立内部控制自我评估系统，加强对本单位内部会计控制的监督和评估，及时发现漏洞和隐患，并针对出现的新问题和新情况及内部控制执行中的薄弱环节，及时修正或改进，做到有章可循，违章必究，违规必罚，以罚促纠。

（五）实施预算控制，提高内控水平

实行全面预算，搞好各业务事项的事前预测、事中控制、事后分析，将高职院校的发展目标转化为各部门、各岗位乃至个人的具体行为目标。预算控制内容应涵盖高职院校发展活动的全过程，强化预算控制，通过预算的编制和考核预算的执行情况，动态分析执行结果，及时纠正偏差，确保预算执行到位，并与管理者的绩效工资挂钩，节奖超罚，充分发挥预算的灵魂作用。

三、提高高职院校财务管理水平的途径

（一）强化高职院校财务管理意识，完善内部管理的规章制度

高职院校领导必须要了解一些基本的财务管理方面的知识，同时还要协调好财务部门与其他部门之间的关系。学校的各个部门、各个位置都必须担负起自己的职责，加强对高职院校财务管理的重视程度和支持财务管理的力度，这样才有利于解决财务相关的问题。如果领导对财务管理方面的工作一窍不通，对财务管理的认识有偏差、不重视，这样不仅对财务工作没有帮助，甚至还有可能产生副作用。另外，完善内部管理的规章制度也是十分重要的，校长对全校负总责，分管财务的副校长等对学校财务管理负主要责任，这有利于解决有关的财务问题。只有这样，认真务实地重视支持财务部门的工作，为财务管理提供保障，才能确保财务工作的健康、稳步、蓬勃发展。

（二）建立与之相适应的高职院校财务分析评价指标体系

科学的财务分析评价指标体系既是一种检查自身问题的一种手段，同时也是一个认识完善自身的过程。建立高职院校财务分析评价指标体系，有利于正确全面地分析学校的财务管理状况，为提高学校的效益提供依据。另外，适当的高职院校财务分析评价指标体系还能够促进学校综合财务管理计划的顺利实施，使其财务调控能力得到加强。高职院校的财务分析评价指标应至少包括三个类别：一是能够反映学校财务综合实力的指标，二是能够反映学校财务运行绩效的指标，三是能够反映学校财务发展潜力的指标。

（三）建立权责明确的财务管理人员考核制度，全面提高财务人员的综合素质

随着时代的发展，教育体制改革的不断深入，高职院校的竞争也越来越激烈，与之相对应的，学校对财务人员专业素养的要求也随之变高。现有的高职院校财务人员不仅仅需要简单的会计核算能力，还应具备较强的沟通协调能力、职业判断能力和开拓创新能力。因此，学校在招收财务管理人员时，应建立权责明确的财务管理人员考核制度。除应保证他们具备这些能力外，还需要定期对他们进行继续教育，对未取得专业证书的一些人员，须勒令其限期获取。此外，还应建立良好的激励机制，调动相关财务人员的积极性和创造性，建立起一支能适应当下时代发展的，能应对各种挑战的财务管理专业队伍。

多年来，我国高职院校财务上的工作完全按照国家的大政方针进行。全国的各学校通过结合自身实际，在探索中发展，也取得了突飞猛进的进步。随着新的财务制度的相继制定，可以看出财务管理工作的改革很大，但由于各高职院校自身的差异，想要提升高职院校财务的管理水平，仍需要一个合理稳定的环境。

第四节　云南省省内高职院校财务管理概述

云南历来高度重视高职教育发展，特别是近几年来，云南省的高职教育取得了突飞猛进的发展，规模不断扩大，结构不断完善，各个层次的高职教育取得了可喜的成绩，积累了丰富的经验，当然也存在许多问题，有待进一步解决和完善。所以我们应积极采取措施，促进云南省高职教育又好又快地发展。

一、云南省高职教育发展的现状和存在问题

（一）云南省高职教育发展的现状

近年来，云南省的高等高职教育取得了优异的成绩，主要表现在以下几个方面。

第一，学校教育规模不断扩大。在国家政策的支持下，各州市加强对高职教育的宣传力度，使人们对其有了一个全新的认识，一部分人转变了轻视高职教育的观念，愿意选择职业院校就读，所以高职院校无论是招生规模还是办学规模都在不断扩大。特别是高职院校的发展，既满足了群众渴望接受高等教育的心愿，也为社会培养了大批优秀人才。

第二，学校办学条件得到了进一步改善。高职教育的发展，离不开经费投入、职教基地建设等核心问题。为此，政府加大高职教育的资金投入，积极拓宽融资渠道，加强高职院校的基础设施建设。随着办学条件的不断改善，各院校的办学实力也在不断得到加强。

第三，学校师资建设得到完善。师资队伍不能满足当前高职院校教学需要是普遍困扰职业院校发展的突出问题。云南省各地紧紧围绕这一问题，加强对教师的培养力度，重点抓好“双师型”教师队伍建设。通过努力，云南省的教师队伍结构逐步改善，教育能力和水平得到逐步加强。

第四，学校的专业设置和专业结构得到了进一步优化。高职教育以能力为本位设置专业，培养了一大批应用型专门人才，为云南省经济社会又好又快发展做出了重要贡献。

第五，学校的教育教学工作改革取得了新成就。各地坚持面向社会、面向职场的需要，积极探索各种办学体制，实行“校企合作、校校联合”的办学模式，既调动了企业的积极性，又拓宽了学生的就业渠道。

（二）云南省高职教育存在的问题

经过长期的发展，云南省高职教育呈现了非常好的发展势头，并且取得了很好的成绩，但同时我们应该清晰地认识到其发展还存在着一系列的问题。

1. 高职教育观念落后，不利于高职教育的发展

云南省社会各界普遍对高职教育的地位和作用认识不够，思想观念落后，具体表现在：第一，有人认为高职教育是低于普通教育的一个层次，是高考或中考落榜生接受的一类教育；也有人认为高职教育是终级教育，无发展前途。第二，社会上也存在对高职教育的培养目标认识不清的现象，把高职教育的培养目标和普通本科院校的培养目标混为一谈。许多学

生家长期望子女能考进培养学术型人才的高校而不是培养技术应用型人才的高职院校。这是受传统经济、思维模式影响的结果。这种观念的转变是困难、缓慢的，这也决定了云南省各高职院校在高职教育的发展过程中所面临的诸多困难。

2. 存在“人才高消费”现象，不利于高职教育的健康发展

在人才匮乏的云南省也存在人才高消费现象。一方面，云南省在经济发展过程中急需各类应用型技术人才，而目前人才匮乏；另一方面，云南省相当一部分企业拔高用人标准，又存在人才资源浪费的现象。近年来，一些用人单位轻视高职教育，在招工、用人等方面给高职院校毕业生设置障碍。不少单位在用人规格上尽量拔高，明明企业迫切需要的是技术应用型人才，却标明要“本科以上”“硕士研究生以上”，而把高职院校的毕业生排斥在外。这种人才的“高消费”实际上是人才资源的高浪费。我们必须承认，社会上学历至上的传统观念和学历至上的用人方法在现实中使企业对高职人才的使用起到了一定的阻碍作用。当前的用人机制助长了“重学历、轻能力，重文凭、轻水平，重理论、轻实践”的现象蔓延，导致了目前西部劳动力整体素质下降，应用型技术人才严重断档，高级技术应用型人才就更奇缺。

3. 云南省高职教育经费投入不足

云南省经济落后，国家及云南省对教育的资金投入又十分有限，即使有一部分财力也主要投入重点大学和普通本科院校上，对高职教育投入甚少。经费投入严重不足导致基础设施落后，严重影响着技术应用型人才的培养。同时，由于高职院校实践性教学环节在教学设施建设中所占的比重较大，其年生均教育成本明显高于普通高职院校的本科教育，而云南省政府和教育行政主管部门对高职教育的经费投入相当有限，许多高职院校要维持学院的正常运转和发展，一大半的经费缺口需要学校自筹，这无形中就给许多高职院校增加了很大的经济压力。高职教育经费投入不足的问题，严重困扰和制约了云南省高职教育的发展。

4. 云南省高职院校专业教师缺乏，素质有待提高

云南省的大多数高职院校专业师资缺乏，流失严重，补充困难。高职

院校有相当多的教师流向东部、中部或当地的普通高等院校，而东部、中部的大学毕业生又不愿到云南省工作。云南省的大多数高职院校中的现有师资多由半路转行或经过在职培训而来，无论是在理论上还是在实践上都还存在很大的差距，年轻教师在实践技能、技术推广、教学方法和教学经验上很欠缺，难以给学生以良好的示范和实践环节上的指导。再加上自然减员等原因，云南省的大多数高职院校专业师资力量严重不足，教师学历达标率低，在职培训、外出交流机会少，教师得不到足够的训练，高素质教师缺乏，导致高职教育质量较低。

5. 高职院校不同程度存在办学质量较低、高职特色不突出的现象

目前，云南省的高职院校中有相当一部分是由原来的中专学校升格或几所技校、中专学校合并而来的，是在没有特别的师资补充和设备投入的条件下形成的。这样的升格短期内不能达到高等高职教育的要求，因而难以实现高职教育的人才培养目标。另外，有些普通高职院校设立在校外的高职教育分校、高职学院，学生的管理和教学质量难以得到保证，具有片面追求扩大办学规模和办学经济效益之嫌。因为普通本科院校始终是以学术型人才和科学研究人才的培养作为基本任务，设立二级学院举办高职教育，很难形成自己的办学特色，甚至与高职教育的培养目标相背离，容易形成重理论、轻实践的状况。

6. 高职院校办学模式相对单一，特色不够鲜明

云南省的高职院校，由于办高职教育的时间都相对较短，因此在人才培养模式、培养手段和人才培养方法等方面没有重大突破，人才特征尚不够明显，与省外的高职教育相比不具备不可替代性和不可或缺性，许多高职院校的学生在社会上竞争力不强。同时，由于办学体制的僵化，云南省的许多高职院校的高职称教育逐渐办成了“文凭教育”，学制时间长，专业设置不科学、不合理，教学内容应用性差，造成了高职教育投入与产出不成比例，影响了个人与社会对高职教育的需求，制约着云南省许多高职院校教学质量的提高。

二、云南省高职院校财务管理的现状

（一）教育经费的来源

第一，国家教育性财政拨款是云南省高职院校教育经费的主要来源。

第二，银行贷款当前成为高职院校扩大办学规模的重要资金来源。

第三，学生学费的收入、住宿费等一些教学收入成为高职院校经费来源的重要组成部分。

第四，来自社会各方面捐赠的资金，比如与国际组织合作、校友资助、社会捐赠方式等。但是对于社会捐赠这方面，我国高职院校开展得比较晚，发展得比较慢，并且对于捐赠资金的管理工作还不够规范。

（二）财务管理体制

目前，云南省高职院校主要的财务管理体制有两种，分别是“统一领导、集中管理”与“统一领导、分级管理”。其中第一种管理体制便于管理，其优点在于能保证学校的财务工作在集中管理的基础上有序地进行，很大程度地确保了高职院校财务管理的发展方向；其缺点是这种体制却不能有效地调动高职院校内部各个部门的积极性。第二种体制的优点在于可以让学校内部各部门之间的财务管理工作协调流畅的进行，能够有效地改善分权与集权的问题，在这种管理体制下，要求各院系自己管理自己的经费，能让学校下属各个部门更加合理地使用经费，所以能够很好地调动学校内部各部门财务工作的积极性，可以降低各部门在资金使用上的盲目性和随意性。

（三）财务管理模式

高职院校是以培养推动社会发展各行各业所需的专业人才为教育目的，工学结合的教育模式导致了很多高职院校在财务管理上出现了本末倒置的现象。

我国的高职院校发展是在工学结合的基础上进行的，基础好的院校采用“学校教育 + 校办企业（或投资企业、合作企业）”的模式，基础差、底子薄的院校只能采用“学校教育 + 投资企业、合作企业”的模式。在这种模式下，高职院校的财务管理体制是围绕“院校与校办企业、投资企业、合作企业”的财务活动来建立的，“院校与校办企业、投资企业、合作企业”的财务活动高于一切。而正常的财务管理应该是学校根据发展需要建立与之相适应的财务管理体制，“院校与校办企业、投资企业、合作企业”的财务活动只是院校财务管理活动整体的构成部分之一。根据高职院校发展的实际情况，所占比重有所不同、重视程度有所不同，不能本末倒置，使学校的财务管理活动以“院校与校办企业、投资企业、合作企业”的财务活动为中心进行。

三、云南省高职院校财务管理存在的问题

云南省高职院校财务管理在管理的内容、目标和财务管理的现状上，基本和省外高职院校是一致的，在这里就不一一赘述了。云南省高职院校财务管理存在的问题，主要有以下几个方面。

（一）领导体制方面的问题

一方面，不管是“统一领导、集中管理”模式，还是“统一领导、分级管理”模式，我国高职教育财务管理体制都必须统一领导，即学校财务工作实行校（院）长负责制。然而，在学校实际财务管理中发现，由于个别领导资产管理观念淡薄，容易造成办公经费的流失。此外，一旦出现投资失误或资金流失，校长、副校长和财务处长、基建处长、资产处长等谁应负什么责任，谁是第一责任人，往往难以界定。此外，“统一领导、分级管理”虽然在一定程度上理顺了校内财务关系，但是目前高职院校二级院系领导基本上只是享受权利，而无实质义务，经济责任难以真正落实到人。另一方面，总会计师定位笼统。虽然《高等学校财务制度》进一步明确了总会计师的职权职责，但是仍然定位笼统。总会计师协助校（院）长管理学校财务工作，也意味着总会计师接受统一领导，只是校（院）长的财务助理；总会计师承担相应的领导和管理责任，也没有从实质意义上规定其具体行为责任。总之，高职院校的总会计师被定位成具有战略意义上的财务管理策划者以及具有方向意义上的财务实施理念引导者，没有具体的行为准则和工作内容，显得有些笼统。另外，在实际工作中也可以看到，有的高职院校管理者不愿意总会计师参与学校管理，有的总会计师也

身兼数职，影响其自身功能的发挥。

（二）教育经费问题

第一，切实落实教育经费。教育优先发展的战略地位与实际教育经费短缺的矛盾仍然十分尖锐，教育事业改革发展对投入的需求同经费实际供应的差距依然十分突出。大多数高职院校的办学条件近年来虽有较大改善，但其教学、科研设备仍然相当落后，许多高职院校的供电、供水、供暖、供气设施严重老化，基础实验室条件和通信设备十分陈旧。

第二，教育经费的使用效益有待进一步提高。目前我国的教育经费既有严重短缺的一面，也存在着使用效益不高的问题。在一些高职院校中师生比例不尽合理；学校行政和后勤人员过多，造成学院人头经费支出比重过大；教学仪器、设备和图书资料利用率不高，低水平重复建设，追求“小而全”和外延发展的现象仍然存在。有些高职院校的办学质量不够理想，这实际上是一种更大的浪费。这种“既缺经费却又浪费、既没钱却又乱花钱”的状况，无疑进一步加重了经费投入不足的矛盾。

（三）运行机制问题

1. 财务资源配置繁杂

从现实情况看，高职院校在一级财务机构下设置后勤、科技开发、校办产业及基本建设等部门的二级财务机构，这样一来，高职院校就会出现财务资源配置繁杂的局面。首先，分级管理的最直接结果就是学校形成一支庞大的会计队伍，并且这些人员来自不同级别的财务机构，数量较多容易造成财务人力资源利用效益不高；其次，高职院校内部财务管理工作人员需要一定的办公空间和基本设备，而会计人员的庞大和管理单位的增多无疑会扩大高职院校财务部门的物质基础建设；最后，高职院校财务集中管理的优点在于统一的财务方针政策、财务规章制度及财务事项，便于管理和执行，而分级核算由于各个财务单位和组织整体不一，管理难度加大，学校内部财务正常运转效率难以提高。

2. 绩效评价管理缺乏

新修订的《高等学校财务制度》第二十九条明确要求，高等教育应当加强支出管理，进行支出绩效评价。但目前，我国大部分高职院校财务管理往往只注重事前预测和事中控制，缺乏事后控制，其实事前预测只是一种预算管理，而事后控制则属于绩效评价，在此意义上，事后控制才具有指导、激励、明示的作用。绩效评价能够根据指标计算出资金的使用效率，量化财务责任人的考核结果，这也正是我国高职院校财务管理体制所缺乏的。

（四）队伍建设问题

教育部、财政部下发的《关于高等学校建立经济责任制加强财务管理的几点意见》强调，必须做好各级经济责任人和各级财会人员的上岗培训工作。然而，由于受固有体制和传统思想的影响，高职院校财务管理队伍建设仍然得不到应有的重视，这在一定程度上造成了财务管理人员素质低下，尤其在理财观念和管理方法上表现得更为突出。一方面，高职院校财务管理人员受陈旧思想的影响，只热衷于财务核算，缺乏正确的效益观念和理财意识，缺乏对高职院校综合财务能力、校内各部门资源配置与利用能力、学校对外投资收益能力、高职院校社会贡献能力等的分析，而这些正是当今高职院校财务管理体制所急需的。另一方面，随着知识型社会和信息化时代的到来，知识更新周期变短，而高职院校一部分财务管理人员缺乏了解新知识、掌握新技术的积极性，并且学校财政主管领导和部门也无心组织培训和考察，不重视财务人员队伍建设，跟不上我国高职院校改革的步伐。

（五）财务管理问题

1. 财务信息前瞻性不强、指导性不高

财务部门提供的会计信息主要是为学校领导进行各项决策提供科学依据。但是由于历史原因，目前的高职院校财务工作范畴仍然局限于记账、算账、报账，对内、对外只能提供有关的历史数据和基本信息的解释。工作流程侧重事后监督，相对忽视了事前预测、事中控制、事后分析。财务管理只停留在财务数据的核算上，而没有深入进行财务分析、效益考核、奖惩兑现。所以，目前财务部门提供的财务信息存在前瞻性不强、指导性不高的弊病。像学校融资筹资能力、负债能力测算、经济效益分析、办学成本测算以及如何根据国家对教育发展的要求和学校发展规划进行经济预测等财务信息向学校领导提供反映的不多，不利于学校领导运用财务信息进行工作决策。

2. 效益观念淡薄

由于体制原因，高职院校财务管理部门尚不能完全适应市场经济的环境，缺乏科学的理财意识，普遍存在着“等、靠、要”等现象，在开拓市场、开辟财源等方面缺乏积极进取精神。高职院校重大的投资决策没有科学、真实、可靠的可行性研究报告，盲目性较大，造成了部分高职院校一方面办学经费不足，另一方面有限的资金产生的效益却又低下的现象。许多高职院校在利用自身优势、挖掘自身潜力方面显得不足，高职院校的智力资源和科研优势没有得到充分合理的开发，高职院校作为科学技术商品化的孵化器作用没有充分发挥，校办企业和高职院校科研优势及智力资源优势尚未有机结合，限制了高职院校的发展。

3. 预算编制不完善、执行不严格

预算是财务工作的指挥棒，高职院校各项经费收支应按部门预算来执行，但在实际工作中，由于预算编制时间过短、预算编制过程透明度不高等原因造成了部门预算不准确、预算内容不全面，编制的部门预算没有客观反映学校财务收支全貌和体现学校的工作重点和发展方向。在资金使用上，有些校领导未按预算安排使用资金，而是随意开口子、批条子，造成预算变更频繁，预算执行刚性不强的现象；还有些业务主管领导缺乏“全校一盘棋”观念，只从自己分管部门或事务出发，不按部门预算使用经费，随意批经费，或者对于补助标准、提成方案等完全从本部门的情况考虑，很少顾及校内其他部门，这样就容易造成互相攀比，挫伤了一些部门和职工的积极性，同时也使部门预算丧失了约束力。

4. 内部控制制度不健全

纵观各高职院校发生的违纪违法案件，无不与单位内部控制内容、范围不全面、内部控制执行弱化、监督制约机制不健全，没有达到《会计法》规定的内部控制的要求有关。高职院校内部控制制度不健全主要表现在以下方面。

（1）内部控制范围不全面。有些高职院校往往强调对财政性资金的内部控制，而弱化对预算外资金的内部控制；有些高职教育未将二级单位财务和校内结算中心纳入内部控制的范围，或控制不严，监督不力，致使校内结算中心出现非法集资、高息揽存、发放贷款等违规资金运作现象。

（2）内部控制的内容不全面。如有些高职教育未建立重大建设和投资项目论证、决策机制等内部控制制度，导致对外投资决策失误，造成投资损失。

（3）内部控制执行不严。有些学校虽建立有内部控制制度，但没有严格执行，制度形同虚设。

5. 实物资产管理未得到足够重视

重钱轻物、重购轻管，实物资产管理尚未得到足够的重视，未建立资产定期清查盘点制度。主要表现在固定资产的购置往往只列支出而不入资产账，账物无法核对，家底不清或固定资产的报废、调拨和变卖未按规定的程序报批，资产处置的随意性较大，资产损失浪费严重，实物资产账目登记不完整，普遍存在有账无物或有物无账的现象。

6. 制度滞后，收入截留严重

例如，在高职院校中的成人教育这一块，有的高职院校采取联合办学形式，利用学院的优惠政策与联办单位签订两份协议。一份用于应付检查，另一份作为与联办单位算账的真实凭证，其差额收入进了学院“小金库”，有的甚至勾结教育主管部门的个别工作人员，虚列招生计划招生。另外，对形形色色的证件费、工本费、盖章费、代收费的管理较弱，学校可以从中加价收费、搭车收费，加上委托单位的返回款等，变成学校或某些系、部、处、室的“小金库”的重要资金来源。以证件费为例，常见的有借书证、身份证、会计从业资格证、统计证、普通话资格证、英语等级证、计算机等级证等。再比如，有的高职院校有附属单位，这些附属单位往往给学院上缴一些款项（如食堂、接待中心、小卖部日常的管理费和承包费，出租门面的租金收入等），而截留附属单位缴款往往是一些校级领导知道，甚至参与的行为。这些收入单独设账，自成体系。这些截留的收入大多用于非正常消费性支出及学院的公关活动支出。显然，这些做法严重违反了会计法规，同时也给少数领导搞腐败提供了方便之门。这种现象在一些高职院校表现尤为突出。

（六）管理理念问题

财务管理观念落后，财务管理人员素质有待提高。一是一些高职院校的管理层，偏重于招生规模、教学质量的管理，对财务管理的认识仍然停留在学校日常的收支业务，淡化了财务管理在经济活动中所承担的财务分析、财务预测的作用；二是财务管理部门尚不能完全适应这种工作关系密集化的变化，和其他部门疏于配合，联系不紧密，往往只注意自己基本工作的完成，不灵活沟通，造成工作脱节被动；三是财务人员对市场经济条件下的财务工作认识不足，固守成规，危机意识淡薄。这些都制约了高校财务管理作用的发挥。

第五节　云南省省内高职院校财务管理的基本经验

在市场经济条件下，国家赋予了高职院校财务自主权，意味着高职院校已无大锅饭可吃，只有充分发挥财务管理的杠杆作用，使有限的资金收到更佳的效益，才能在教育市场的竞争中立于不败之地。通过对云南省省内高职院校财务管理的调查了解，我们发现，云南省省内高职院校有以下经验值得我们学习和借鉴。

一、建立“统一领导、分级管理、集中核算”的财务管理模式

《高等学校财务制度》中明确指出：高职院校应实行“统一领导、集中管理”的财务管理体制，规模较大的高职院校也可实行“统一领导、分级管理、集中核算”的财务管理体制，以确保学校财务规章制度、经济分配政策、经济资源配置、财务收支预算、会计核算等的高度统一，实现高职院校财务管理一体化。

（一）“统一领导”是绝对的前提原则

财务管理与高职院校的利益和发展休戚相关，高职院校只有坚持对财务管理的“统一领导”才能集中学校的财力，强化宏观调控，才有能力兼顾各方面的利益平衡，实现平稳过渡，有利于长远发展。

（二）统一领导要遵循三个原则：整体原则、可行原则和发展原则

整体原则即校财务部门作为学校唯一的财务主体对全校经济活动的方方面面做整体性的筹划和统一管理。可行原则即考虑到各院、系、部门之间的差异以及教职工既得利益等因素，要讲究可行的方式、方法。允许求大同存小异，以便于充分调动各方面的积极性，利于日常财务工作的开展。发展原则即要从可持续发展的思维出发，优化教育结构和资源配置。

（三）在学校综合财务预算前提下推行分级预算管理

学校综合财务预算是学校工作的指挥棒，体现的是学校整体的规模、效益和实力。预算付诸实施则要由院系具体组织执行。院系处于教学第一线，最了解教学资源的使用和需求，因此学校在统一计划和资源配置前提下要将管理重心下移，综合预算要下达至各个院系，通过二级预算管理将教育经费的使用落到最实处，将有限的教育资源用在刀刃上。预算经费下达院系同时将经费“一支笔”审批权赋予院系，明确责、权、利的关系，由院系在权限范围内统筹安排经费使用，调动院系办学的积极性。

（四）分级管理要彰显统一预算的严肃性和权威性

院系在预算管理和执行过程中必须根据学校预算管理的相关规定来区分经费用途包干使用，不能笼统地打通使用，以确保将有限的经费投入教学保证教学质量，减少费用开支促进学科建设。同时针对院系的创收收入以比例分成下达定额预算强化经济责任制，谁的钱就进谁的账，谁的钱就由谁使用，调动院系自主办学积极性。这样做既补充了学校财力也充实了院系自身财力，促进院系主动开源节流、参与理财。

（五）会计核算实行一级集中核算，由校计财处集中核算财务收支活动

除根据需要设置附属产业、后勤、基建二级财务机构外，不另设任何事业财务分支机构。所有的事业会计核算业务全部由校财务部门统一处理，包括负责收费、凭证制单、登记账簿、对外报表等，确立统一的银行账户来收支拨款和各类收入支出，杜绝“小金库”和“账外账”。采用集中会计核算方式有利于高职院校迅速推行统一的财务规范，防止政出多门。同时集中核算减少了核算和管理的层次，提高会计信息的传递速度，

强化学校对财务工作直接、集中的管理以及对预算执行的监控力度，能及时了解全局，发现问题，应对突发事件。集中会计核算也简化了合并报表等繁杂的账务处理工作，节约人力、物力，提高工作效率。

二、财务管理实行集中控制

（一）树立全新的财务管理理念

财务集中控制是建立在财务软件、计算机网络设计和信息技术应用达到较高水平基础上的。所以，高职院校必须建立完善的财务软件和上下沟通便利的网络，否则要实现财务的集中控制，是不大可能的。

（二）完善学院内部治理结构

高效的运作机制与学院良好的治理结构是密切相关的，虽说现在大多数高职院校实行的都是院党委领导下的院长负责制，但是对如何发挥职工代表大会和工会组织的作用，显然做得不够，很多高职院校少开或不开职工代表大会，工会的工作基本以搞些文体活动、分发些福利等等为主。因此，高职院校的内部控制一定要处理好职工代表大会、党委会、工会三者之间的关系，使广大教职工有更多的机会参与到学院的管理中去。例如，学校对重大对外投资、资产处置、资金调度和其他重要经济业务事项的决策和执行的相互监督、相互制约应当明确，避免“暗箱”操作，使公开的权力隐蔽化，集中的权力分散化。

（三）采用适当的财务集权控制手段

特别是近几年合并的高职院校，由于校区分散，合并前是多个独立的法人，都有一套财务核算体系，合并后，如是财权不适当集中，各校区都有资金的开支权，显然对学校的资金调度十分不利，尤其是重大的筹资和投资决策权，必须控制在学校手中，在保持学院二级单位及各校区必要的资金使用权和必要的财务收支自主权不变的前提下，取消各校区的银行账户、会计人员。学校可委派主要财务负责人对分校区实行预算管理。因为，互联网时代财务管理模式的中心环节应是学院的财务预算管理，所以财务集权应从源头抓起。财务集权包括会计核算集中化、财务控制集中化和财务决策集中化。财务管理主要是决策和监管，财务决策必须依赖会计信息，学校的会计核算应考虑报表、凭证、交易三集中，交易的集中才算达到最高境界，通过很多在业务上发生的交易，使信息直接进入学校本部财务，以达到实现财务控制的目标。

三、财务预算的编制要紧紧围绕高职院校的发展目标，引导学校资金的合理流向

（一）为保障资金需求，高职院校需要进一步确立“大收大支”的观念

预算要坚持“量入为出，收支平衡”的原则，学校的各项财务收支都要纳入学校综合预算的管理范围，预算的调整按规定程序进行。学校的各项收入都由计财处统一管理，严禁收入“体外循环”，防止“小金库”和“账外账”。通过预算的编制、分解、执行、反馈、决算、分析、奖罚等来规范学校的各类经济行为，做到各项支出都有预算安排、都有支出标准、都有制度依据，不做无预算、超预算的开支。

（二）“开源”更重于“节流”

校财务部门对学校的各类收入统筹规划、充分利用是缓解教育经费紧张压力的根本，要做到：①对国家拨入的事业经费和学校的各项事业性收入实行统一安排使用；②专项资金、校外捐赠资金采取专款专用、协调进度、实施监控；③对其他渠道筹集的资金一并纳入校计财处的统一管理和核算并实施监控；④对代管款项有责任按国家的财经制度和委托单位的要求，监控代管款项收支的合法性，防止出现将应归学校所有的资金混入代管款项；⑤注意控制应收及暂付款项额度和收回时间，从各个环节上采取有效措施，及时、足额收回款项，应收款项在一定程度上会影响学校资金的正常运转，而久拖未收可能造成学校资金的损失；⑥对暂存款项可以在满足付款需求的前提下，将部分沉淀的资金视为资金来源用于学校的资金周转。

四、做好财务分析，服务发展大局

高职院校的迅速发展客观上要求财务管理部门能对学校的经济决策提

供正确的分析和评价，以此来消除不利因素，对学校各项经济活动做好风险防范、成本控制和绩效考核。而财务管理正是通过财务分析，运用财务报表及其他相关资料，对高职院校定期财务状况进行剖析、比较、总结，并做出相关评价。

（一）分析学校的综合收入状况

高职院校的办学规模、人员的整体素质、教学和科研的社会效益与经济效益都能从高职院校的综合收支报表中反映出来。分析学校综合收入的金额与来源构成，可以正确评价学校的经费自筹能力，预测学校的发展潜力，修正学校的发展目标。

（二）分析学校教育资金的使用效益

学校的综合预算反映了学校教育经费的投入规模和结构。分析预算的执行情况、考察预算的执行结果，能够正确评价学校的办学成本以及对教育经费使用的有效与无效、节约与浪费、资金配置是否合理、资源使用是否充分等，为强化财务管理提供依据。

（三）分析学校的经济活动是否符合国家的财经法规和学校规章制度

财务分析也是检查国家财经法规和学校的规章制度执行情况的基本工具。例如，在支出方面，是否存在超预算、超标准的开支，收费是否严格执行国家收费项目与收费标准，预算外资金的分配是否合理等。

（四）分析学校财务风险的承受能力

随着高等教育推向市场，单一靠财政拨款的局面已打破，多元化筹资办学的格局已形成，高职院校同样处于市场经济的风险中。除坚持“收支平衡，量入为出”的原则，尽量避免财务风险的产生外，正确分析和评价学校财力，为决策者提供真实、有价值的会计信息，有利于决策者的正确决策是财务分析的重中之重。

五、加强资产管理，健全和完善全面资产管理体系

（一）高职院校资产基本情况

高职院校的资产，尤其是固定资产存量巨大，一般均达数亿元。充分挖掘利用现有资产的潜能，优化现有资产的配置，实现彻底的资源共享是

高职院校事业赖以发展的物质基础。因此，高职院校要按照资产管理与预算管理相结合、资产管理与财务管理相结合、实物管理与价值管理相结合的原则建立起科学有效的国有资产管理体系，堵塞各种管理漏洞，保证资产充分、合理、高效的使用。对实物资产的管理和控制应做到实物资产的保管应明确指派专人负责，对贵重和实物资产应加以特别防护，以免被盗窃或损坏。使用一切实物资产收发的单据，应事先印妥，连续编号，并妥善保管，与实物资产流入、流出、记录、保管有关的各岗位应予以分立，避免集中于一人。单位接收、发送用于公益性支出、捐赠等的实物资产，应予严格的管理，采用永续盘存制定期对实物资产进行全面盘点。

（二）高职院校资产的分类

高职院校资产涵盖了固定资产、流动资产、无形资产、对校办产业投资、其他对外投资等资产形式，同时根据高职院校资产服务对象的不同，又分为用于正常教学科研活动的国有资产、用于提供有偿教学科研服务的国有资产和用于开展经营活动的国有资产三大类。在管理时，必须通过清产核资区分不同类型的资产办理产权界定、登记和划转，防止国有资产产权和收益权的流失。

（三）高职院校设备、仪器资产管理

高职院校的宗旨是做大做强，对先进的教学设备、仪器的投入必不可少，但购置设备、仪器时要根据学校的发展规划和教学、科研的实际需求及财力状况，报学校综合预算作专项安排。为了保证将有限的经费投入最急需的用途上，所需资产特别是贵重资产购置前要充分做好前期的论证工作，提交论证报告。论证报告的内容要包括购置的必要性和实验开出率，避免低效率的重复购置和资产浪费。

（四）对货币资产的管理和控制要求

对货币资产的管理和控制要做到不相容职务相分离控制、授权批准控制、会计信息系统控制和内部报告控制。

（五）对外投资和工程项目的管理和控制要求

对外投资和工程项目的管理和控制应做到不相容职务相分离控制、人员素质控制、授权批准控制、风险控制、预算控制、会计信息系统控制、内部报告控制和内部审计控制。

六、推进高职院校后勤社会化改革

高职院校后勤社会化，是社会主义市场经济条件下高职院校改革和发展的必然选择，是针对高职院校“大而全”“小而全”的封闭的、自我服务的后勤管理体制而提出的。实行高职院校后勤社会化改革，把高职院校后勤服务工作由自我服务为主改革转化为由社会承担为主，高职院校自由选择，建立由政府主导、扶持的，以商品化、专业化、市场化、企业化为主要特征的社会化后勤服务体系。高职院校后勤成为独立经营、自负盈亏的经济实体，一方面减少了学校吃“皇粮”的人员，减轻了学校的财政供给压力，可以使有限的资金更大限度地用于教学、科研，在重点学科建设方面，发挥更大的作用。另一方面，学校后勤提供的服务，不仅仅局限于对学校的服务，而是作为产业面向社会，参与市场竞争，由高职院校向社会的其他方面辐射和延伸，为社会其他服务对象提供优质的服务。在实现社会效益的同时，将会带来固定的经济效益。

第六节　云南省省内高职院校财务管理的启示

当前，云南省高职院校财务管理存在的问题是客观的，产生前述问题的原因是多方面的，有体制层面的原因，也有运行机制层面的原因，有主观方面的原因，也有客观方面的原因。高职院校领导要提高对财务管理工作重要性的认识。在管理体制和运行机制方面，必须按照市场经济的规范要求重建高职院校的财务管理体制和运行机制，促使高职院校向理性的经济人转变，为高职院校发展提供制度保障。财务管理在高职院校的管理工作中处于相当重要的位置，要切实采取以下几方面措施来提高财务管理水平。

一、落实领导职权

落实领导职权作为健全高职教育财务管理体制的关键部分，必须加以重视。需要注意的是，此处的领导主要包括校（院）长、总会计师、财务处处长以及基层财务负责人等。校（院）长作为高职教育财务的最高管理者和总负责人，必须认真审定学校的年度预算、决策和财务报告，提出可行性的财政方案规划，并对财务收支的可靠性承担相应的责任。同时，校（院）长要认清自己的权力，处理好和总会计师、财务处处长以及基层财务负责人等管理人员的关系，明确不同级别人员的职务和权力。总会计师作为校（院）长管理全校财务工作的协助者，要认清自身角色，并在此基础上，参与全校财政方案、规划、决策等工作，审查和优化学校财务制度，提出财务体制改革设想，进一步推动财务人员队伍建设。此外，财务处处长和基层财务负责人等领导也要做好本职工作，积极贯彻和执行上级领导的正确决定，管理好下级人员的工作范围，齐心协力做好高职教育财务管理工作。

二、多渠道筹资，提高经费使用率

（一）积极争取财政拨款，稳定经费来源

学校财务部门要及时掌握国家教育主管部门的重大决策，协助校领导和各部门认真规划，加强预算的科学性、可信赖性，为学校有关部门通过项目申报方式来争取财政拨款做好服务工作。

（二）规范和加大对学生收费管理的力度

学生学杂费是高职院校自筹经费中的主体部分，是除财政拨款以外的另一个主要的资金来源。一方面，高职院校要面向社会需求，及时调整专业设置、为学生创造良好的就业前景，吸引更多的生源报考高职；另一方面，高职院校要规范和加大对学生收费管理的力度，确保学生学杂费的足额收取。针对当前学生欠费数额日益增大、追缴困难的情况，财务部门可利用银校合作契机，进行电脑联网收费，建立学生收费动态管理系统，对学生缴费情况进行实时控制，及时向院校、部、处、室及有关职能部门提供学生欠费情况，取得他们的支持，配合催款，尤其要发挥班主任和辅导员的作用。

（三）利用高职院校的资源优势，为社会提供服务，补充经费来源

政府赋予新高职院校的功能和使命是以新的机制和模式培养造就数以万计的技术型人才。高职院校主要服务形式有医疗服务、技术推广服务、专业人员培训服务、科技成果转化和应用研究合同等。实践证明，通过直接向雇主提供特定的劳务知识服务而获取收入已成为重要的经费补充渠道。

（四）适度利用银行贷款

在国家政策允许的范围内，抓住机遇利用当前良好的金融环境，适度向银行贷款获取建设资金，优化长短期贷款的组合，满足学校发展对资金的需要。

（五）加强预算控制，提高资金的使用效率

加强预算控制首先要提高学校领导的财务管理意识，并使其能够全面地了解和掌握学校的财务预算管理工作，保证学校的各个部门能把各种经费控制在预算范围内，从而提高资金的使用效率。同时，高职院校还应根据自身的实际情况采取承包责任制，制定激励奖惩制度，并对各种经费进行实时跟踪调查，如这些经费超出预算，则予以批评或其他相应的处罚；对那些未超出预算的部分，则可以将这些资金用来奖励个人，这样能够调动各个部门以及个人的工作积极性，同时也就能加强预算控制，从而提高资金的使用效率。

三、优化财务管理运行机制

优化我国高职院校财务管理运行机制，主要在于财务资源的合理配置和绩效评价的管理设置。具体而言，合理配置财务资源：一要优化组织，二要精减人员，三要统一制度。组织是实现目标的载体，优化组织则是优化运行机制的关键所在，因此，面对许多高职教育“统一领导、分级管理”的模式，建议采用集中核算的办法，减少二级财务核算机构的设立，提高财务管理效率。人员是高职院校财务运行的主体，也是财务管理的对象之一，目前个别高职院校财务人员冗余已是无可争辩的事实，所以，精简财政管理人员，实现最大化的人员效益，也是优化高职院校财务管理运

行机制的主要途径。统一制度即相同级别的财政机构尽量采用相同的财政规章制度，在组织机构、人员分工、业务记录以及财务事项等方面保持高度一致性，这样就可以实现完全意义上的统一管理，更加有利于全校财务管理工作的顺利运行。

高职院校财政管理的绩效评价，需要考虑设置一定的评价指标体系，以量化数据和质性材料为依据做出最终考核。评价指标体系可以分为财务状况主要单项指标（教学事业收入、学术科研收入、教育事业支出、经营支出等）、财务状况趋势分析指标（总资产发展速度、净资产发展速度等）、财务状况综合分析指标（财政收入和支出结构、成本分析、资产使用效率、支出经费与事业发展的数量关系等）等。总之，依托绩效评价指标体系，提高资金使用效益，促进高职院校财政管理朝着高效化方向发展。

四、重视队伍建设

知识型社会不仅要求高职院校财务管理人员要具备优良的品质、扎实的专业知识、不断创新的意识与创新能力，还要求他们具备沟通与协调的能力，善于处理各种财务关系。只有这样，才能紧跟时代步伐，适应新形势下高职教育不断发展的需要，最终保证高职院校财务管理目标的实现。一方面，要加强财务管理人员继续教育培训工作，建立健全财务管理人员培训机制，使他们拥有科学的资金使用观念和理财意识，以及相应的财务分析能力，以此进一步完善高职教育财务管理体制中的人力资源建设；另一方面，随着现代信息技术的发展，熟悉会计电算化知识，具备现代计算机的实际应用能力，已成为财政管理人员必备的基本素质，因此在其继续教育与培训工作中，应将此作为重点内容加以授受，培养他们的财务管理技术知识，推动高职院校内部财务管理的现代化和信息化进程。

五、加强财务管理

（一）提高财务分析能力，为重大决策提供依据

以往的高职院校财务管理工作，重点是财务数据的核算，忽视了对学

校重大决策从财务管理的角度提供积极建议。因此，高职院校财务管理工作不但应该重视记账、算账、审核、报销等各项日常工作，同时也要拿出必要的人力和精力，研究会计报表和日常核算资料，开展经济效益的分析。通过财务分析工作，降低学校重大决策的财务成本，为学校的健康发展提供优质的财务顾问服务。

（二）强化高职院校成本效益观念

高职院校财务制度改革必须强制要求高职院校加强成本费用核算，编制和报送成本报表，为高职院校发展计划、决策提供真实可靠的成本费用信息资料。为更好地建立高职院校成本核算制度，高职院校会计核算基础必须进行根本的改革，即采用权责发生制会计基础，合理规定高职院校活动成本范围、成本项目、成本计算方法和费用支出分配办法，以便真实、可靠、准确、完整地核算高职院校活动的资源耗费情况。高职院校成本核算不仅是完善高职院校会计核算的客观需要，也是高职院校开展绩效管理、考核评价高职院校财务运行绩效的必然要求，同时还是建立科学规范的高职院校活动成本补偿与成本分担机制、制定高职院校财务政策的客观需要。

（三）强化预算管理，严格执行部门预算制度

部门预算改革是我国预算管理制度的一项根本改革，它要求高职院校从预算编制开始严格按照部门预算的有关规定进行基本数据收集，按照高职院校计划、高职院校规模和定员定额的有关规定准确地编制部门预算，按照财政部门和主管部门批准的部门预算严格执行和有效控制，按照规范的程序进行预算调整。高职院校财务制度应当按照部门预算管理的要求，对高职院校预算编制、预算执行、预算调整以及收支核算管理及财务报表编报等进行重新规范，确保部门预算改革措施在高职院校的贯彻实施，有效防止部门预算与单位预算“两张皮”现象的再发生。

（四）完善内部控制制度

强化内部控制，完善单位内部会计控制制度，真正做到不相容职务相互分离、相互制约、相互监督，是提高高职院校财务管理的有效措施。当前高职院校要特别重视货币资金、校内结算中心、实物资产和工程项目的

内部会计控制问题，并针对不同的控制对象，相应制定不同的内部控制制度。单位内部会计监督制度应当符合下列要求。

（1）记账人员与经济业务事项和会计事项的审批人员、经办人员、财物保管人员的职责权限应当明确，并相互分离、相互制约。

（2）重大对外投资、资产处置、资金调度和其他重要经济业务事项的决策和执行的相互监督、相互制约程序应当明确。

（3）财产清查的范围、期限和组织程序应当明确。

（4）对会计资料定期进行内部审计的办法和程序应明确。

（五）建立科学规范的高职院校运行绩效考核评价体系，为高职院校绩效考核评价提供依据，为政府相关部门的宏观决策提供参考

现行《高等学校财务制度》虽然对高职院校财务报告和财务分析做出了规定，但财务分析只停留在对单位预算执行情况、财务状况、收支情况及经费自给水平、定员定额情况、财务管理情况等一般性分析层面。这些分析所得出的结论只能反映高职院校财务运行的一般情况，不能反映高职院校整体的业绩和效率、效果、效益，离绩效考核评价还有很大的距离。建立科学规范的高职院校运行绩效考核评价体系，有利于政府主管部门对高职院校的绩效做出客观的评价。

（六）提高财务管理人员素质

高职院校各项事业的快速发展对财务管理队伍整体管理水平、人员素质和业务能力提出了新的、更高的要求。高职院校的财务管理人员，不能仅仅满足于记账、算账、报账，而要将视野扩展到管理活动的广阔领域。高职院校事业的大发展，要求财务管理必须作为高职院校基本的管理控制机制之一，这对财务管理人员提出了新的要求。因此，财务管理人员通过业务培训，不断学习、提高和充实专业知识，优化知识结构，是改进高职院校财务管理、提高办学效益的关键所在。

六、转变管理理念

高职院校财务管理的观念和方法的研究，对高职院校建立完善的财务管理体制起着决定性作用。知识经济时代的到来，要求高职院校财务必须

树立新的观念，只有这样，才能在实践中探索建立完善的财务管理模式。

（一）树立人本化财务管理观念

重视人的发展和管理是现代财务管理的基本趋势。高职院校的每项财务活动都是由人发起、操作和管理的，其成效如何主要取决于人的知识、智慧和努力程度。因此，在高职院校财务管理中要树立“以人为本”的思想，扬弃“以物为中心”的观念，要理解人、尊重人，规范财务管理人员的行为，建立责、权、利相结合的财务运行机制，强化对人的激励和约束，其目的就是要充分调动人的积极性、主动性和创造性。

（二）树立知识化的财务管理观念

这里讲的知识，包括科学、技术、能力、管理等等。知识在知识经济时代是最主要的生产要素，是最重要的经济增长源泉。财务管理思路、方法、手段等的知识含量，将成为财务管理是否创新、有无成效的关键因素。未来的财务管理将是一种知识化管理，财务管理人员要不断学习财会新知识，运用各种现代化知识（信息技术、数学模型等）进行财务决策，以解决未来在财务工作中出现的新问题。

（三）树立风险财务管理观念

在现代市场经济中，由于市场机制的作用，任何一个市场主体的利益都具有不确定性，存在蒙受一定经济损失的可能，即不可避免地要承担一定的风险。高职院校制度改革，使高职院校必须面对市场风险。影响高职院校财务安全的外部因素有很多，如教育供给和需求的市场变化。与此同时，由于国际国内人才交流、科技情报信息交流加快等因素的出现，也将给高职院校财务安全带来影响。

综上所述，高职院校财务管理工作要在做好传统的记账、算账、报账等工作的同时，做好学校财务的预测、控制、分析和管理等各项工作，把工作重点转移到以提高资金使用效率、开拓资金来源、提高办学效益上来，保证和促进学校教学科研工作的顺利发展。

第十一章　云南旅游职业学院财务管理的实践

第一节　云南旅游职业学院财务管理概述

一、云南旅游职业学院概况

云南旅游职业学院成立于1956年2月，原名为昆明地质学校。根据发展的需要，1998年1月改建为云南省旅游学校，在云南旅游行业快速发展的背景下，培养了一批批专业技能人才。2011年5月，独立升格为云南旅游职业学院。云南旅游职业学院建校60年来，为国家培育了四万余名优秀的专业人才，悠久的办学历史，形成了科学规范的管理体系，铸就了优良的校风、教风和学风，成就了众多社会栋梁人才。学院辉煌的教育、教学成就已彪炳史册！

云南旅游职业学院坐落在风景秀丽、四季如春的历史文化名城——昆明。昆明区位优势明显，气候得天独厚，是我国面向南亚、东南亚的桥头堡，是闻名世界的春城！莘莘学子置身春城可舒爽学文化，轻松谋发展，这里是读书求学的理想圣地！

云南旅游职业学院占地216亩，建筑面积十万余平方米。校园宽广，环境幽雅，现代化的教学、生活、娱乐设施完善。学院名师荟萃，师资力量雄厚。有高级职称者82人，中级职称者128人，归国留学人员和外籍教师16人，客座教授20余人。教师队伍中30%以上具有硕士、博士研究生学历。

云南旅游职业学院广泛参与社会活动，积极开展联合办学。学院是全国重点职教师资培训基地、中国东盟旅游人才培训基地、中国旅游协会旅游教育分会副会长单位、云南省旅游职教集团理事长单位，是云南唯一旅游类外派劳务基地。

云南旅游职业学院与英国、日本、韩国、泰国、越南及国内众多知名大学和企业合作发展、联合培养旅游高素质人才，进行师生交流，互派留学生。

云南旅游职业学院以市场需求为导向，以解决学生就业为根本，实施就业承诺制与“订单”式培养，与昆明、北京、上海、广州、深圳、珠海等数十个城市数百家单位建立人才供求关系，大多数学生在毕业前半年就已预就业，被教育部授予“全国职业技术学校职业指导工作先进单位”。

一、学院财务管理存在的主要问题及对策

云南旅游职业学院与国内其他高职院校相比，除存在一些财务管理的共性问题外，制约财务管理活动、影响学校发展的主要问题就是财务信息化建设不足。当前，财务信息化建设已是提高云南旅游职业学院财务管理效率和服务质量的必然途径。利用现代信息技术，加强财务信息化建设已是提高财务管理效率和服务质量的必然要求。但是，随着学校办学规模的不断扩大，内涵建设不断深入，办学层次不断提升，云南旅游职业学院财务管理不仅要满足日趋多样化的财务信息需求，而且涉及政府职能部门、银行、校内院系和部门、师生员工等众多对象，涉及筹融资、学生缴费、业务核算、财务监督、预算控制、经费管理、绩效评价、信息公开等日趋复杂的财务活动，使得云南旅游职业学院财务信息化建设这一系统工程不能一蹴而就，诸多重要问题也阻碍着财务信息化效率的发挥。

（一）云南旅游职业学院财务管理目标与财务信息化建设的任务

专家学者关于高校财务管理目标的研究从不同角度得出成本最小化、综合价值和办学实力最大化、投资效益最大化等观点。从财务管理工作的实际情况来看，云南旅游职业学院财务管理首先是满足自身管理的需要，既要符合政府部门的管理约束，满足债权人、捐赠人、媒体、公众等外部

利益相关者的财务信息需求，又要在学校内部做好财务活动的管理，提高学校资金使用效益；其次是要向全体师生员工提供高效率、高质量的服务。

云南旅游职业学院的财务管理目标：在充分统一财会人员思想基础上，调动大家各显其能、各负其责、各尽其职的积极性，通过实现“财务会计业务规范化、财务会计关系协调化、财务会计环境和谐化”三个具体目标，达到学院综合效益最大化这个财务总目标。

云南旅游职业学院财务信息化是利用现代信息技术将云南旅游职业学院财务活动与以计算机软硬件系统、网络与通信为主的信息技术进行整合，建立财务信息系统，提供充足、准确、及时、集成、综合的财务信息资源，支持云南旅游职业学院财务与决策活动，以提高云南旅游职业学院资金使用的效益与效果。财务信息化建设的任务就是为实现云南旅游职业学院财务管理目标提供效率支持。具体来说，就是以财务信息化建设为契机，实现财务预算精细化、财务核算时效化、财务决算绩效化的目标。让学院财务信息化水平达到“五个一”（预算一个盘子、收入一个笼子、支出一个口子、核算一个本子、管理一把尺子）。

（二）影响云南旅游职业学院财务信息化效率的因素

1. 云南旅游职业学院财务信息化建设受到外部环境制约

（1）云南旅游职业学院信息化建设标准尚未充分落实。近年来，虽然国家颁布了高职院校管理信息标准，但是云南旅游职业学院乃至校内部各部门仍受到经费、人员、传统观念等约束，在信息管理系统开发方面各自为政，系统相互之间缺乏统一的数据接口，管理信息系统之间形成了严重的信息孤岛。这不仅降低了云南旅游职业学院与外部管理部门和银行等部门的数据共享和交换，而且使云南旅游职业学院内部职能部门之间信息难以协调同步，这必然导致云南旅游职业学院财务信息化建设缺乏信息化环境基础，从而不能向决策者提供及时的综合财务信息，以辅助决策者做出正确的财务决策，同时也增加了云南旅游职业学院财务部门的管理成本。

（2）云南旅游职业学院内部信息化平台和数据中心有待完善。云南旅游职业学院目前基本上没有一个对整个学校管理信息进行集成的管理平台和数据中心，数据冗余和不一致的问题没有从根本上解决。例如，学校内部没有形成一个跨财务、教务、学务、后勤等部门的信息管理系统，财务部门不能及时从其他部门及时获得学生学籍、贷款、住宿等信息，其他部门也因此无法及时从财务部门获取关于学生缴费信息，从而不能采取及时有效的措施，督促学生缴款，以保证学校收入的实现。

2. 财务信息系统自身存在缺陷

（1）现有财务信息系统资源有待优化整合。财务信息系统是学校财务信息化建设的基础和前提，现行的学校财务信息系统主要由会计核算系统、学生收费管理系统、工资管理系统、银行接口、财务信息查询及其他辅助功能组成。就目前来看，这些单个系统及辅助功能尚不能有机联合，系统之间还不能实现全部数据直接交换，若不能对其进行优化整合，则会妨碍财务信息系统工作效率的提高，从而影响财务信息化目标的实现。

（2）现行会计核算软件不能够满足高层管理与决策的需要。目前，云南旅游职业学院财务信息系统仍然是以会计核算为核心，重在对人工会计的模拟，是用电脑处理日常例行的数据资料，并产生报表以支持组织的作业活动，在一般情况下处理模式不宜改变，明显滞后于信息技术的发展，不能够支持财务工作中的决策、规划、控制、分析等管理活动，不能够向使用者提供决策模式并随时向数据库提取数据，以辅助决策者做出正确的决策。

（3）财务网络安全是财务信息化建设的隐患。目前的网络安全涉及很多方面的问题。首先，财务网络一般独立于其他网络而运行，财务数据的交换必然借助于局域网、U 盘、移动硬盘等存储介质，若工作人员没有较强的防范意识，很容易造成病毒肆意传播。其次，财务信息公开又要求财务网络与校园网络建立连接，若两者之间没有建立很强的防火墙，病毒也会通过校园网侵入财务网络，攻击财务信息系统。再次，财务网络终端系统软件及防毒软件由于网络运行的独立性，其更新升级不能及时进行，安全隐患依然存在。最后，跨组织财务信息化建设也要求较高的财务网络安全性。因此，需要多种途径和方法进行网络安全保护，提高财务信息系统的安全性。

（4）财务信息化建设缺少复合型人才队伍。随着云南旅游职业学院财务管理的内涵与外延不断扩大，财务信息的需求也日益多样化，这就要求云南旅游职业学院财务工作者不仅是一名高水准的会计师，而且要熟练掌握计算机应用，掌握各种财务软件的操作、开发、设计和维护。但是，现有绝大多数云南旅游职业学院财务工作者仅拥有扎实的财务知识和过硬的传统业务素质，习惯于传统的思维和工作方式，而对于现代信息技术，甚至对新的管理体制和激励制度还存在抵触情绪，难以适应新的工作要求。财务人员队伍缺乏相应的复合型人才，无疑会对财务信息化的推进产生很多负面的作用。

二、提高云南旅游职业学院财务信息化效率的对策

云南旅游职业学院财务信息化建设既受到外部环境约束，又存在自身的不足。因此，只有从当前云南旅游职业学院的财务管理实际需要出发，结合云南旅游职业学院信息化校园建设，不断加强和完善自身系统功能，才能使财务信息化真正为云南旅游职业学院财务管理提供效率支持。

（一）加强云南旅游职业学院财务信息化外部基础环境建设

1. 设立校内信息化建设委员会

财务信息化建设是一个系统工程，其不仅涉及云南旅游职业学院财务管理的每个方面，而且涉及云南旅游职业学院内部其他部门的协调配合。云南旅游职业学院财务信息系统作用的发挥依赖于云南旅游职业学院整体的信息化建设，因此成立由学校主要领导任主任的校内信息化建设委员会无疑会对财务信息化建设产生推动作用。其主要职责是：加强信息化建设的组织领导；协调指导各部门信息化建设工作；把握数字化校园建设的整体规划。

2. 更新和完善云南旅游职业学院信息化标准

财务信息化建设要充分考虑数字化校园建设的未来发展。在数据接口方面，在同其他管理信息系统的数据结构一致性方面，要尽可能地实现统一标准，规范化管理，为未来的云南旅游职业学院信息系统整合做好准备。中国国家标准化管理委员会于 2008 年发布了《信息技术学习、教育

和培训——高职院校管理信息》，其适用于规范中国普通高职院校的管理信息体系，为高职院校管理信息化建设提供重要指导。云南旅游职业学院应按照此标准更新原有的信息系统数据子集，包括 XX-学校概况数据子集、XS-学生管理数据子集、JX-教学管理数据子集、JG-教职工管理数据子集、KY-科研管理数据子集、CW-财务管理数据子集、ZC-资产与设备管理数据子集、BG-办公管理数据子集，以及为减少数据冗余设计的 TB-通用/标准数据子集。这不仅能够对外提供与国家标准相一致的数据信息，而且也为云南旅游职业学院内部高效率数据交换提供了便利，尤其是为财务信息化提供了基础。

3. 合理搭建跨部门、跨组织信息化平台

随着互联网络技术的迅速发展与普及，对信息科技的应用已经由一个部门内部扩大到部门外部、由组织内部扩大到组织外部。因此，信息化平台的搭建既要考虑外部利益相关者的业务衔接，也要考虑内部管理需要和全体师生员工服务需要，建立跨部门、跨组织的信息系统（IOS），无疑有利于财务信息化效率的提高。

（二）加强和完善财务局部系统建设

1. 合理规划和设计财务局部硬件系统

合理搭建财务专用网络平台。单一校区的云南旅游职业学院可以采取集中式统一管理模式，设置物理上与其他网络完全独立的财务专用网络，让其安全性得到充分保证，但是与其他管理系统的数据共享与交换会受到一定的限制。

在资金能够充分保证的前提下，尽量选择稳定性高、质量好的硬件设备。要考虑财务信息系统的应用规模选择服务器，同时要为以后信息系统扩展适当留有冗余；还要考虑财务网络服务器工作环境，选择适当的不间断电源及调温调湿设备；根据需要选择硬件防火墙；等等。

2. 合理建设局部软件系统

（1）合理选择服务器操作系统。

服务器操作系统主要有三大类：一类是 Windows，其代表产品就是 Windows Server 2003；一类是 UNIX，代表产品包括 HP-UX、IBM AIX 等；

还有一类是 Linux，其具有开放性和高性价比等特点。相比较而言，Windows Server 2003 成本较低，便于部署、管理和使用；而后两者的系统安全性与稳定性犹如业界无法动摇的泰山，但是所有操作都需要输入代码式的命令触动，人性化显得非常差。因此，财务局部网络数据服务器选择 Windows Server 2003 操作系统较为合适，而向校园网用户提供查询服务的 WEB 服务器应选择 UNIX 或 Linux 操作系统。

（2）合理选择强有力的杀毒防毒软件。

无论是财务部门使用的财务专网，还是财政部门使用的财政专网，都需要在安全可靠的基础上来运行财务管理信息系统。数据安全与可靠，是第一位的因素。在这个前提下，考虑网络的传输速度，尽量做到性能价格比最佳。由于财务局部专用网络相对独立，各用户均不能直接通过网络进行病毒库升级更新，而通过存储介质为每一用户进行病毒库更新又加大了病毒传播风险，因此，应选择网络版病毒防治软件，其特点是只需对财务局部网络中的控制中心进行病毒库更新，其他用户自动就可升级更新。

（3）合理选择财务系统软件。

整个财务信息系统都是围绕着财务管理软件系统在运行，财务管理软件的选购和配置，无疑是财务信息系统的软件应用中的核心问题。其选择需要考虑的因素：考察财务管理系统软件在功能上是否满足我校财务管理的需要，而且要满足自身个性化的财务管理需求；充分考虑财务信息子系统之间的信息交换能力，如工资管理、收费管理、资产管理、国库支付、银行对账等周边财务子系统与会计核算系统的信息交换能否实时进行；还要考虑校内信息使用者的数据格式、结构要求。

3. 加强复合型人才队伍建设

云南旅游职业学院财务人员不仅要利用财务软件系统的数据库来编制外部用户所需的财务报告，而且要善于解析和拓展系统输出的信息并用于重要决策，财务人员综合素质的高低直接影响财务管理水平和服务质量。要使财务信息化建设发挥其应有的作用，必须重视引进有复合专业背景的人才，加强现有财务人员的信息化知识培训，同时要引导和激励财务人员不断学习新知识、接受新观念，这样才能建立起一支既具有扎实财务理论与实务基础又熟练掌握现代信息技术的复合型人才队伍，这也是云南旅游职业学院财务信息化建设的关键所在。

第二节 云南旅游职业学院财务管理的成功经验

云南旅游职业学院从1956年建校到云南旅游职业学院的成立，经过了四个重要的发展历程，即：1956年4月，昆明地质学校建校；1965年昆明地质学校、重庆地质学校和四川地质技工学校“三校合并”，合并为“昆明地质学校”，1994年被教育部评定为全国重点中等专业学校；1997年12月25日，地矿部与云南省政府签署协议，将昆明地质学校改建为云南省旅游学校，直属于云南省旅游局；2010年2月26日获省政府正式批复同意，2011年5月9日教育部备案，云南旅游职业学院正式成立。通过历届师生的共同努力，使云南旅游职业学院实施跨越式发展并取得丰硕成果，学校事业发展的每一步、改革进程的每一次跨越都离不开资金的支持，资金的一收一支均与学校财务处的工作紧密相连，都离不开财务工作的保证和支撑。为此，云南旅游职业学院财务处不断更新理财观念、完善理财机制，主要从“建设完善的财务管理制度、建立经济责任制、明确财务管理目标、加强团队建设”等方面着手，使学校财务管理更加规范，为学校事业发展提供好的财力保障。

一、以财务管理制度建设为保障，提高财务服务质量

坚持依法治理、照章办事是实现财务规范化管理的根本保证。因此，我们尽可能完善各项财务制度，以财务管理制度为保障，提高财务服务质量。

（一）进一步完善学校各项财务制度

为了适应不断发展的学校事业，规范校内经济秩序，紧跟国家经济制度的改革，进一步完善了服务教学、科研的财务制度体系。云南旅游职业学院财务处制定了《云南旅游职业学院财务工作手册》，按财务会计法律、外部财务会计法规、内部财务会计规定三个层次编制。使各项财务工作做

到了有章可循，做到以制度管人、以制度管事，为提高财务服务质量提供了制度保障，并确立了校财务处在学校财务管理中的主导地位等。

（二）建立内部控制制度

云南旅游管理学院很重视内部控制制度建设。建立内部控制制度就是要使财务会计人员明确应该做什么，不应该做什么的行为上加以规范，使职工遵纪守法，努力工作，确保学校教学科研工作健康有序开展。学校建立的内部控制制度主要有以下方面。

1. 不相容职务分离制度

不相容职务相互分离控制要求单位按照不相容职务相分离的原则，合理设置会计及相关工作岗位，明确其职责权限，形成相互制衡的机制。对不相容的职务必须分工负责，必须由两个或两个以上人员分工、共同负责。

2. 授权批准控制制度

授权批准控制制度要求单位明确规定涉及会计及相关工作的授权批准的范围、权限、程序、责任等内容，单位内部的各级管理层必须在授权范围内行使职权和承担责任，经办人员也必须在授权范围内办理业务。

3. 会计系统控制制度

会计系统控制制度要求单位依据《会计法》和国家统一的会计制度，制定适合本单位的会计制度，明确会计凭证、会计账簿和会计报告的处理程序，建立和完善会计档案保管和会计工作交接办法，实行会计人员岗位责任制，充分发挥会计的监督职能。主要包括会计凭证控制、会计账簿控制、财务报告控制等制度。

4. 预算控制制度

预算控制是高校内部控制的一个关键。财务预算是学校根据教学、科研、学生、生活服务、基本建设等事业发展的计划、任务，对学校一个会计年度收支规模的预计。科学的财务预算能保障学校各项事业顺利开展，优化学校资源配置，防范学校财务风险。所以，学校非常重视预算的编制。第一，设专人专门负责预算编制，但还没有专门设置预算管理机构。第二，在预算编制时严格执行预算编制程序。第三，在预算编制时坚持

“量入为出、收支平衡”的总原则。收入预算坚持积极稳妥的原则；支出预算坚持统筹兼顾保证重点、保证刚性支出、勤俭节约的原则。第四，各项收支全部纳入单位预算，统一核算，设立完整的预算体系，科学分配基本支出预算和项目支出预算。第五，严格执行预算，明确规定预算资金实行责任人限额审批，限额以上资金实行集体审批，严格控制无预算、无计划的资金支出。第六，及时或定期反馈预算执行情况，预算执行完毕，对预算执行情况绩效评价，将实际执行数据与预算进行对比，分析产生差异的原因及预算执行偏离存在的问题并采取改进措施。

财务工作在学校领导下，严格按规定的财务、会计制度实施管理，依法照章做好财务管理工作。

二、以建立经济责任制为中心，加强财务管理

高职院校建立健全经济责任制，是贯彻实施《高等教育法》，提高管理水平和避免财经工作失误的必然要求和有效途径。其核心是将权力和义务相结合，使各级领导、各部门在经济工作中既要按规定行使权力，又必须按规定履行责任。

（一）建立健全校长经济责任制

建立健全校长经济责任制，明确校长作为学校的法定代表人，对学校的财务工作负法律责任。校长是学校的法人代表，是学校各项工作的总负责人，具有全面领导和管理学校各项工作的法定权力。根据高校“统一领导，集中管理”的财务管理体制，实行校长“一支笔”审批制度，使校长履行《会计法》规定的义务，真正对本单位的会计工作和会计资料的真实性、完整性负起“第一责任人”的责任。因此，校长必须相应地承担包括财经工作经济责任在内的各种责任。这样能增强学校财经工作的宏观管理和协调能力，做到了责、权、利统一，促进了学校经济责任制落到实处。

（二）建立各级经济责任制

学校按照“统一领导，分级管理”的管理模式，按校内管理层次分别建立主管财务工作的财务处处长、副处长、具体财务工作人员等若干层次的经济责任制，一级管好一级，一级带动一级，一直抓至每一个基层经济

单位。经济责任制的内容贯穿于学校财务工作的全过程。

1. 日常预算收支的经济责任制

学校预算一经正式确定，就成为全校财务收支的“法定依据”，任何单位和任何人都不能随意更改预算，或不按预算执行。学校按照管理层将组织收入、控制支出的权力和责任落实到岗位、落实到人，各司其职，各负其责，在哪个层次上出现问题，其上级或领导必须及时采取措施予以解决并追究相应层次有关人员的责任。

2. 财务主管人员任用与变动经济责任制

学校内财务主管及财务人员的任用和变动，我们都按干部管理权限进行报批和备案。

3. 保护资产安全、完整和保值经济责任制

学校各部门物资的采购，事前要有计划，严格执行物资采购计划审批制度，按计划采购。建立了物资入库、领用、维护、报废、转让等制度，加强财务监督，保证资产的完整、安全，防止资产流失。在具体工作中，坚持资产管理与财务管理相结合的原则，完善单位资产产权登记、资产处置、非经营性资产转经营性资产等基础管理工作，实施对资产购置、使用、处置、考核全过程的监控，使管理制度化、规范化，切实解决职责不清、无人管理、无人负责的问题。

4. 重大支出项目安排的经济责任制

学校财务收支计划中既包括基本支出，也包括数额较大的项目支出。对这些数额较大的项目，学校组织专家进行反复、缜密的论证，按金额大小制定相应的决策签字负责制，谁签字谁负责。其中，基本建设项目尤其要按国家规定的基建程序办事，明确项目负责人，确保规划严格、资金来源可靠、按工程进度及时拨付工程款项，不拖欠工程款，确保工程质量。

三、明确财务管理工作的目标，把好财务关

1. 认真做好财务日常工作，建立财务管理新秩序

学校要求每位会计人员对单位日常会计事项和账务要认真处理，不能马虎。根据《会计法》及会计制度的有关规定，及时、认真处理日常会计

事项和账务，认真做好记账、算账、报账、用账工作。在核算过程中，必须做到手续完备、账目清楚、数字准确、内容真实、情况可靠，并做到日清月结，及时报送会计报表，提供会计信息，发挥会计在学校建设和管理中的作用。

2. 严格执行“收支两条线”管理规定，实行“阳光收费”

伴随我国高等教育管理体制改革以及财政改革的不断深化，高校财务管理的环境发生了较大变化，面对新的理财环境，学校确立了从规范理财向科学理财迈进的财务发展战略。依法理财是科学理财的核心和精髓，是党风廉政建设落到实处的重要保证。学校根据国家政策、收费标准和收费公示制度，确保各类收费公开透明，实行“阳光收费”。同时，积极组织收入，应交国家预算的收入，及时足额地缴入国库；应交财政专户的预算外资金收入，及时缴入财政专户，实行“收支两条线”，并在学校网站上向社会公示；服务性收费坚持成本标准、收费公示和自愿付费原则。

加强学生收费管理，学费收缴率在90%以上。学生缴费是学校收入的重要来源，云南旅游职业学院贫困生较多，以前学费拖欠现象较严重，为此学校建立了学生收费管理体制，财务处组织人员加班加点，定期对学生收费信息进行核对，做好学生欠费清理，及时统计和提供学生欠费信息，通过班主任落实收费责任制，加大学生欠费催缴力度，把学生欠费降到最低水平，力争最大限度地实现学校预算外资金收入，确保所有学生信息准确，避免因数据遗漏而造成学校收入流失。

3. 做好“开源节流”工作，提高资金使用效益

资金是学校经济活动的血脉，学校积极落实资金的流入。除了向财政申请经费外，学校在国家政策允许范围内，多渠道、多途径积极筹措资金。通过学历教育和非学历培训双轮驱动，以保证及时、合理地供应资金，确保学校各项工作正常运转。

科学合理控制资金流出。坚持勤俭办学、优先教学的财务原则，坚持少花钱多办实事原则，尽可能把有限资金侧重用于教学。财务处谨慎严密地调控资金，最大限度地降低资金使用成本，形成了学校财务管理一大特色。一是主动介入重大专项资金的预算分配工作，确保资金用于学校急需

的建设项目；二是严格按轻重缓急的原则安排修购资金，并将修购资金从原来狭义的“修、购”扩展到网络升级、室外运动场等关系学校发展全局的急需项目；三是将项目增量资金投入在图书馆数据库、校园网络建设等项目上，保证了学校资源配置上的均衡性；四是学校在稳定食堂伙食价格、建设校园安防系统、促进毕业生就业、建设学生心理健康咨询室等方面投入大量资金，有效维护了学校稳定运行。

几年来，财务处经过锲而不舍的运作与协调，上下联通的全方位推进，历经艰难，在资金上配合学校的教学、管理、后勤改革。

四、落实科学理财观，全面提高财务队伍业务素质

万事人为本，财会工作要上水平，必须有一支高水平的财会人员队伍。学校财务落实科学理财观关键在人，成败在队伍。学校财务部门具有为学校建设进行会计核算、实施财务监督的重要职能。财务部门处于各种利益冲突的焦点中，职责越重要越要不断提高在改革发展中的财务队伍素质，提高对学校各项资源的管理能力。在财务人员队伍中要切实解决好为谁理财、为谁服务的问题，不断提高财务人员的政治素质和道德水准，把财务队伍建设提高到一个新水平。学校财务管理绝不仅仅是一个记账、报账的会计工作，在学校的不断发展中，财务管理应向全面提高综合管理能力的方向转变。认真学习国家财经法律法规，熟悉财务与会计制度，在工作中既有分工又有合作，发扬财务团队精神，共同把财务工作做好。

（一）加强财务人员知识结构的更新

要充分发挥个人的主观能动性，注重财会人员职业道德的建设与专业技能的提高。知识经济时代要求高校财务管理理念必须更新，会计核算手段必须主动适应高校财务管理重心的转移。财会人员应认识到新时期赋予的新责任，知识的折旧速度在加快，不进则退。因此，财会人员在繁忙的工作之余要不断给自己充电，自觉学习新知识、接受新观念，将自己的工作融入学校的各项内部管理体制改革。

（二）重视财会队伍建设与财会人员整体素质的提高

拓宽对外交流与学习的渠道，创造融洽的工作环境、和谐的人际环境

和活跃的学术研究环境，鼓励财会人员开展专业课题项目申报，培养既精通会计核算业务又熟悉网络电算化的复合型应用人才。除了完成会计人员年度继续教育工作外，学校每年组织全处人员分批分期参加国家、省市、行业举办的财务管理培训班，以此提高财会人员的素质，提升财务团队的建设水平。

（三）人本化与知识化相结合的理财观念

要适应新形势，重视人的发展与管理，这是知识经济时代的客观要求。与此相适应，单位的财务管理将是一种以人为本的知识化管理。因此，高校财务管理人员必须在增强理财知识的同时，将各项财务活动人格化，强化对人的激励和约束，充分调动人的积极性、主动性和创造性。财会人员要参与高校建设预测和分析，及时提供准确的会计信息供领导参考；要参与项目合同的签订与执行，充分发挥会计在财务管理中的预测和控制职能，不断提高服务质量和服务水平。作为主管会计，应该怎样搞好服务，是大家共同关心的问题。我们认为，只要能照章办事，使学校的财务管理人员的水平不断提高，真正做到支出合理、物尽其用，财务的工作就算做好了。

五、云南旅游职业学院财务管理的特色

（一）财务处的工作目标、原则、标准、承诺、职业道德

1. 财务处工作目标

在充分统一财会人员思想基础上，调动大家各显其能、各负其责、各尽其职的积极性。通过实现“财务会计业务规范化、财务会计关系协调化、财务会计环境和谐化”三个具体目标，达到学院综合效益最大化这个财务总目标。

2. 财务处工作原则

规范、合法、安全、自律，做到“有所为，有所不为，保障与控制并重”。

3. 财务处业务标准

遵纪守法、精准快捷。

4. 财务处服务承诺

面对面的服务：你从业务的角度提出工作如何推进，财务从经费的出发点如何为你服务。

点和点的管理：你如何从业务上提高工作水平，体现管理出效果；财务从讲经济原则的角度，处理好合法合规与合理的关系，体现管理出效益。

手挽手的合作：以业务事项和经济事务为纽带，学会包容发展，在你中有我、我中有你的合作共赢模式下，你实现业务目标，我实现财务目标。

心与心的交流：求同去异是我们双方交流的目的，通过交流，体现沟通的魅力，不论是言语的交流，还是体态的交流，最终的追求是同心同德，实现学院总体和我们个体愿景。

5. 财务处会计人员职业道德

爱岗敬业诚实守信；廉洁自律客观公正；坚持准则提高技能；参与管理强化服务。

（二）财务处的“三大职能”和“四个模块”

三大职能：

用会计的语言规范处理经济事项。

用财务的技术有效协调财务关系。

用经济的手段和谐营造工作氛围。

四个模块：

财务管理以资金为纽带，抓筹资、投资、营运、分配。

会计核算以证、账、表为主线，规范核算，有效披露。

民生事务以经费安全为核心，抓收入、保补助。

综合运作以功能需求为基础，满足内外报告的要求。

（三）财务方面的一些亮点

第一，在学院层面，继续提出“在充分统一财务人员思想基础上，调动大家各显其力、各负其责、各尽其能的积极性”，通过“财务会计业务规范化、财务会计关系协调化、财务会计环境氛围和谐化”三个微观目标，达到学院综合价值最大化的财务总目标。

第二，在财务处业务层面，继续追求“服务零缺陷、管理零差错、合作零距离”的工作目标。通过“规范、合法、安全、自律”，做到“有所为，有所不为，保障与控制并重”的工作准则。践行“点对点的管理、面对面的服务、手挽手的合作、心与心的交流”的承诺，并且针对高校理财人群的特性，调整财务工作服务为主、管理并重的思想。

第三，在财务人员培养方面，以财务管理和会计核算为两条主线，以建设“综合岗位责任制”为育才方向，启动财务管理、会计核算、学生事务、综合协调四个模块管理，让财务人员注重协调好岗位与岗位职责关系、同事与同事财务关系、经济业务表面现象和实质内涵关系。通过实行AB角管理，达到财务人员协调共事、包容发展的目标。

第四，采取“财务管理和会计核算双轮驱动”模式，按照《云南省财政厅云南省教育厅关于印发高等学校会计科目名称、核算内容和管理要求的通知》（云财会〔2014〕48号）的精神，规范会计核算业务，提高会计信息质量。根据《云南省高等学校财务管理暂行办法》的要求开展财务管理工作，提升财务管理水平。

第五，细化财务处各岗位工作职责，完善涉及财务方面的内控制度。加强财务内控的执行力，规范经济行为，促进学院经济协调健康发展。

第六，遵循“事前需预算、事中要核算、事后讲决算、项目有绩效”的理财原则，全面实行预算管理，对学院经济事项的收支实现核算全覆盖，争取做到收入应收尽收，支出规范真实。

第七，生财有道、聚财有方，体现资金开源效果；用财求效、办事讲则，加强协调合作，规范资金开支。资金开支中，预算要讲严肃性、执行力、精细化（严肃性是指刚性，没预算或超预算的事项一律不予保障，执行力是指预算的落实情况，注重资金的时间进度和额度执行，精细化是指预算管理精、准、稳）；核算要讲时效性、真实性、合法合规性（时效性是指响应的速度和效率，真实性是指经济事项的可验证性，合法合规是指符合相关财务规定），尤其是大家办理报销业务时，切记“事项真实、票据合格、要件齐全”这十二个字。决算要讲绩效性、公开性、综合性（绩效性是指绩效评价，公开性是指让外界从报表中看到单位的经济密码，综合性是指决算不仅反映收支，而且反映资产资本结构，不仅反映静态数据，而且反映动态情况）。

第八，以全面预算信息系统为突破口，实现预算精细化、核算时效化、决算绩效化的目标。让学校财务信息化水平达到“五个一”（预算一个盘子、收入一个笼子、支出一个口子、核算一个本子、管理一把尺子）。

第九，以“安全”为中心，抓好政治安全、人身安全（软安全）、财产安全（硬安全）的财务安全工作。

第三节　云南旅游职业学院财务管理制度建设

为了进一步加强云南旅游职业学院的财务管理工作，提高财务管理水平，依据有关法规、制度，学院研究出台了《云南旅游职业学院财务会计工作手册》。该制度从国家财务法律、外部财务制度、内部财务规定三个层次进行阐述，内容涉及财务活动的方方面面，对学校的财务管理活动进行规范和约束，使学校的财务管理更加科学化、制度化、规范化和高效化。

一、明确责任，完善体制，进一步加强对财务工作的组织领导

第一，学校的领导班子尤其是党政一把手要树立科学的发展观和正确的政绩观，统筹协调好规模、结构、质量、效益之间的关系，全面落实校（院）长法人负责的财务领导体制，严格遵守各项法规制度，优化资源配置，确保学校各项事业的持续、稳定、健康发展。

第二，要通过体制改革、机制创新、制度完善、队伍建设等措施，实现“权责明确、行为规范、管理严格、监督到位、运行有效、服务优良”的财务工作目标，为提高教育质量、培养创新型人才、增强学校科技创新能力服务。

第三，学校实行“统一领导、分级管理、集中核算”的财务管理体制。学校要确保在财务规章制度、经济分配政策、经济资源配置、财务收

支预算、会计核算等方面的高度统一。

第四，要成立由学校主要领导负责、相关领导和部门负责人参与的财经领导小组，统一领导和协调学校的财经工作，提高学校对财经工作的统筹调控能力。

第五，要建立和完善重大经济活动集体决策制度、专家咨询制度和决策责任追究制度。凡学校重大经济决策、重大投资（融资）项目以及大额资金使用，必须组织相关专家进行科学论证，经学校财经领导小组研究后，提交学校最高决策机构集体讨论决定，并在校内予以公示后，报主管部门备案实施。

第六，学校财务部门是学校财务管理的综合机构，在校（院）长的领导下，参与学校经济决策的讨论和有关财经制度制定工作，对学校各类经济活动实施管理、核算和监督。学校财务部门的负责人应当熟悉并掌握国家有关财经政策法规和管理规章制度，有较强的综合管理和组织协调能力。会计主管人员应具备《中华人民共和国会计法》规定的任职条件。

二、完善制度，创新机制，落实经济责任追究制度

第一，要将财务管理制度建设作为一项基础工作常抓不懈，根据形势变化，及时补充、修订和完善各项管理制度。重点完善内部控制制度和集体决策制度，增强自我约束机制，杜绝财经违纪行为，减少经济决策失误，防范财务风险，保证学校财经工作健康有序运行。

第二，要依据有关规定和学校财力状况合理划定资金的供给范围和标准，调整支出结构，优化资源配置，按照财权与事权相匹配的原则，逐步建立与目标、任务、绩效挂钩的资源分配机制。

第三，要树立成本意识，逐步建立教学科研资源有偿使用的成本补偿机制，减少资源浪费，降低办学成本。

第四，要按照学校管理层次建立各部门、各单位的经济责任制，将财经工作的任务和责任层层分解落实到校内各部门、各单位直至个人。按照经济责任制度追踪问效。未按决策程序组织论证，决策失误，造成重大经济损失的，学校应如实向上级部门报告，有关部门和学校应对造成学校经

济损失的责任人区别情况追究相应责任。

三、提高预算水平，加强预算管理，强化预算的约束性和严肃性

第一，要遵守《中华人民共和国预算法》，根据学校事业发展需求和综合财力编制中长期财务收支计划，学校的事业发展规划必须与财务收支计划相适应。

第二，要根据“量入为出，收支平衡，统筹兼顾，保证重点”的原则编制年度财务预算。学校采取符合法律允许的多种形式筹集的资金以及各项事业活动所发生的财务收支都要纳入预算管理的范围。学校执行的年度预算与上级部门批准的部门预算在收支口径上要保持一致。

第三，预算一经审定下达，要严格落实执行。除国家政策、学校事业发展计划有重大调整，支出结构和人员发生重大变化等，需要按程序修订外，一般不予调整。

第四，要加强预算执行过程中的监督和检查。学校财务部门要逐步建立和完善校内财务绩效评估管理体系，对校内预算执行部门的财务绩效情况进行考核和评估，并定期向上级部门报告。在预算年度结束时，要对当年预算执行情况进行分析，总结预算执行过程中的经验和问题，并按照上级部门的要求，及时、准确、真实、完整地编制决算。省教育厅将定期组织所属高职院校预决算工作经验交流研讨，促进各学校预决算编制和执行水平的整体提高。

四、规范财经行为，严肃财经纪律，保证财经工作健康有序运行

第一，要严格执行国家统一的会计制度，加强会计核算工作，健全内部控制制度，定期或不定期组织财务检查和会计稽核，防止发生财经违纪行为。

第二，要按照《高等学校会计制度》的相关规定，规范经济行为，加强会计基础工作，提高会计信息质量。要按照《高等学校财务制度》的相关规定，理顺财务关系，控制财务活动，化解财务风险，提升财务管理水平。

第三，要严格执行教育收费公示制度，规范收费行为，认真做好收费管理工作。严格执行物价部门批准的收费项目及标准，不得擅自提高收费标准、擅自设立收费项目。要严格执行行政事业性收费“收支两条线”的规定，将教育事业性收费及时全额上缴财政专户。学校服务收费及代办性收费项目，必须报学校财务部门审核，按规定程序审批，在学校内部公示服务内容和收费标准，坚持方便学生和据实结算的原则，不得从中加收任何费用。

第四，学校应在法律允许的范围内，充分利用自身人才、技术、设施等资源优势和良好的社会影响，通过吸收社会捐赠、盘活资产、开展合作等途径，以及校友会、基金会等多种形式，为教育事业发展筹集办学资金。

第五，要严格执行国家收入分配政策，不断完善内部收入分配制度。绩效工资应贯彻公开透明、合理合法原则。既要体现劳动价值，适当拉开收入档次，又要重视收入分配的合理调节，维护大多数教职员工的合法利益。要防止校际间无序攀比拔高，不断推动高职院校内部收入分配制度的科学规范。

第六，要按照最新的科研项目管理规定，加强科研经费管理，提高科研经费的使用效益。科研项目经费必须纳入学校财务管理，专项核算，专款专用。理顺基本建设财务管理体制，认真做好基本建设财务管理工作。基本建设工程项目立项与投资计划应经过严格的可行性论证，履行规定的报批程序，落实项目建设资金。设计和施工过程要实行有效的质量和造价控制，防止出现因工程变更引起工程造价超过工程预算等问题。

第七，要坚持艰苦奋斗、勤俭办学的思想，努力建设节约型校园，反对各种形式的铺张浪费。要采取有效措施，加强资源节约和循环利用，严格控制能源消耗和运行费用支出，严格控制校园建设标准，把节能指标纳入校内绩效考核评价体系中。

五、加强资产管理，有效利用国有资产，保证国有资产安全完整

第一，根据国家和省对事业单位资产管理的有关规定，按照资产管理与财务管理相结合、实物管理与价值管理相结合的原则，建立新型的资产管理体制，运用先进管理手段，对资产实行从形成、使用到处置全过程的实时管理和动态控制，全面掌握学校资产的存量、结构、效用和状态。

第二，要严格执行国家和省有关政府采购制度和招投标制度，对政府采购目录以内或采购限额标准以上的固定资产应依法实行政府采购，有效保护和利用国有资产。

第三，要加强资产处置使用管理。转让出售或长期出租学校及校舍土地使用权等要进行充分论证，按有关规定评估，报上级部门批准，遵循公开、公正、公平的原则，采用国家法律、法规规定的方式进行，确保学校权益不受侵犯。

第四，要增强无形资产管理意识，加强对无形资产的保护，依法合理利用无形资产。要探索和完善无形资产的有效管理办法和制度，避免无形资产流失。

六、强化风险防范意识，建立风险预警机制，有效防范财务风险

第一，要建立健全以内部控制为核心，以大额资金流动集体决策、常规资金支付授权审批、基建支出、大宗采购和银行月对账单实行财务、审计部门负责人“双签制”等为重点的资金安全管理制度，明确相关人员的责任，确保资金的安全完整。

第二，要切实加强筹融资管理，严格控制融资规模，优化债务结构。要充分考虑融资成本和风险，根据学校发展规划和收支水平科学合理地确定融资规模与融资期限，将负债率和偿债率等指标控制在安全合理的范围内。积极做好短期贷款置换工作，改善和优化债务结构。进一步强化还贷意识，采取有效措施开源节流，逐步增强偿债能力，坚守在正常事业性经费内安排支付利息的底线。要认真做好还本付息计划，建立正常的还本付息机制。省教育厅将进一步加强对高职院校银行贷款管理，严格控制贷款规模，严格贷款申请审核，严格控制新增贷款，坚决杜绝盲目或超能力贷款的行为。

第三，要严格控制融资资金的使用方向。融资资金应用于解决制约学校当前和未来事业发展的关键问题以及对学校事业发展有重大影响的项目，不得用于对外投资（含对校办产业投资）、科技开发、捐赠、支付罚没款项以及平衡预算、抵补日常经费支出不足等事项。要建立融资项目管理责任制，按照“统一领导，分级管理”的原则落实责任：校（院）长作为学校融资项目的总负责人，对融资资金使用的安全性、合理性和有效性负责，对确保按期还本付息负责；各项目负责人应严格按照项目建设计划使用资金，不得超标准、超计划使用资金。

第四，学校对外投资（包括对校办产业投资）必须经过严格、科学的可行性论证和专家评议，经学校领导集体讨论决策，并按有关规定报上级部门批准或备案后实施。要指定责任部门和责任人加强对投资项目的管理，确保对外投资的安全与收益。严禁高职院校为任何组织（包括校办产业）或个人的经济活动提供担保和贷款抵押。不得从事股票、房地产及其他风险性投资业务。对过去发生的相关业务要妥善处理，防止将投资风险转化为投资损失。

第五，要建立健全经济合同管理制度，明确经济合同的签订权限和程序，加强经济合同管理。学校财务部门要参与经济合同的审查、登记、备案等管理工作，提供相关咨询服务，防范由合同引发的经济纠纷和财务风险。

七、健全资助体系，落实资助政策，认真做好家庭经济困难学生资助工作

第一，要认真贯彻执行党和国家对学生资助的有关政策，按照“政府统筹、部门负责、加大投入、正确导向、公开透明、多元资助”的原则建立健全以政府为主导的家庭经济困难学生资助政策体系。要认真做好国家奖学金、国家励志奖学金、国家助学金、国家助学贷款和校内奖助学金等的评审和发放工作。要加强资助资金的管理和使用，确保专款专用，不得截留、挤占和挪用。

第二，要按照国务院和省政府有关规定，从教育事业收入中按比例足额提取资助经费用于学费减免、国家助学贷款风险补偿、勤工助学、校内无息借款、校内奖助学金和特殊困难补助等方面的支出，确保家庭经济困难学生顺利完成学业。要积极争取和引导企业及社会团体等在学校设立奖学金、助学金，鼓励社会各界开展捐资助学活动，努力增加家庭经济困难学生资助经费投入。

八、推进财务信息化管理，创新财务管理手段，不断提升财务管理与服务水平

第一，要全面推进财务管理的信息化和网络化，充分利用现代信息技术，实现统一核算和实时监控，提高财务管理水平和会计信息质量。

第二，要建立财务信息基础数据库，支持校内相关管理信息系统和公共服务平台，推动财务信息校内网络共享。学校财务部门要设置专门机构或岗位，配备至少一名专业技术人员，负责财务管理信息系统的管理和维护，确保财务信息系统安全、稳定。

第三，要改变传统的资金收付和财务信息查询方式，积极采取公务卡、网上银行等先进手段，大力推行银行代收学费和资金收支业务的电子划转，最大限度地减少现金流动。

九、完善监督体系，推进民主理财，自觉接受上级部门和广大师生员工的监督

第一，要按照财务公开的要求，对学校资产与财务管理制度、学校经费来源、年度经费预决算、受捐赠财产的使用与管理情况，教学科研仪器设备、图书资料等物资的采购和重大基建工程的招投标等项目，按照规定的方式进行公开。

第二，学校财务、审计、纪检、监察等部门要按照各自分工和职责，相互配合，形成合力，共同建立完善有效的财务监督体系，共同维护学校财经秩序。学校应通过教代会、干部大会等多种形式，全面推进民主理财，实现财务决策科学化、财务管理民主化、财务报告制度化，自觉接受师生员工监督。

第三，要重视发挥政府审计、社会审计的审查监督作用，重点抓好重大建设项目和经费使用全过程内部审计。要建立年审制度，将学校所有经济活动纳入审计范围，加强经济责任审计，及时对审计发现的问题进行整改。积极探索开展内控制度审计和绩效评价审计。

第四，要积极配合省政府及财政、教育、价格等部门对高职院校进行的检查，发现重大问题，应及时向上级部门报告，并采取有效措施，认真进行整改。

十、加强队伍建设，培养骨干队伍，为财务工作提供人力资源保障

第一，学校财务主管领导和财务部门负责人要积极参加岗位培训、财经政策及业务培训，不断增强廉洁从政、规范理财的意识，不断提高政策水平和理财能力。要坚持财会人员继续教育制度，加强财会人员的政治理论学习和专业技能培训，不断提高财会人员的思想政治素质和业务能力水平。

第二，要高度重视财会队伍建设，按照工作任务需要和财会工作内控制度要求足额设置岗位，足额落实财会人员编制。要把财会队伍建设纳入学校人才队伍建设的整体规划，有计划、分步骤地配备高层次、高素质人员，着力改善财会队伍结构，要保持财会管理与专业骨干队伍的相对稳定，提高财会队伍的整体水平。财会人员要强化全局意识、责任意识、创新意识和服务意识，不断提高自身的职业道德水平和业务能力水平，为高等教育事业发展做出应有贡献。

参考文献

［1］周永明．浅析如何打造积极高效的财务团队［J］．经管空间，2016（8）．

［2］方立婷．关于企业财务内控存在的问题分析与对策探讨［J］．时代金融，2016（12）．

［3］王晓燕．高校财务管理问题及对策［J］．财会通讯，2016（7）．

［4］施鹏飞．高职院校财务收支审计中的问题及对策［J］．新经济，2016（5）．

［5］王卫星，程莹．我国高校内部控制的现状及建议——基于江苏高校的调查研究［J］．常州大学学报：社会科学版，2016（02）．

［6］杨从印，刘晓华．高校内部控制制度建设情况调查分析——以教育部直属高校为例［J］．财会通讯，2016（04）．

［7］张平．公立高校财务风险与控制［J］．财会通讯，2015（23）．

［8］黄华红．新预算法背景下的高校财务管理［J］．会计之友，2015（14）．

［9］刘延平，郑晓东，李晨如．构建我国高校内部控制精细化管理体系［J］．中国高等教育，2015（10）．

［10］李卫萍．从优化财会内部控制谈如何加强高职院校财务精细化管理［J］．财经界：学术版，2015（09）．

［11］云利兵．高校财务预算绩效评价的探讨［J］．青年与社会，2014（15）．

［12］王国生．新旧《高等学校会计制度》之比较［J］．财会月刊，2014，4（上）．

[13] 孙晓琳. 高校财务预算执行阶段存在的问题及措施 [J]. 会计师, 2013 (14).

[14] 袁玲. 深化高校部门预算改革的思考 [J]. 财务与金融, 2007 (2).

[15] 教育部, 财政部. 关于进一步加强高校科研经费管理的若干意见 (教财〔2005〕11号).

[16] 王海威, 张川, 张景可. 高校财务管理制度建设研究 [J]. 财会通讯, 2013 (29).

[17] 李梦苏, 贺强. 高校财务绩效评价指标体系构建研究 [J]. 东北财经大学学报, 2013 (6).

[18] 教育部2013年赴美教育经费监管培训团调研报告.